HOW UNLIKELY INNOVATORS
SOLVE THE WORLD'S
TOUGHEST PROBLEMS

POSITIVE
ポジティブデビアンス
DEVIANCE

学習する組織に進化する問題解決アプローチ

RICHARD PASCALE　JERRY STERNIN　MONIQUE STERNIN
リチャード・パスカル＋ジェリー・スターニン＋モニーク・スターニン
［著］
原田 勉
［訳・解説］

東洋経済新報社

Original Title

The Power of Positive Deviance
By Richard Pascale, Jerry Sternin, and Monique Sternin

原書序文

ジェリー・スターニンは、タフツ大学の栄養学の元教授であり、かれの妻、モニークとともに、世界中の飢餓や飢饉を減らすため、そのキャリアの多くを費やしました[*1]。しばらくの間、かれはベトナムの貧しい村の栄養失調を減らすためのセーブ・ザ・チルドレンのディレクターを務めていました。通常の方法は、外部の専門家を呼んで状況を分析した上で、食料を持ち込み、外部から農業技術を導入するというものでした。

しかし、このプログラム自体が資金不足という飢餓に苦しんでおり、通常のアプローチをとる余裕はありませんでした。スターニン夫妻は手元にある資源を使って、別の解決策を見つけなければなりませんでした。

そこで、かれらはこうすることにしました。問題を抱えた村に行き、村人たちに、そのなかで最も栄養状態がよく、ジェリーが言うところの標準からのポジティブな逸脱（ＰＤ：Positive Deviance、ポジティブデビアンス）を示す子どもたちを、村のなかで特定するのを手伝ってもらったのです。そして村人たちは、そのような子どもたちの母親たちが何をしているのかを確かめるために、自宅を訪問したのです。

それは画期的なものでした。貧しい家庭でありながらも栄養状態の良い子どもたちの母親は、子どもが下痢をしていても食事をとらせたり、1日の食事回数を1～2回ではなく、少量に分けて数回にしていたり、下等な食べ物と思われていたサツマイモの青菜をご飯に混ぜたりと、これまでの地域の常識を覆すようなさまざまな方法をとっていることに、村人たちは気づいたのです。

その後、このようなアイデアが普及し、定着していきました。プログラムはその結果を測定し、村に掲示してだれでも見られるようにしました。2年後には、スターニン夫妻が訪れたすべての村で栄養失調が65～85％も減少したのです。実際、かれらのプログラムは外部の専門家のプログラムよりも効果的であることが証明されました。

私がこの話をしたのは、私たちがいまその村にいるからです。

それ以上に、私たち医療従事者が、これらの問題の一端を担ってきました。米国の医療費は世界で最も高くなっています。私たちが稼ぐ6ドルのうちの1ドル以上が医療費で消えています。この経済的負担は、米国企業の国際競争力にダメージを与え、何百万もの家庭をたとえ保険に加入していても破産させています。それはまた、教育、インフラ、エネルギー開発、私たちの未来への投資を搾り取るなど、あらゆるレベルで私たちの政府を食い荒らしています。

栄養失調の村人のように、私たちは困っています。オバマ元大統領が言ったように、「米国の財政健全性に対する最大の脅威は、重要な課題ではありますが、社会保障ではありません。この危機の間、経済を救うために行ってきた投資ではありません。全然違います。かなりの差で、我が国のバランスシートへの最大の脅威は、医療費の高騰なのです」。

　国民はそれについて何をすべきか知っておらず、政府や保険会社も同様です。議論のなかで、医療費の４分の１は、他の国よりも高額な保険管理費や、医師や看護師の高額な給与であると説明した医療専門家がいます。しかし、余分な支出の大部分は、患者のために実施する検査、処置、専門家の訪問、治療が占めています。何よりも、世界のどの国よりも患者のために高額な医療が提供されていることが証拠として示されています。

　だからいま、国の関係者は医療従事者である私たちのところに来ています。そして、かれらは私たちにどうすればこれらのコストを抑えられるのか、何をすれば良い方向に変えられるのか、と質問します。

　医療は全国で同じように実践されているわけではありません。メディケア（訳注：高齢者および障害者向け公的医療保険制度）の年間支出額は地域ごとに２倍以上の差があり、たとえば、ある都市では１人あたり６０００ドル以下、ある都市では１人あたり１万２０００ドル以上となっています。私は最近、メディケアが平均所得よりも多くの医療費を支出している場所を訪れました。

　人件費や生活費、住民の健康状態によって多少の違いはあると思われるかもしれません。しかし、同じような状況にある都市間、たとえばテキサス州のマッカレンとエルパソのようにわずか数百マイルしか離れていない都市同士で比較してみても、最大で2倍のコスト差があることがわかります。ニューヨークとロサンゼルスの病院に関する最近の調査によると、同じ都市内でも、平均余命が同じ患者に対するメディケアの費用は、利用する病院や医師によって、2倍も差が出ています。

しかし、調査によると、頻繁な検査と処置、専門家の診察、多くの入院回数がある高コストの都市では、生存率、機能回復、ケアへの満足度のいずれの点で測定しても、患者の成績は良くありません。どちらかといえば、かれらは悪化しているようです。

医療にはリスクのないものはありません。合併症は、入院、薬、処置、検査から生じることがあり、これらの価値がわずかである場合、害は便益を上回ることがあります。さらに悪いことには、高コストの都市は、予防ケア対策の提供、死期に近い患者のためのホスピス、プライマリケア医へのアクセスの確保といった、低コストで低収益の活動やサービスを、患者のために十分に展開していないように見えます。患者にはより多くの医療サービスが提供されていますが、患者は必ずしも必要な医療を十分に受けているわけではないのです。

この問題を解決することは、気が滅入るほど複雑に感じることがあります。私たちは国全体で資源を悪用されないように監視するチームを設置するのではなく、品質よりも量に、そして狭い分野の専門家に多くの報酬を与える歪んだインセンティブを変更する必要があります。しかし、どのようにすれば良いのでしょうか？

ジェリーがベトナムの貧しい村で行ったように、この問題について検討し、まずはポジティブな逸脱者を探してみましょう。

これは医学ではよく知られているアプローチです。たとえば、多くの外科医は、自分が行う手術をマスターする際、学ぶべきことがもっと多くあることを知っています。では、私のような外科医はどうすればいいのでしょうか。私たちは、並はずれて成功している人たち、つまり、ポジティブな逸脱者たちに注目します。かれらの手術を見て、手術のコツや動きを学び、持ち帰るのです。

同様に、医療費と医療の質に関しては、私たちはポジティブな逸脱者に目を向けるべきです。かれらは低コストで高品質な医療機関です。たとえば、メイヨークリニックや、ペンシルベニア州の農村部にあるガイジンガー・ヘルス・システム、ソルトレイクシティのインターマウンテン・ヘルスケアです。それらの医療機関は、ワシントン州シアトル、ノースカロライナ州ダーラム、およびコロラド州グランドジャンクション、のような低コスト、高品質の都市にあります。実際、大半の医療コミュニティの地区のなかに、他のどこよりも高い価値を提供しているポジティブな逸脱者を見つけることができます。

私たちは、これらのポジティブな逸脱者についてほとんど何も知りません。かれらがどのように行動しているのか、どのようにして過剰医療または過少医療のインセンティブに耐えられるようにしているのかを理解し、それらの教訓を他の場所に広めるために、全国的なプロジェクトが必要です。

私は、これらの場所をいくつか訪問し、そこで何人かの医師たちにも会いました。そして、そこで学んだ教訓の1つは、医療コスト問題の解決は難しいが、解決策は存在するということです。それは、収入以上の医療サービスを患者に確実に提供するための創造的な方法を生み出すことにあります。そしてそれを実現しなければならないのは、私たち医療従事者だと思うのです。

以下、私が観察した具体的な内容を紹介します。まず、ポジティブな逸脱者は、患者を収益源とみなすシステムに組み込まれた金銭的インセンティブに抵抗する方法を見つけました。かれらは、保険会社が電話代を支払わないために、フォローアップの質問で電話をかけてきた患者に、その場で診察の予約をさせるように秘書に指示するような医師ではありません。また、金を稼ぐためにボトックス注射をしたり、自分の所有する画像センターに患者を誘導したりするような医師でもありません。ビジネスパーソンのように、利益率の高い仕事を最大化し、利益率の低い仕事を最小化することに焦点を合わせているわけでもありません。

しかし、ポジティブな逸脱者は、お金のことも無視しているようには見えません。実際、多くの医師がそうであり、私もその１人だと思います。私たちは、処方箋を書くペンを介して流れる何千ドルものお金に気づかないようにしています。それは特にひどいということではありません。私たちの専門分野では、最新の技術と薬に後れを取らないようにしています。患者を診察し、処方をして、請求書を送る。そして、毎月末にきちんと数字が出てくるかぎり、私たちはお金のことを考えないようにしています。

しかし、私たちや地域の医療コミュニティが過剰治療や過少治療をしていないことを確認しているわけではありません。私たちは立派な医師かもしれません。しかし、私たちはポジティブな逸脱者ではありません。

むしろ、この仕事を追求しているのは、ポジティブな逸脱者たちです。そして、かれらはことの大小にかかわらず、そうしているように見えます。かれらは同僚と協力して電子カルテを導入したり、電話や電子メールでのアクセスをより簡単にする方法を探したり、診察時間を拡大したりしています。糖尿病患者をより密接にモニタリングし、患者がマンモグラフィ検査や細胞診検査、あるいは癌のフォローアップを受けられるように、多くの看護師を雇っています。

私たちは、より良く、より安全で、より適切な治療を可能にするために、地域の構造やインセンティブをどのように作るかを考えているのです。

ポジティブな逸脱者を探す過程で、あなた方は時折、シニシズムに支配されて、疲れ果てるかもしれません。しかし、負けてはいけません。かれらに注意を払う。かれらがどのようにしているかを学ぶ。そして、かれらと一緒に参加するのです。

アトゥル・ガワンデ

謝辞

本書は、20年間のフィールドワーク、コンサルティング、教育の成果です。本書は、同僚やクライアント、公的・民間組織のリーダー、コミュニティ・スポンサー、そして何よりもピラミッドの底辺の人々からインスピレーションと洞察を得ています。私たちは、村人や政府、ＮＧＯ、企業の無名のメンバーが、真の機会を与えられた時に、難問に取り組むことに成功する様子を何度も目のあたりにしてきました。

私たちは特に、この旅で出会った多くのポジティブな逸脱者に感謝しています。無名で一見普通の人たちですが、その革新的な才能を発見したことで、コミュニティ全体が自らを変革することができたのです。

現場での経験を本に執筆するという3年間の作業のなかで、4人の方々に特別な感謝の意を表したいと思います。原稿の綿密な批評とＰＤアプローチの核心にある適応的変化の定式化に尽力してくれたロナルド・ハイフェッツ、旅の重要な時期に励ましと編集のスキルを発揮してくれたロイス・ライモンド、医療へのＰＤの適用を開拓しただけでなく、この仕事を結実させるために不動のパートナーとなってくれたジョン・ロイド、逆境に直面してもエネルギーを呼び覚まし、詳細な編集指導と心の支えになってくれたバーバラ・ウォー。

著者たちは、本書の原稿を読み、レビューするのに数え切れないほどの時間を費やしてくれた同僚の善意に多くを負っています。なかでも、ドン・ベア、デニス・ブルジョワ、リンディ・ブリュースター、ブロンウィン・フライヤー、ケイリー・ゴールド、ブラッドフォードとマリベス・ゴーウェン、マーティン・ヘルマン、リー・ハウエル、アシュリー・パスカル、キース・ラドル、デビッド・バーネイに感謝します。編集者のジェフ・ケホーは、最初から本書がどうあるべきかというビジョンを持っていたし、物語の描写の質のハードルを頑固に上げてくれました。

特に感謝したいのは、アン・キャロル・ブラウンです。彼女は、出版されるまでの3年間と10回の草稿の間、主執筆者の試練に耐えてきた人物です。彼女の優しさと感情的なサポートは、この作業への彼女の知的貢献に匹敵するものです。

また、ここで語られた物語のなかの主要な参加者であり、PDムーブメントの情熱的なメンバーとして、PDアプローチを新たなフロンティアに向けて実験し、適用し続けている数多くのPDファシリテーターにも感謝の意を表します。

特に、モハマド・シャフィークとアママ・アンブリーン（パキスタン）、ヒエン・グエン（ベトナム）、パスカ・アバー（ウガンダ）、スージー・ワラストゥティ（インドネシア）、デビッド・ガッサー（メキシコ）、エリナ・デバス（アルゼンチン）、ラジーヴ・ジャイン、シェリル・グリーン、キャンディス・

カニンガム、デビッド・ヘアーズ、カート・リンドバーグ、マーク・マンガー、マーガレット・トース（米国）に感謝いたします。

リチャード・パスカル（カリフォルニア州ペスカデロ）
モニーク・スターニン（マサチューセッツ州コンコード）

［目 次］

第8章 学習する組織のマネジメント 323

訳者解説

第1章

あらゆる困難を乗り越える
ポジティブな逸脱者を探せ！

事例1

アマゾン川デルタ地域の換金作物栽培

ブラジルのアマゾン川デルタ地域は、かつては農業には不向きとされていた潮汐湿地で、換金作物が栽培されています。

ロサリオ・コスタ・コブラルは決然とした目と目立つ頬骨が特徴の小柄な女性です。彼女の家族は、大きな濁った川のほとりにある小さな土地を所有しています。干上がった土地で生計を立てるのがやっとの状態で、毎日2回の洪水に見舞われるデルタ地帯の広大な土地をどうにかして利用できないかと模索していました。

ロサリオは、農業と氾濫原は合わないという定説に疑問を持っていました。アマゾンの1日のリズムと季節のサイクルをよく観察しているロサリオは、どの年でも川底の輪郭は比較的安定していることに気づきました。高い場所は水が引くとすぐに排水されていたのです。1日に数時間だけ水没しても、農作物はそこで生き残れるのでしょうか[*1]。

彼女が最初に行った実験は、アマゾンの食生活で水に強い丈夫な主食であるキャッサバを使ったものでした。彼女は、特に湿った場所で繁栄する種のなかから変異種を選択し、川の水量が少ない乾季に根株を植えました。すると苗木はしっかりした足場を得て順調に育っていきました。

この成功をきっかけに、彼女は他の作物（レモンや唐辛子）の実験を始めました。今日では、家族は自給自足するだけでなく、収入も得ており、ロサリオはその先駆的な発見により、植物生物学者や環境保護活動家にも認められています。

事例２

サハラ砂漠での作物収穫量の改善

ニジェールのサハラ砂漠を30年間隔（１９７５年と２００５年）で撮影した衛星写真を見ると、かつての砂漠の広大な部分が緑になっているという異常さに目を奪われます。よく見ると、最も人口密度の高い地域に植生が密集していることがわかります。何よりも注目すべきは、土地の12％しか耕作可能な土地がなく、１３００万人の住民の90％が農業で生活しているという脆弱な生態系のなかで、このような変化が起こったということです[*2]。この地域の人々は、ほぼ勝算がないなかで、どのようにして住居に押し寄せていた砂丘の潮を引き戻したのでしょうか。

この地で農業を営んでいたイブラヒム・ドンジモは、悪化する砂漠化の傾向は異常気象以外の要因が強く影響していることに気づいていました。乏しい土地で作物の密度を最大化するためにすべての木を伐採するという長年の慣行が、木の少ない風景を生み出していたのです。１９８０年代半ばには、イブラヒムは、常識に反する一歩を踏み出すことによって、ギダンバコエの他の農家に手本を示し始めました。

毎年、大地から芽を出した苗木を伐採する代わりに、かれは苗木を保護しました。特に、厳しい条件のなかで育つ土着のガオやバオバブの木を育てました。その結果、非常に効果的で、資源に依存しない戦略を思いついたのです。

落ち葉は土に栄養分を与え、根は空気中の窒素を固定し、まれに降る集中豪雨がレンガのように硬い大地を襲っても浸食を防ぎます。雨季には落葉樹がむき出しになるため、枝の下に密集して植えられた作物が最も日照を必要とする時期には、上の覆いがなくなります。イブラヒムの実験は実を結びました。数年後、イブラヒムの作物の収穫量とキャッシュフローの改善を観察した後、数人がそれに倣うようになりました。その後、さらに多くの人が追随するようになりました。

今日では、農家は枝を薪として売ったり、実を売ったり食べたり、さやを動物の飼料に使ったりしています。20本の木からの収入は、年間３００ドルの追加収入をもたらします（1人あたりの平均収入に大きく貢献します）。植林が町から町へと広まるにつれ、この地域は、灼熱の干ばつや乾燥した風の影響を緩和する、より穏やかな微気候へと進化し始めたのです。

ポジティブデビアンスとは何か？

これら2つの「ポジティブな逸脱者」の話は、観察可能な例外という共通の糸を持っています。これは、ポジティブデビアンス（ＰＤ：Positive Deviance）のプロセスへのユニークな入り口になっています。つまり、失敗した規範ではなく、成功した例外（すなわち、ポジティブな逸脱者）に焦点を合わせることです。問題解決のプロセスとして、このアプローチでは、いままでとは違った注意の払い方をするために、自分自身を再訓練する必要があります。この概念を理解すると、観察可能な例外に注意を向けることで、自然とＷｈｏ（だれが）、Ｗｈａｔ（何を）、そして特にＨｏｗ（どのように）に気づくことができるようになります。

ＰＤとはいびつで撞着《どうちゃく》した（訳注：ポジティブと逸脱はある意味相矛盾する）言葉になっています。しかし、そのコンセプトはシンプルです。それは、あらゆる困難に打ち勝って成功した外れ値を探しなさい、ということです。

本書は、「私たちは何でもやってみたが、何もうまくいかなかった」という長年の経験から生まれたものです。ＰＤは、コミュニティのなかに、他のメンバーと同じ資源を使って働いているのに、皆を悩ませている問題をすでに解決してしまっている人が少なくとも1人いる、という前提の下で成立するアプローチです。

その人は、統計的な意味での外れ値、例外であり、その成果が標準からポジティブな方向に逸脱しています。ほとんどの場合、自分が何か変わったことをしていると気づいていません。しかし、そのユニークな解決策が発見され、理解されると、それがより広いコミュニティに採用され、多くの人生を変えていくことができます。

ＰＤの観点からは、個人の違いはコミュニティの資源とみなされます。内部にいる注目すべき変種を発見し、かれらのプラクティスや戦略を拡張していくためにはコミュニティの関与は必要不可欠になります。

一連の変革ツールと同様、ＰＤアプローチは、膨大にある参加型手法のなかの１つになります。その基本的な前提は次の通りです。

①一見手に負えないような問題の解決策はすでに存在している。
②それはコミュニティ自身によって発見される。
③これらのイノベーター（個々のポジティブな逸脱者）は、他のメンバーと同じ制約や障害に直面しているにもかかわらず成功している。

次章以降では、手に負えないさまざまな問題を実際に克服した解決策の実例について紹介します。

「不可能」な状況での成功は、現在を混乱に陥れ、私たちの未来に影を落としている、一見取り返しのつかない問題の多く（たとえば、医療改革、部族間の紛争、肥満、省エネなど）に対して、私たちが意味のある前進をすることができることを示しています。ＰＤが助けになる場所には事欠きません。

私たちは、期待の高まる世界に生きています。マスメディアによって、だれもがどこにいても、他人と比較して自分の物質的条件を評価することができるようになりました。それらの情報によって、多くの人々の幸福を比較し評価することができます。その情報からわかるのは、明白な不平等が存在するということです。

12億人の人々が１日１ドル未満で生活し、８億人が十分な食事を得られず、１億７０００万人の子どもたちが栄養失調に陥り、この状態の直接的または間接的な結果として今年３００万人が死亡すると予測されています。[*3] 世界の人口の20％近くが機能的に非識字であり、人権、法の支配、代議制の点で世界各国のなかで下位25％以下にランクされる体制の下で生活しています。[*4] 約２７００万人の人々が社会的拘束、過酷な雇用契約、人身売買の結果として奴隷にされています。インドの2億人近くのダリット（アンタッチャブル）は、この数には含まれていませんが、その多くは事実上の束縛のシステムのなかに置かれています。[*5] やらなければならないことはたくさんあります。

世界各地で活用されるＰＤアプローチ

２００８年12月14日、ニューヨーク・タイムズ誌は、毎年恒例の「イヤーズ・イン・アイデア」にＰＤを選出し、１ページ半にわたってこのトピックを取り上げました[*6]。ここには、その場しのぎの仕掛け、古いアイデアの巧妙なリブランディング、または効果の疑わしい主張はありません。１９９０年にベトナムで試験的に実施され、南極を除くすべての大陸で多様な分野に応用され、指数関数的に普及し続けています。

このアイデアを実践に移すことで、地球上の何百万人もの人々の生活を変えてきました。具体的には、このプロセスはアフリカの31カ国、アジアの10カ国、中南米の5カ国で使用されており、米国とカナダの数十の事例で活用されています。

適用事例としては、ニュージャージー州とペンシルベニア州の都市部貧困地域にある学校での犯罪暴力の減少、南アフリカでの黒人起業家の成功率の向上、エチオピアのアファル人遊牧民のために紛争地の市場へのアクセスの提供、ニューサウスウェールズ州の刑務所でニコチン中毒になっている受刑者のうち70％の禁煙成功、ケニアでの汚職の削減、コネチカット病院での終末期ケアとＱＯＤ(Quality of Death)の改善、カリフォルニアの学校でのマイノリティの高い中退率の削減、インドネシアでの少女の性的人身売買の削減、などがあります[*7]。

ＰＤＩ（Positive Deviance Initiative）のウェブサイト（www.positivedeviance.org）には、毎月３０００人の訪問者数があります。[*8] その適用事例は指数関数的に増加しています。

ＰＤＩの成功事例のいくつかを次に記します。

・総人口２３００万人のベトナムの22の省で、子どもの栄養失調が65〜80％減少。[*9]
・世界41カ国のコミュニティにおける子どもの栄養失調が30〜50％減少。[*10]
・米国の３つの病院でＭＲＳＡ（Methicillin - Resistant Staphylococcus Aureus：メチシリン耐性黄色ブドウ球菌）の感染が30〜62％減少、その過程で病院の階層間の格差が是正。[*11]
・パキスタンにおける新生児の死亡率と罹患率の劇的な減少、および明確な性役割の曖昧化と女性の発言力の増加。[*12]
・アルゼンチンのミシオネス州で参加した小学校の就学率が50％増加、それに伴って教師と非識字者である親との間の社会的障壁の削減。[*13]
・コミュニティのあらゆるレベルのメンバーを動員し、危険にさらされている少女への警戒を強化し、東ジャワの貧しい農村の９００人の子どもに影響を与えていた少女の人身売買を30％削減。[*14]

信頼できる国勢調査データのある１つの地区では、２００４年に14歳から17歳までの33人の少女が人身売買されていた。４年後、ＰＤＩによる取り組みの直接的な成果として、その数字は６人にまで減少した。このイニシアチブは、東部の１００のコミュニティにまで拡大された。そこには、５０００世帯と１万９５００人の危険に瀕した子どもたちが暮らしている。[*15]

・過去８年間、エジプトでは何千人もの女性の割礼（女性性器切除、またはＦＧＭ）が回避され、その結果、割礼のないコミュニティが数十になり、物言う女性の代弁者の集団が生まれた。[*16] ある調査によると、１９９７年から２０００年までの間に全国で割礼の普及率は４％低下した。

見えるはずなのに見えないもの

13世紀のイスラム神秘主義者、スーフィーであったナスレッディン・ホジャはトルコ民話の登場人物です。かれの寓話は、知恵と皮肉、論理と非合理、浅薄さと深遠さを組み合わせたものになっています。

そのなかにある１つの物語では、かれは悪名高い密輸商人であり、藁を詰め込んだ鞍袋を背負ったロバの隊列とともに定期的に国境を行き来していました。税関吏は、ナスレッディンが日に日に裕福になっていたため、密輸品があるのではないかと疑い探したのですが、どうしても見つかりませんでした。年月が過ぎ、ナスレッディンは仕事から身を引きました。ある日、かれは地元の喫茶店で元税関責任者と偶然出くわしました。退職した元役人は、長い間、溜まりに溜まった疑問を切り出しました。

「ナスレッディン、私たちはいまや引退した老人で、お互いに脅威ではなくなっています。だから、これまでの間、あなたは何を密輸していたのか教えてくれませんか」

ナスレッディンの答えは「ロバ」でした。

見えるはずなのに見えないもの。次章以降で具体的に検討していきますが、この見えないポジティブな逸脱者は、「自分が何を知っているのかわからない」ことがほとんどです。つまり、かれらが何か特別なこと、注目に値することをしていることに気づいていません。仲間とともに日常を過ごし、かれらは順調である一方、仲間は苦労しています。また、見えるはずなのに見えないものとは、コミュニティが自己組織化し、独自の知恵を活用し、長い間、あたかも宿命かのように考えられてきた問題に対処することができる潜在的能力のようなものです。

コミュニティが自らの資源を活用してすでに内部に存在している解決策を発見し活用すれば、当初の問題を解決することは言うにおよばず、その運命をコントロールし、将来の課題に有効に対処していくことができる適応力を発揮することができます。

モザンビークの実利を重んじるモクア族には簡潔な格言があります。

「遠くにある棒で蛇を殺すことはできない」

あなたの身近にいるポジティブな逸脱者は、手元にある棒のようなもので、すぐにつかむことができ、「私たちのような」人々によってうまく使いこなすことができます。「そこではうまくいったかもしれないが、ここでは使えない」という外部の専門家やベストプラクティスの処方箋は必要ありません。詳細かつシステマティックな分析や、真の原因を取り除くために多くの予算を費やす必要はありません。ただ、最も身近なところに落ちている棒を見つけ、それを使うことで十分なのです。

適応課題のための手法

このプロセスは簡単なように思えるでしょう。ＰＤを特定し、その実践方法を発見して、より広いコミュニティに普及させていく。確かに、それはそんなに難しいことではありません。うまく行きそうなアイデアが見つかれば、後は常識に従がって進めていくだけです。そして、そこで摩擦が生じるのです。

ハーバード大学のロナルド・ハイフェッツは、リーダーシップと変革に関する私たちの理解を深めるのに重要な貢献をしてきました。それは、ＰＤアプローチにも直接関連しています。ハイフェッツの独創的な洞察は、フォーマルおよびインフォーマルな権限と、リーダーシップを区別するところから始まります[*17]。後述するように、リーダーシップは権限がなくても、あるいは権限を飛び越えて行使することができるものです。

かれはまた、「技術的問題」と「適応課題」という有益な分類をしています。適応課題は、社会的複雑性のなかに埋め込まれており、行動の変化を必要とし、意図しない結果を招くことが多いものです。それとは対照的に、技術的問題（たとえば、ポリオウイルス）は技術的に解決（ソークワクチン）することができます。背後にある社会構造や文化的規範、行動などに煩わされることはありません。

ＰＤプロセスは、適応課題のための手法です。残念ながら、私たちは本能的に「技術的なもの」すなわちＷｈａｔ（ポジティブな逸脱者を成功させた特定のプラクティスや手法）に注意を払ってしまいます。それは簡単な部分であり、作業の20％を占めるに過ぎません。

それよりもはるかに重要なのはＨｏｗです。つまり、各コミュニティが自発的に動き、あきらめや宿命論を克服し、まだ明らかになっていない知恵を発見し、この知恵を実践に移していくというまさにこの旅そのものなのです。

ここでもう1度述べておきましょう。コミュニティは発見そのものを行っていかなければならないのです。そのことによって初めて新たな行動を通じて変化を普及させることができるのです。それは、説明や命令によって実現できるものではないのです。

この旅のあり方は決定的なものです。「リーダー」は、旅が行われる社会的な地形の自然な輪郭を採用して、風景に溶け込まなければなりません。旅の行程は、自己発見のためのコンテクストを創り出し、態度や行動を変容させ、驚くべき成果をもたらすのです。

Ｗｈａｔが同じでも、Ｈｏｗの違いで結果が異なる

ボリビアのアルティプラーノは、標高４０００メートルの高原地帯で、灼熱の痩せた大地が広がっています。この地のコミュニティはケチュア族の子孫で構成され、かれらは重度の成長障害（年齢に対して身長が低い）に苦しんでいました。ＰＤのワークショップを実施するために、かれらを招待することは簡単なことのように思われました。ケチュア族の人たちに働きかけ、かれらのなかから成長障害でない子どもたちを探してもらい、他の家庭と異なった点を発見し、成長障害を克服するようにしていけば良いのです[*18]。

しかし、この点に関して、スポンサーであるＮＧＯ（非政府組織）の関係者たちは明確な反対意見を持っていました。ＰＤの調査を行っても、結果に違いをもたらすような食習慣の違いを見出すことはできないというのです。というのも、かつて保健専門家や栄養士などの専門家たちが食料消費調査を実施し、各家庭はすべて同じものを子どもたちに食べさせているという結論を出していたからです。そのため、便宜的に食習慣とは別の原因、たとえば、運動や衛生状態などに焦点を合わせるように助言したのです。

そこで、まずは非常に貧しいにもかかわらず、近隣の子どもたちとは違って、正常な身長の子どもがいるケチュア族の家庭を探し出すように村で動き出しました。

コミュニティのグループが成長障害ではない子どものいる家庭を訪問し、手掛かりを探そうとしました。かれらは食事時間にも滞在し、予想通り、各家庭は同じ食材を調理し、レンガで作られた質素な炉床の上にある三脚の上に置かれた、全く同じ大きさの黒の調理釜を使っているのを確認しました。釜のなかに何が入っているか尋ねたところ、各家庭で同じ答えが返ってきました。中身が5～6個のニンジンと8～10個のジャガイモ、２５０グラムの魚の干物、地元産の緑色葉野菜を具材とするスープだったのです。

それから母親が釜から子どもたちのカップにスープを入れるところを観察しました。大きなお玉杓子が使われ、各家庭で同じ量のスープが、同じ大きさのブリキ製カップに注がれていたのです。「専門家」たちの主張の正しさが再確認されました。

「ほら、だれもが同じものを食べ、子どもは同じ量を食べています。それが私たちの習慣です！」

ラパス出身の親戚の1人がこのグループのメンバーにいました。彼女はこのコミュニティにあまり深く染まっておらず、「知っている」ことを「見る」ようにプログラム化されていませんでした。

彼女は、成長障害でない子どもがいる家庭で、ある重要な違いに気づきました。釜や調理方法、スープの具材などは全く同じでしたが、ＰＤである母親は、同じお玉杓子を使いながらも、スープの注ぎ方が違っていたのです。子どもたちにスープを給仕する時、釜の上面を掬うのが一般的な慣習になっていたのに対し、彼女はじっくりと釜の底のほうからスープを掬い、ニンジン、ジャガイモ、魚などの具材も子ども用のカップにたくさん入れていたのです。

伝統的な家庭では、釜の底にある具材は、日々の労働の活力になるように大人たちにとっておかれていました。そのことが幼児期の子どもたちの発育にとって栄養上、どのような影響をおよぼすのかについては見過ごされていたのです。

見慣れたもののなかに新しさを見つけて、このチームは目覚めました。観察しているものを正確に見るようにチームのアンテナはリセットされました。他の６つのＰＤ家庭を訪問した後、地元のリーダー、母親、祖母、セーブ・ザ・チルドレンのスタッフは全員、すべてのＰＤ家庭で同じようなスープ具材の給仕を目撃したことに同意しました。

水やニンジン、ジャガイモ、魚、野菜から作られるスープ（すなわち、Ｗｈａｔ）が各家庭で全く同じであったことが、Ｈｏｗ（釜の底からスープを掬い、具材を子どもに食べさせる）という側面とその成長障害との関係に注意を向けることを難しくしたのです。

このようなスープの給仕の仕方は、Ｗｈｙ（なぜ）とＨｏｗ（どのように）を決定する長く続く伝統のなかに組み込まれていました。日々の労働に従事する者だけが砂糖やでんぷん、たんぱく質を余分に摂取することができたのです。これが、違いを生み出す違いです。

この慣習とスープの掬い方がもたらす影響を確認した後、メンバーはコミュニティに住む他の親たちとともに、訪問プログラムを作りました。全員がこのアプローチを直接目撃し、これらの家庭では成長障害の子どもがいないことを確認しました。その後の議論で多くの住民のマインドは変わりました。釜の底にある具材が、問題を克服するために共有された家族の資源となったのです。

「何が正しいのか」に注意を向ける

ＰＤプロセスは、あらゆるものに適しているわけではありません。すでに述べたように、技術的解決策（たとえば、干ばつに強いトウモロコシ、天然痘ワクチン）が存在する場合には不要です。しかし、繰り返しになりますが、①複雑な社会システムのなかに巻き込まれていて、②社会、行動の変化が求められ、③解決策がどのような結果を生み出すかを予測できないか、あるいは意図しない結果を生み出す、ような問題に対処する場合は、他のいかなる代替アプローチよりも優れたものになります。

問題が解決不可能である、すなわち、いままでの解決策がうまく機能しないと考えられている時、ＰＤアプローチは新鮮な代替案を提示します。それは、「何が間違っているのか」から「何が正しいのか」へと注意を向けるようにします。つまり、あらゆる困難を乗り越えて成功した例外を観察するように仕向けるのです。

また、権限を持った人たち（たとえば、村長、資金提供するＮＧＯ、ＣＥＯなど）が、このプロセスを試みることを許可し、関与することも重要です。この重要性は、しばしば陰に陽に明らかになることがあります。スポンサーが、自分たちが何に取り組んでいるのかを完全に理解していることはほとんどありません（かれらはしばしばＰＤを最終的な救済策とみなします）。

この旅の行程のなかで、スポンサーは自ら予測しなかった形で変わっていきます。リーダーとそのフォロワーは、互いに影響をおよぼし合いながらやり取りをし、変わっていくのです。その成果は、高いシナジー効果を伴うことがほとんどです。

コミュニティが自らの解を発見する

コミュニティの社会構造には独自のパターンがあります。このシステムは手に負えない問題を抱えており、新しい行動や考え方を育てていくためにはシステム自体を解体していく必要があります。ＰＤプロセスの秘訣は、いかにして停滞の原因となっている社会的ダイナミクスを受け止め、それを変革していくかにあります。次の行動生物学のアナロジーが参考になります。

19世紀後半の英国では、ある鳥が牛乳瓶からクリームを盗む天才的な方法で有名になりました。この狡猾な鳥を放置しておくと、目に入った牛乳瓶で手あたり次第に食欲を満たそうとするという望ましくない結果を生み出しました。当初、酪農家は顧客の玄関前に置かれた容器にミルクを注いで配達していました。すると、クリームがその表面に浮かび上がり、鳥や他の哺乳類は、このおいしくて高たんぱくの栄養補助食品をだれに邪魔されることなく摂取することができたのです。

１８９４年に、このような襲撃者を阻止するために、容器に蓋がつけられました。フリーランチは突然、終わりを迎えることになったのです。しかし、数種の例外の鳥がいました。かれらは、この障害物に対処する方法を見つけたのです。

私たちの議論にとって重要なのは、少数の賢い鳥がくちばしでうまくつつくと蓋を突き通せることを発見したという点にあるのではありません。そうではなく、いかにしてその発見が広がっていったのかという点にあります。

コマドリとカササギを比較してみるのも有益でしょう。コマドリは非常に縄張り意識が強く、比較的孤立して生息しています。その鳴き声は、主に自分の縄張りを主張しているのです。それとは対照的に、カササギは非常に社会的であり、そのために知性を活用します。カササギの脳の重さと体重の比率は人間よりもほんのわずかに低い程度であり、非常に高度な社会的認識を示します。それはチンパンジーに匹敵するもので、人間やイルカ、ゾウ、類人猿と同様、鏡のなかの像を自分自身であると認知することができます。自己概念は、先進的な社会システムでは共通して存在するものです[*19]。

カササギは冬には群生し、夜には集団でねぐらにつき、交尾期には繁殖場所に６万５０００羽もの仲間が集まります。かれらは群れで団結してネコをからかい、天敵には急降下攻撃を仕掛けます。共感や利他的行為を示し、しばしば協力的な繁殖行動をとり、親以外の成鳥もひな鳥の成育を助けます。若鳥は、群れを作ってお山の大将になろうと争ったり、棒切れをパスし合ったり、滑らかな斜面を滑り落ちたりするという精緻な社会的ゲームを行います。

メンバーが交代で餌を食べる時、群れで協力してゴミ蓋をくわえてどかせます。ある群れは、ナッツを割る方法を見つけました。それは、横断歩道にナッツを置き、通過する車に殻を壊させ、赤信号になるまで待って中身を安全に回収するという方法です。当然のことながら、カササギはその社会的知性を使い、数年以内に英国にいる何百万もの仲間たちに容器の蓋をくちばしで突き破る方法を広めました。

一方、コマドリの場合、その成功は一部に限られたものでした。孤立したコマドリが蓋を突き通したという成果は、社会的な広がりを持たなかったのです。もちろん、時折、コマドリは仲間の行動からそのテクニックを学ぶことができるかもしれません。巣が牛乳容器の近くにある場合は、幼鳥は親鳥がその方法を実践するのを観察することができるかもしれません。しかしながら、発達した社会的ネットワークが欠如しているため、コマドリの種全体にはその方法は普及しなかったのです。

孤立したポジティブな逸脱者は、コマドリのようにコミュニティと共存しています。何人かは困難な問題に対処することができる成功した戦略を発見するかもしれません。しかし、イノベーションを広め、それをグループの行動パターンに組み込むための社会的プロセスがなければ、その発見を活用する人は限られます。

学習を大きなチャンスに変えていくための重要な必須条件は、コミュニティが自らの解を「発見」することです。この自己発見という重要な作業を外部の専門家に委託した場合、予想される結果は、痛みもなければ得るものもない、というものです。

ＰＤアプローチの観点からすれば、コミュニティは次のことを決断しなければなりません。すなわち、皆の注意を必要とするほどの深刻な問題を抱えていることを認め、その問題に対処する作業にオプトイン（訳注：自らの意思で取り組む）し、ＰＤを発見する作業に時間とエネルギーを費やすメンバーを招集し、その後、実践を通して発見したものを普及させていく、ということです。

後に見るように、これらの行為は、それ自体で社会システムを変革し、行動変化や学習をもたらすことになります。逆説的ですが、ＰＤプロセスは、他のアプローチと異なり、既存の社会システムを揺さぶることによってこれらすべてを達成する一方、それがメンバーにおよぼす衝撃度は最小限にとどまっています。というのも、その解決策は既存のシステム内部ですでに実証されたものであるのに対し、外部から導入した処方箋は、メンバーの疑念を生み出すばかりか、最悪の場合、あからさまな妨害行為を引き起こすからです。

後に言及するように、ＰＤは自然界と同じように作用します（これはアナロジーではなく、まさにこの通りです）。自然界の突然変異は、種のゲノムすべてを再編成するものではありません。鳥のくちばしの形を変えたり、社会的知性を発達させるやや大きめの脳のサイズに変更を加えたりします。その後、自然淘汰が続き、餌へのアクセスや繁殖を改善した変異が生き残ります。

もちろん、自然界では、これらはすべて数世紀または数千年という進化の時間単位で進展していきます。一方、ＰＤプロセスは、同一の原則を採用しつつ、数カ月または数年以内にこの変化を達成することができるのです。

専門家が問題解決の最大の障壁になる

PDアプローチを適用しようとする時に最大の障壁となるのは、コミュニティのメンバー自身ではなく、かれらを援助しようとする「専門家」や、監督する立場にある当局です。というのも、階層の最上位にいる者は下位にいる人たちよりも多くを知っており、変革はトップダウンで外部から進めたほうが効率的である、という深く浸透した見解が存在しているからです。

これを標準モデルと呼ぶことにしましょう。[*20] このモデルは世界中に蔓延しており、大部分の人が変革に取り組む際に採用する主要な方法になっています。多くのリーダーやフィールドワーカー、ファシリテーター、コンサルタントといった類の人たちには、ギャップを識別し、そのギャップを埋めるためのイニシアチブ（訳注：行動計画）を考案し、トップダウンを前提とした仕組みを創出するという傾向が見られます。しかし、その意図は良しとしても、だれもが認識しているが口に出したくない問題、すなわちコミュニティ内にはびこる社会的複雑さを考慮に入れないかぎり、このアプローチはほとんど効果を生み出さない可能性が高いでしょう。

簡潔に言えば、標準モデルは、①専門家がトップの近くに位置しており、②実行プロセスをコントロールすることが前提とされ、③命令によって展開される、というトップダウンによる変革を伴っています。

この標準モデルのデフォルトとなるのが、条件反射です。これは、既存のパワーと権限の構造を保持します。したがって、ＰＤのようなプロセスは、「遅過ぎる」「問題が多過ぎる」「必要以上に回りくどくて複雑」なものとして無視されることが多いのです。

　標準モデルでは、人間は合理的であり、その社会システムには順応性があると仮定されています。そこでは「解を与え、実行させる」だけで十分です。自己発見のプロセスにコミュニティを巻き込んだり、人々にオプトインかオプトアウト（訳注：自らの意思で取り組まない）を決めさせたり、あるいは知識や情報ではなく、実践を通じて新たな機会を広めてみる。これらの事項はおそらくすべて「非効率的」なものとして無視されることが多いでしょう。しかし、実はそれらは信じられないくらい効果的なのです。

　コラム「ジェネンテックの標準モデル」で説明するように、バイオ医薬品のパイオニアであるジェネンテックは、「ポジティブな逸脱者」を求めていませんでした。同社が開発した慢性喘息の「奇跡の治療薬」のＰＤの営業成績は、他の同僚よりも20倍高いものでした。しかし、社内で普及していた標準モデルのフィルターを通すことで、ＰＤの持つ潜在的な価値は大いに薄められたのです。

　したがって、ここで次のような問いを提起することができます。すなわち、ジェネンテックのような優秀な企業が、どのようにして、自らつかんだ絶好の機会を完全に逃すようになったのでしょうか。より一般化すれば、ＰＤプロセスは、世界40カ国にあるさまざまな組織や社会システムが抱える多種多様な問題に取り組み、成功したことが証明されています。にもかかわらず、それが営利企業にはほぼ全く受け入れられなかったのはなぜなのでしょうか。その答えは、標準モデルが企業の内部であまりにも深く社会的に定着し、「それが常識になっている」からです。標準モデルは、私たちが世界を見る時に使うレンズのように機能します。それは私たちが気づかないまま知覚を歪め、選択を制限するのです。

標準モデルは、直面した変革課題のうち約70〜80％に対しては、おそらく最善の行動指針になるでしょう。しかし、実際の経験を通して、「私たちはすべてを試したが何もうまくいかなかった」と結論づけざるを得なくなった場合、現場をよく理解し、それを活用することが、この行き詰まりを打開する唯一の方法になるかもしれません。

コラム

ジェネンテックの標準モデル

2003年、遺伝子操作薬のパイオニアとして大成功を収めたジェネンテックは、多くの慢性喘息患者に効き目がある画期的な治療薬、Xolair（ゾレア）を発売しました。[*a] 喘息発作後にそれを鎮める一般の治療薬とは異なり、ゾレアは診療所で定期的に静脈注射をすることによって免疫系で増えるヒスタミンの量を調節し、発作が起こるのを予防することができます。これにより、患者は体力を消耗させる発作を恐れることなく、普通の日常生活を送ることができます。このようにゾレアは優れた治療薬であるにもかかわらず、発売後６カ月の売上は予想をはるかに下回っていました。

経営陣がこの期待外れの結果の原因を突き止めようとするなかで、例外的な成功例を発見しました。全米で２４２人いる営業担当者のなかで、２人のごく普通の営業担当者だけが同僚の20倍ものゾレアを売っていたのです。ポジティブな逸脱者の典型例です。２人とも女性で、一緒にダラスとフォートワース地区を担当しており、地域の医療従事者の拒絶反応にうまく対応し、ゾレアは非常に高く支持されていました。

さらに調査を進めると、そこにブレイクスルーがあるのが明らかになりました。ジェネンテックの主力製品は抗ガン剤です。この主力製品の顧客である腫瘍や肺の専門医は主に化学療法を行っていたため、通院患者に静脈注射を打つことに慣れていました。一方、ゾレアの対象顧客は、アレルギー専門医や小児科医であり、主に喘息患者を治療していました。点滴の形で薬剤を投与する静脈注射を行うには専用の部屋、ベッド、専門の看護師が必要です。これは、アレルギー専門医、小児科医、およびその看護師にとってなじみのない領域です。

ダラスとフォートワース地区を担当する２人のポジティブな逸脱者は、この問題点に気づいていました。ジェネンテックのＭＲ（医薬情報担当者）が通常の営業活動で医師と情報交換するだけでは、ゾレアを利用してもらえませんでした。つまり、データでゾレアの薬学的価値をいくら説明しても、かれらは聞く耳を持たなかったのです。

本当の障害は、別のところにありました。医師たちは不慣れな手順を覚えなければならないことを恐れ、健康保険の手続きには時間がかかり、患者に余計なリスクを背負わせることを懸念していました。問題の原因は、このような医師の考え方と営業のやり方にあったのです。したがって、いかにして医師の視野を広げ、診療所にはびこる保守的な考え方を打破するのかが課題となりました。

そこで彼女たちは自分たちの役割を現場のコンサルタントとして位置づけ、医師と看護師にゾレアを使う際の静脈注射の準備と投与の方法について説明し、事務員には保険会社から確実に払い戻してもらうための専用書類の書き方を教えました。また、ＦＤＡ（米国食品医薬品局）承認薬であるこの薬によって、喘息であってもペットを飼ったり、アウトドアスポーツを楽しんだりすることができるようなり、日常生活が快適なものになっていった点を喧伝しました。

ゾレアを受け入れない医師を無理やり説得するのではなく、彼女たちは医療チームの治療範囲を広げ、看護師や事務員の職務内容を充実させることで、ゾレアが受け入れられるように仕向けていきました。つまり、力に対して力で対応するのではなく、柔よく剛を制するという柔道の技を仕掛けたのです。彼女たちは、ジェネンテックのマーケティング担当者が見落としていたことに気づきました。２人は単なる営業担当者から変革者へと変身することで、成功を収めたのです。

このように述べると、すべて順調に進んだように思われるかもしれません。しかし実際にここで明らかになったのは、トップダウンの標準モデルがいかに組織に根強く定着しており、道を誤らせるのかという点です。ジェネンテックは、トップダウンのやり方で、ゾレアの高い薬学的価値を示すデータを顧客にアピールするように営業部隊に指示していました。しかし、この指示に従がっていない２人の営業成績が突出したものであったため、経営陣は驚き、さらに精査するようになったのです。

経営陣は当初、彼女たちは不正を働いているのではないかと疑いました。たとえば、担当地区以外で営業をしたり、薬の適正な使用に関する情報提供を省略し、ＦＤＡで許可されていない年齢層への医薬品の使用を推奨したりしている、あるいは、診療所に押し込み営業をしているのではないか、と疑ったのです。そこで外部の市場調査会社に依頼して、この革新的な従業員たちの成功は本物であり、倫理規則や手続き上の規則に違反していないことがわかり、ようやく経営陣は、このコンサルティング・アプローチのメリットを理解できたのです。

しかしながら、かれらはトップダウンの「情報伝達」のパワーを信じて疑わず、いわゆるベストプラクティスを社内で展開しました。経営陣は、２人の成功した営業担当者を同僚から切り離し、独立して活動してもらいました（上司には電話会議で報告することにしました）。

次に、経営陣は電子メールを一括配信し、続いて電話会議でゾレアの売上を増やすためにコンサルティング・アプローチをとるように他の地域の営業担当者に指示したのです。その結果はどうなったでしょうか。この革新的なアプローチは、一部の営業担当者に受け入れられただけで、ゾレアの売上はほんのわずかだけ改善して終わったのです。

次章以降では、世界で最も困難な問題のいくつかを軽減する際、ＰＤが大きな力となることを示すいくつかの事例を詳しく説明します。各共著者の言葉で書かれたこれらの物語は、東南アジアで始まり、現在に至るまでのＰＤの進化のプロセスを明らかにします。

これらの物語のなかで、ジェリーは、ベトナムで栄養失調の問題に取り組みます。モニークは、エジプトの割礼という議論の余地のない問題や、パキスタン北西辺境州の乳児死亡率に影響を与える困難な文化的問題に対処しています。ジェリーは、ピッツバーグ退役軍人病院（ＶＡＰＨＳ：Veterans Affairs Pittsburgh Healthcare System）という複雑な環境のなかで、生命を脅かすＭＲＳＡの流行に対処するためにこのアプローチがどのように使用されたかについて説明します。リチャードは、このＰＤを企業経営に適用し、制限された範囲内ではありますが、そこで非常に成功した試みを紹介し、ウガンダで、書物からＰＤを学ぶことで生じた誤解をどのように解消したのかについて説明します。

訳者解説1　ポジティブデビアンスによる経営改革とは？

この章では、ポジティブデビアンス（ＰＤ）の導入部分で多くの事例をあげながら、その概念が紹介されています。

デビアンスとは逸脱のことで、統計学でいう外れ値がその由来になっています。外れ値とは、全体的なデータの傾向から乖離した部分を指し、統計分析では一定の基準でそれはノイズとして除外されます。たとえば、平均±標準偏差の範囲に収まらないデータは外れ値と判断して除外することがあります。この外れ値のなかでポジティブな方向に外れているデータがＰＤとなります。

統計学の世界では、外れ値はノイズであり正確な統計分析を邪魔する存在です。しかし、現実世界の問題解決というコンテクストでは、ポジティブな外れ値はノイズではなく、むしろ問題解決、学習、イノベーションの源泉となります。まずはこのポジティブな逸脱、外れ値を詳しく調査し、そこから学習していくことが重要なステップになります。

ビジネスの世界でも、ベストプラクティス、ベンチマーキングという言葉が広く使われています。ＰＤはそのなかの亜流として位置づけられるのでしょうか。本書のなかでこの点は後ほど詳しく論じられますが、結論を述べれば、答えはノーです。共通部分も多いのですが、決定的な違いは次の通りです。

①ＰＤは、成功事例を同じ組織のなかで見つけるのに対し、ベストプラクティスは外部の成功例を元にしている。

②ＰＤは、社内の「私と同じような人」の成功事例を探すのに対し、ベストプラクティスは「私とは全く異なる人（会社）」の成功事例を取り上げる。

③ＰＤは、当事者を巻き込んだボトムアップ・アプローチをとるのに対し、ベストプラクティス

はトップダウン・アプローチをとる。

これらの違いは決定的なものです。そして、この違いが、従来の経営手法とも大きな違いとなっています。すなわち、流行の経営手法とは、社外で「私とは全く異なる人」が活用しているものであり、トップダウンで推進されます。しかし、この場合、あまりにも違い過ぎて参考にならないということになりがちです。資源も人材も業界も違う企業での成功事例が果たして自社でうまく活用できるのか、条件が違い過ぎるとその保証はありません。

それに対しＰＤは、同じ環境の下にある「私と同じような人」から学び、実践を通じて社内で拡散していこうとするものです。そのためには現場の人たちの積極的な関与が重要になります。一部の専門家やコンサルタント、トップマネジメントの主導で改革を行うのではなく、実際の当事者である現場の人たちに主導権を渡し、現場重視、現場主導での漸進的な経営改革をＰＤは推進していくのです。

第2章

目前に迫った危機が
新たな機会を生み出す

漢字の「危機」には2つの意味があります。1つは、「目前に迫った危機」（訳注：危）であり、もう1つは、不確実性という影のなかに潜んだ「新たな機会」（訳注：機）という意味です。

ジェリーとモニークがベトナムを訪問した時、この言葉ほどかれらの直面した状況をうまく言い表したものはないでしょう。

解決課題

ベトナムの子どもたちの栄養失調

ベトナムは、戦争中に同盟国からコメの支援を受け輸入していました。戦争中、集団農場は低迷しており、その生産性はかなり低かったのですが、この支援のおかげでこの問題点が顕在化することはありませんでした。

戦争後、中国との国境紛争が生じ、ソビエト経済は悪化したため、同盟国からのコメの支援は途絶えることになりました。１９８０年代後半、政府の法令により、ベトナムの集団農場は民営化され、各農家には小さな農地が割りあてられました。しかし、穀物生産は壊滅状態であり、医療制度も同様に民営化されることで崩壊し始めていました。１９９０年までに、５歳未満のベトナムの子どもたちの約65%が栄養失調に苦しんでいました。

１９８６年生まれのキムマイは、ベトナム人形のようなバラ色の頬と無邪気な顔をしていました。

彼女は３人きょうだいの末っ子であり、非常に貧しい家庭の娘でした。彼女はその年齢にしては早熟で、絶え間なくおしゃべりをし、大人が平凡だと感じる日常生活の小さな発見に喜びを感じました。父方、母方の両祖父母は戦争中に亡くなりました。彼女の父親は、自転車事故の影響で慢性的な痛みに苦しんでいました。

政府が農民に土地を分配することを決定した時、彼女はそのことが家族にどのような影響をおよぼすのか理解することができませんでした。しかし、彼女はすぐにそれを嫌というほど思い知ることになります。

苦難が始まり、彼女の家族は米作に伴う苦労についていけず、精神的に追い込まれていきました。収穫はわずかしかなく、彼女は空腹に苦しむようになりました。いつも腹ペコです。時折届けられる救援物資が到着した時、家族は１粒の米も残さず食べあさりました。

栄養失調には、急性（短期間の食物摂取不足から生じる）と慢性（長期間にわたる栄養不足から生じる）という２種類の症状があります。両者とも、免疫力の低下とビタミン不足により、感染症への抵抗力を弱め、子どもたちを衰弱させます。慢性的な栄養不足は取り返しのつかない成長障害を引き起こします。５人に１人は残念ながら亡くなっています。運よく生き残ったとしても、精神的にも肉体的にも苦しむことになります。

キムマイはベトナムの田舎にいる多くの栄養失調の子どもたちの典型でした。当初、カロリーを摂取することで彼女は「満腹感」を得ることができましたが、栄養は不足したままでした。十分なたんぱく質とビタミンの摂取が不足していたため、彼女は無気力になりました。彼女の消化器系の働きが低下すると、胃に液体が溜まり、腹部に張りがでてきました。彼女の足は腫れ始め、足の甲に触れただけで、粘土のように痕が残りました。彼女の黒い髪の毛は、赤に変色しました。

キムマイは不運でした。翌年の収穫はさらに悪化し、兄弟や両親が食べていくには全く不十分でした。それに彼女は女の子であり、それは家族の残り物を食べるということを意味します。摂取できるカロリーやたんぱく質、炭水化物が不足し、体を維持するエネルギーが十分でなければ、慢性栄養失調を引き起こします。彼女の魅力的で光沢のあるふさふさした黒髪は、かなり薄くなりました。キムマイの体は、心臓の鼓動、肺の呼吸、その他の重要な臓器が停止するのを防ぐために、わずかな蓄えを保っているに過ぎませんでした。

無気力感が強くなると、キムマイは動くことができなくなりました。かつては好奇心旺盛な子どもだった彼女は、いまでは頭を動かすことなく、目だけで動く物体を追いかけています。病気にも感染しやすくなりました。

村に蔓延していた下痢は、キムマイの脱水症状をさらに悪化させ、消化不良を引き起こしました。排尿の量は少なくなり、皮膚は弾力性を失い、乾燥した羊皮紙のような硬い肌合いとなり、彼女はやつれた老婆のように変わり果てました。以前の愛らしい顔立ちは、顔面骨だけのように痩せ衰え、顔のくぼんだところから、不釣り合いに大きな目が覗いていました。

「6カ月で結果を出してください」

1990年、米国のNGOセーブ・ザ・チルドレンは、ベトナム政府から思いがけない招待を受け、貧しい農村に蔓延する子どもたちの栄養失調問題を解決するプログラムの作成を要請されました。皮肉なことに、この招待状が出されたのは、米国政府がパリ協定を遵守させるためベトナムに経済制裁を科し、全面禁輸措置をとっていた期間中でした。

セーブ・ザ・チルドレンの本部は、私がディレクターを務めていたフィリピンのプログラムを離れ、ベトナムにオフィスを開設するように依頼してきました。これはかなり困難な課題でしたが、だからこそ私は喜んでこの要請を受け入れ、1990年12月に息子のサム（10歳になったばかり）とモニーク、そして私はハノイに向けて出発し、その地に住む13人目、14人目、15人目の米国人となりました。

私たちは空港で担当者兼通訳のヒエンさんに会いました。化粧でごまかせないほどの厳格な顔つき、大きな角縁メガネの奥に見える好奇心旺盛な茶色の目、薄い唇、ショートヘアで黒曜石のような黒い髪、きれいに折り目の入ったズボンの人民服、頑丈なローヒールのオックスフォードの靴。このような容姿・身なりをした彼女は、不愛想な感じで話しかけてきました。

「スターニンご一家ですか？　私についてきてください」

私たちの持ち物を黒いロシア製の車、ヴォルガに詰め込み、ハノイの南北に延びた障害物だらけの主要幹線道路を通り抜けました。そこには手押し車、人力三輪車、竹竿を肩にかけ、その先端に荷物をぶら下げてバランスを取りながら自転車に乗る人、輝くほど赤いトマトを山積みにしたワイヤーバスケット、かすかに黄色いバナナのかさばった山、５ガロンのガソリンが入ったジェリカン、逆さまで運ばれていることに抗議して鳴いている鶏などがいました。自転車に乗ったある人は、籐のソファを背負いながら、混雑する車の間を通り抜けていました。１時間後、私たちはハノイの小さな地区にある住居に到着しました。

政府は何かしなければならないことを自覚していました。国内および国際救援機関による栄養補助食を提供する従来のプログラムは一時的な解決にしかならず、予算的にも持続可能なものではありませんでした。プログラム実施期間中は確かに子どもたちの栄養状態は大幅に改善しましたが、プログラム終了後は元の木阿弥でした。

失敗した理由は明らかでした。村人たちは受け身でプログラムに参加していたに過ぎず、子どもたちの栄養失調につながったプラクティスを改善するように指示も奨励もされていなかったのです。また、そもそもそれらのプラクティスが栄養失調の原因になっているかどうかを検討することさえしませんでした。

プログラム実施中に見られた栄養状態の改善は、外部から援助される食料資源に完全に依存していました。プログラム実施機関が閉鎖されれば、村人たちはこれらの資源を手に入れることはできなかったのです。さらに、従来のプログラムは、主に栄養補助食の提供にだけ焦点を合わせて、極めて重要な育児、衛生状態、そして良好な栄養状態を実現するための行動については、全く関心が払われていませんでした。要するに、かれらは「来て、食べ物をくれて、去って行き」、そして結局何も変わらなかったのです。

私たちが直面している困難な課題は、物質的なものやプログラム的なものだけではないということにはすぐに気づきました。政治的な障害も存在していたのです。多くの当局者は、米国のＮＧＯであるセーブ・ザ・チルドレンがベトナムで活動していることを快く思っていませんでした。というのも、米国政府は当時、経済制裁を通じてベトナムに歩調をあわせるように圧力をかけていたからです。

かれらの嫌悪感がいかに根深いものなのかは、ベトナム到着の翌週に、私が外務省に召喚された時に明らかになりました。病室のような質素なオフィスで、外務省高官、ヌー氏は私に挨拶し、かれの机の横にある折りたたみ椅子に座るように勧めました。かれはセーブ・ザ・チルドレンの活動を個人的には強く支持しており、私たちをベトナムに招待するのに尽力したことを語り、そのことをぜひ理解してほしいと述べました。

形式的な短い社交辞令を交わした後、かれは本題に入りました。

「スターニンさん、この国にはあなたを望まない役人がたくさんいます。６カ月で結果を出してください。そうでないと私はあなたのビザの延長を承認することはできません」

「６カ月だって！」

体中にアドレナリンが放出されました。この道のベテランとして、私は新しい国にオフィスを開設するのに通常1年かかることを知っていました。それには、スタッフの採用と研修、オフィススペースの確保、協力者の確保、プログラム候補地の関係者たちとの会議の開催などが必要です。いま、私たちは6カ月以内にプログラムで結果を出すように求められたのです。

私はあまりにも困難な課題に衝撃を受けました。ただ、大きなチャンスには大きなリスクが伴うことが多いという私の信念を思い出し、ほんのわずかですが落ち着きを取り戻すことができました。それにしても、結果を出すのにたった6カ月しかないため、失敗のリスクは非常にリアルなものでした。しかし、もし私たちが成功すれば、これは非常に大きな機会となります。

取るべき方向性のいくつかは明らかでした。ベトナム政府には、1万もの農村で進行している栄養失調問題に対処するための予算はありませんでした。そのため、村人たちが自分たちで解決できるような戦略を見つける必要があります。

明らかに治療だけでなく予防を重視しなければなりません。6カ月という期限と、あらゆる解決策は持続可能なものでなくてはならないという私の信念を考慮すると、「通常のやり方」ではうまくいかないことは明らかでした。私たちは新たなアプローチをとる必要があります。それは、すでに利用可能な資源を使い、すでにうまくいっている方法にもとづくアプローチです。このように規定された基準すべては、その当時は曖昧だった調査の枠組み、すなわち、PDを示唆していたのです。

PDの概念はすでに何年も前から存在していましたが、それは現地調査のなかで遭遇した標準を上回る統計的外れ値を説明するために使用されていました。1989年、タフツ大学栄養学部のマリアン・ゼートリンとその同僚たちは、世界中から貧しい家庭にもかかわらず栄養状態の良い子どもたち（それをポジティブな逸脱者と名づけました）を特定した一連の研究を発表しました。[*1] その子どもたちは、栄養供給量が厳しく制限された、その意味で脆弱な集団のなかで生活し、それでも良い栄養状態を維持していたのです。ゼートリンは、ポジティブな逸脱者がコミュニティ内の他の人たちよりも高い成果を生み出す要因を特定しました。しかし、調査結果はここで終わりです。つまり、現地調査での外れ値の事例研究にとどまっていたのです。残念ながら、彼女は栄養状態を改善するためのＰＤ戦略を活用したアプローチを提案するという最後の段階に踏み出さなかったのです。

しかし、そのアイデアには興味をそそられました。全く同じ環境下にあるのにもかかわらず、コミュニティ内の一部の個人のみが問題を解決できた場合、このような興味深い乖離を利用しない手はありません。期限まで後5カ月しかないなかで、必要が実験の母となったのです。

最も重要で困難を極めた会議

モニークと私は、最初の不安に満ちた数週間、私たちによくしてくれたヒエンさんに目を向けました。彼女は私たちの最も親しい仲間となり、ベトナムの文化、政治、生活などのあらゆる事柄について適切な助言をしてくれました。

１９５９年に生まれたヒエンは、米国戦争（訳注：ベトナム戦争のベトナムでの呼称）の恐怖を体験し、乗り越えてきました。彼女は鋭い知性を持ち（数年後、彼女は奨学金を得て、ハーバード・ケネディスクールに留学しました）、私たちの間にある文化の違いを魔法のように解消する面白いユーモアのセンスを持っていました。ヒエンは私のジョークを理解し、笑いさえしました。

ヒエンは、ハノイに本拠を置く保健省および人民委員会の役人と３人で会議を開き、パイロットサイトはどこが良いのかについて話し合いました。かれらはいくつかの候補地を選び、私たちはそのなかからタインホア省のクアンスオン県を選びました。ここはハノイから南へ自動車で４時間のところにあります。栄養失調率が非常に高く、特に貧しい地域でした。

私たちは首都に比較的近い場所を希望していました。成功すれば、政府関係者やその他の訪問者がパイロットサイトに簡単にアクセスすることができるため、実証プログラムをスケールアップすることが容易になります（振り返ってみると、ＰＤが機能するかどうかの手がかりがないなかで、「スケールアップ」に関して私たちがあれこれ考えていたのはかなり楽観的でした）。

期限まで後20週間しかない１９９１年１月下旬、私たち３人は、ベースはソビエト製で一部錆が入った黒のセダンの改良車をレンタルしました。改良した整備士は元外科医で、おそらく戦争の影響でキャリアを阻まれたのでしょう。かれは、この車にトラクターエンジンを移植しました。うるさくて、静かになることがなく、煙をまき散らすディーゼルです。トラック用に設計されたダンパーは、道路のくぼみの衝撃を間違いなくそのまま脊椎に伝えてきます。車内は快適さとは程遠いものです。助手席の窓を上下させるハンドルを回すだけでも、タイヤのジャッキを操作するのと同じくらいの力を要しました。私たちは、この車に乗って、ハノイからクアンスオンへと何百回も訪問しました。ハイウェイ1号線を南に向かう75マイル、4時間の旅です。その行程では、3つの橋を渡り、その1つは列車の架台でした（ハノイ―サイゴン間を走る老朽化した蒸気機関車、自動車両、市場に向かう自転車が交互に通行していました）。

翌週、私たちは人民委員会、女性組合、保健局のメンバーと会い、提案したプロジェクトについて話し合いました。私たちは、村人たちと協力し、栄養失調問題の解決策について、村の内部ですでに存在するものを見つけ出すために責任を持って努力することを強調しました。

そこにいた自立した誇り高きベトナム当局者は、全員が「米国戦争」の最中に大きな苦しみを味わっていました。かれらは、解決策は外国ではなくベトナムで見出すことができ、このプロジェクトは村の外部への依存を生み出さないという私たちのアイデアに興味を示しました。ただし、本当にそれがうまくいくかどうかについては、かれらは明らかに懐疑的でした。

私の最も重要で困難を極めた会議は、タインホア省人民委員会の副委員長であるブーとの会合でした。会議は午後の早い時間に設定されており、私は午前中、提案したベトナムでのPDプログラムの簡単な紹介を何度もリハーサルしました。私のベトナム語力を駆使して、最初の出会いでこのホストに爪痕を残すことができれば、私たちは素晴らしいスタートを切ることができるでしょう。

私が人民委員会の州本部に到着した時、ブーは私をかれのオフィスに招きました。その時、部屋にはかれ以外に数人のタバコを吸っている幹部連中がいました。私はプライベートミーティングを期待していましたが、煙が充満した部屋とテーブルの周りに座って訝しげな顔をした幹部連中に圧倒されて、何も言えませんでした。その代わりに、準備した原稿を脇に置いて、会議を中断させたことを謝罪しました。そして、「あなたがとても忙しいことを知っているので、あなたと話すのにあまり時間をかけるつもりはありません」と私は言いました。部屋にいた人たちの顔には、不信と一時的な怒りの表情が見られました。

耐え難いほどの長い沈黙の後、ブーとかれの同僚である役人たちが大笑いしました。ベトナム語は声調言語です。間違ったトーンを選択すると、深刻な問題に直面します。同じトーンでbận（忙しい）と言う代わりに、私は下降トーンでbẩnと発音したのです。その結果、私の最初の挨拶は、「あなたがとても汚いことを知っているので、あなたと話すのにあまり時間をかけるつもりはありません」という意味になってしまっていたのです。確かに私は爪痕を残すことができました。

ブーは伝統的なベトナムの形式にこだわることなく、単刀直入に尋ねてきました。

「どのくらいの予算をかけ、どのような援助物資を提供するおつもりですか?」

持続可能なモデルを創出するには、大半のインプットは村人たち自身のものでないといけないと説明しました。もちろん、私たちもいくつかの援助物資を提供します。しかし、村人たちが自らの問題に対処することができる能力を磨き、育成することに注力したいのです。

資源に乏しく非常に貧しい州の経済開発のリーダーであったかれは、しぶしぶゴーサインを出しました。資金力のある米国のＮＧＯが、かれにとっては本当の援助である医療機器や栄養補助食を提供するのではなく、「能力開発」や「自立」だけを約束することが不満だったことは明らかでした。

ＰＤアプローチの最初の試み

ブーがパイロットサイトの候補地として４つの農村を提案してきたので、さっそく私たちは、これらの村で子どもたちの栄養状態の基礎調査を実施しました。幸いなことに、これらの村は間違いなく助けを必要としていたため、ＰＤアプローチを最初に試してみる場としては最適でした。

問題は、３歳未満の子どもたちの63％が栄養失調であり、かなり深刻な状況に陥っていたということです。しかも、栄養状態の良い子どもたちの大多数は、経済的に恵まれている家庭に育っているか、そうでなくても、裕福な親戚による食料支援を受けていました。

この調査の直後に、村のリーダーと地域の関連機関（人民委員会、女性組合、農民組合、および保健局幹部）のメンバーと会い、４つの村ないしは「コミューン」で実施予定のプロジェクトについて話し合いました。これらの関係者が一堂に会して、子どもたちの健康について議論するのは初めての経験でした。

驚くべきことに、世界中で展開することになる私たちの仕事は、しばしばコミュニティが一致協力するきっかけになることが多いのです。村人たちは、栄養失調の原因について意見交換し、将来への希望について話し合いました。私たちは、これらの村が栄養失調の問題を暫定的にではなく恒久的に解決できるよう支援したいことを説明しました。幸いなことに、村には以前、国連世界食糧プログラム（国連機関である世界食糧計画によって開始された補助給食プログラム）がありました。その経験は、ＰＤアプローチを説明し、従来の支援との違いを明らかにするのに重宝しました。

ヒエン：過去に、補助給食プログラムが実施されたことはありますか？
村　民：はい、あります。
ヒエン：プログラムの結果はどうでしたか？
村　民：私たちの子どもたちは健康になり、体重が増えました。
ヒエン：プログラムが終わった後はどうなりましたか？
村　民：私たちの子どもたちは再び栄養失調になりました。
ヒエン：なぜですか？
村　民：プロジェクトが終わると、子どもたちの栄養状態を改善した食料（油、牛乳、小麦粉、高たんぱく質のビスケット）を援助してくれる人がいなくなるからです。
ヒエン：では、今後はどのようになれば良いと思いますか？
村　民：私たちは子どもたちの栄養状態が良くなり、健康で暮らしていけることを望んでいます。

ヒエン：外部の助けに頼るのではなく、自分たちでそのような未来が実現できれば良いと思いませんか？

村　民：もちろんそう思います。でも、そんなことが可能なのですか？　ここは貧しい村です。

実際の証拠を示すのではなく、PDアプローチをとれば、コミュニティ内にすでに存在する解決策を見つけ出し、栄養失調問題を改善することができるという私の信念を説明しました。すでに栄養失調で苦しんでいる子どもたちについては、最初に何らかの食料支援をする必要があるでしょう。実際、私たちは栄養補助食として、卵や豆腐を準備していました。

しかしながら、他の支援プログラムと異なるのは、このPDアプローチは、健康を回復した子どもたちが、外部の支援に頼ることなく、その後も良好な栄養状態を維持するための方法を提示する点にあります。もちろん、これがうまくいけば、村人たちはこのイニシアチブに主要な責任を持つことになります。

ベースラインとプラクティス

青は異なりますか？　これはコンテクストが明示されなければ意味のない質問です。すなわち何と異なるのかがわからなければ、答えようがありません。ＰＤの行動は、標準と異なっているからこそ識別できるのです。他の人たちの現在の行動を把握せずに、成功している例外を見つけることはできません。これは、ＰＤプロセスのなかで最も厳密な部分になります。

ベースラインは、進捗状況を評価する際のたたき台となります。つまり、現状を調査したデータ（たとえば、子どもたちの体重）を収集し、ポジティブな逸脱者がリスクにさらされていないか、あるいは、すでに何らかの（たとえば、裕福な親戚からの）支援を受けている人として誤って分類されないように適切な基準を定めなければなりません。その上で、共通するプラクティスを分類するのです。

これらのために取った最初のステップは、女性組合、農民組合、人民委員会、保健局からのボランティアで集まったメンバーで構成された村の健康委員会の創設でした。多様な肩書きを持つこれらのボランティアのメンバーは、未定のプロセスを導く羊飼いとなりました。その当時、私たちはまだ意識的にＰＤのガイドラインを設定しようとはしていませんでした。しかし、プログラムを管理する最適な人材は、上から任命された人ではなく、自ら進んで手をあげるようなこの使命に情熱を持った人だということが見えてきました。

自ら立候補した保健ボランティアは、このプロジェクトをいち早く始めたがっていました。保健局のスタッフと村のリーダーの協力を得て、健康委員会のメンバーたちは、子どもたちの体重を測定し、年齢と体重が記載された育成カードを収集し、子どもたちの栄養状態を評価しました。

体重計測に使われたのは、コメの重量計として使われていた手さげ式天秤ばかりでした。一方の支点にはバケツが吊るされていてそこに子どもが載ります。もう片方の支点には分銅があり、これで体重を測定していました。一部の子どもたちは、以前に実施された栄養基礎調査でも体重を測定していました（保健ボランティアが1991年2月下旬にコミュニティ全体で子どもたちの発育調査を実施していました）。しかし、今回の調査は標本調査ではなく、対象となるコミュニティに住んでいるすべての3歳未満の子どもたちの体重を測定する初めての全数調査でした。

体重測定が完了した後、私たちは保健ボランティアや村のリーダーと会い、調査結果を確認しました。以前の標本調査の結果と一致して、子どもたちの64％（63％ではなく）が、程度の差はあれ何らかの栄養失調に苦しんでいることが判明しました。

私たちは、このコミュニティのすべての人、特に最も劣悪な環境にある村人たちが実践できる栄養失調の改善策を模索していました。そこで、ボランティアのメンバーに、村のすべての世帯の所得水準をランク分けするように依頼しました。

この作業に対応したカテゴリーがなかったため、村のほぼすべての家庭の経済状況を正確に反映したものとして、かれらは「貧しい（poor）」「非常に貧しい（very poor）」「非常に、非常に貧しい（very, very poor）」というランク分けをしました。

かれらがランク分け作業を終えた時、私たちはコミューン市庁舎の波形ブリキ屋根の下にメンバーを集めました。各コーナーにある頑丈な木材が、この小さな壁のない建物の躯体を支えており、間に合わせの椅子が土間の上に置かれていました。ベニヤ板の黒くなったパネルが黒板として使われ、軟らかい石がチョーク代わりでした。予想通り、子どもたちの3分の2は栄養失調でした。

コミュニティの常識が反転した瞬間

これは本当にシンプルなアイデアです。「反転質問（somersault question）」は、反転の概念を利用しています。問題を逆向きに見て、頭のなかで循環論法を回すのです（「鶏は卵が別の卵を作るための方法である」という格言に似ています）。必要なのは、村の栄養失調に関して一般化され定着していた考え方を反転して問い返すことです。

栄養失調の原因の一般的な説明は貧困でした。私たちはボランティアに、栄養状態の良い子どもたちが「非常に、非常に貧しい」家庭で育っているのかどうか尋ねました。調査結果を見て、かれらの何人かは興奮のあまり文字通り飛び上がりました。

「Có、có!（そうです、そうです!）、確かに何人かの子どもたちは非常に、非常に貧しい家庭の子です。なのに栄養状態が良くなっています!」

「つまり、今日、この村にいる非常に、非常に貧しい家庭の子どもたちが、栄養状態を改善できるということでしょうか?」と私たちは尋ねました。

「Có、có!」とかれらは答えました。

２月のその日に降りてきた「Có、có!」という啓示は、コミュニティの変革に捧げた私のキャリアのなかでも忘れることのできないマイルストーンになりました。進むべき道があることを信じている者が、実際にその可能性を発見すれば、文字通りその態度も大転換することは明らかです。

この「アハ体験」の瞬間は、「村は貧しく、解決策はありません」という意見に代表される専門家や住民の持つ基本的な考え方を打ち破りました。村人たちが、村のなかに例外があることを発見したことで、実態調査のための環境が整いました。その後の数年と数カ月にわたってＰＤアプローチが洗練されるにつれて、「アハ体験」に相当するベトナム語の「Có、có!」体験は、ますますその重要性を増しました。それはＰＤプログラムをデザインする際の最重要事項になっています。

極度の貧困にもかかわらず良い栄養状態を達成できる可能性が確認された後、ボランティアたちはこの発見のインプリケーションを検討しました。非常に貧しい家庭の子どもの栄養状態が良いのであれば、近隣の貧しい家庭でも、子どもたちの栄養状態を改善することができるかもしれません。

このことがわかれば、次の段階は、このアプローチの調査フェーズへと進むことです。すなわち、このコミュニティの一部のメンバーが、周りと同じ環境のなかで、特別の援助も受けず、どのようにしてこの蔓延する問題を回避し、克服することができているのか、その独自の方法を明らかにするということです。

ＰＤとは、標準（この事例では、伝統的な摂食、育児、衛生行動）からの乖離という意味においての逸脱のことです。したがって、ポジティブな逸脱者がどのように異なった行動をとっているのか識別する前に、標準的なプラクティスや行動を明らかにしておく必要があります。

翌週、訓練を受けたボランティアが、各農村で多くのフォーカスグループ・ディスカッションを実施しました。母親、祖母、父親、年長の兄弟、地域医療従事者などと非公式な形で会い、摂食、育児、衛生に関する従来のプラクティスについて話し合ったのです。

そこで得られた洞察の１つは、比較を通じて学ぶことの重要性です。ＰＤに対する多くの人の最初の反応は、「それはすでにやってます」「そんなこと知っています」というものです。このような否定的な反応は、重要な細部と差異を見落としています。

新しいアイデアが提示された時に最も理解しにくいのは、そのアイデアが何かに類似しているということではなく、それが何かと異なっているという点にあります。ＰＤを識別する際、標準と比較してそれがどのように異なっているのかを最初に理解しなければ、変革を挑発するような強力な武器にはなりません。

話を聞くことで当事者意識が生まれる

最初の８回の会合の後、ベトナム人のボランティアたちは、何度も同じ情報を聞くだけで、何ら新しいことや役に立つことが発見できていないと報告し、私たちはこの現地ヒアリング調査を中止せざるを得ない状況に追い込まれていました。まさにその時ボランティアの1人が注目すべき報告をしたのです。3児の母で最も活発に活動していたトゥエンは、次のように語りました。

「私も新しいことは何も学んでいません。ただし、私の集落には、これらのフォーカスグループに参加していない世帯がまだ3つか4つあります。そのなかには、集落で最も貧しい家庭が含まれています。もし、私がかれらを訪ねて話を聞かなければ、かれらは傷つくでしょうし、私も、かれらがこのプログラムに貢献するものは何もないと結論づけることになります。将来、このプログラムを開始する時、かれらの協力が必要ならば、かれらの考えにも耳を傾けたほうがいいと思います」

この報告を聞き、全員がトゥエンの洞察の重要性を理解しました。グループで話し合うことの価値は、さまざまな利害関係者から有益な情報を引き出すことだけではなく、かれらのアイデアや信念に耳を傾け、プログラムを構成する重要な役割を担ってもらうように働きかけることにあったのです。

それ以来、ＰＤプロセスの最初のステップとして、開発途上国の村落であろうと米国の病院であろうと、対象がどこであっても、まずは地域のファシリテーターがコミュニティのなかでできるだけ多くの人々の話を聞くことから始めました。話を聞くことによってどれだけ学ぶことがあったのかではなく、ただ話を聞くことが大切なのです。そのことによって最も広範なオーナーシップ（訳注：当事者意識）が生まれるのです。

数週間以内に私たちはフォーカスグループを終了し、4つの村で子どもたちの栄養状態に影響を与えている共通のプラクティスを明確に理解することができました。それまでは、保健ボランティアが栄養状態の良い子どもたちがいる貧しい家庭を訪問するのは控えていました。次の課題は、これらの子どもたちの良い栄養状態を説明する例外的なプラクティスを実際に識別することです。

ヒエンと保健ボランティア数人そして村のリーダーたちがチームに分かれ、私たちのＰＤが存在するという仮説が本当に正しいかどうか確認するため、これらの家庭を訪問しました。

２日間にわたって６世帯を訪問し、いくつかの質問をし、そしてこれが最も重要なことですが、母親や他の家族がＰＤの子どもたちにどのように食事を与え、育児をしているのかを観察しました。食事の１時間ほど前にＰＤの家を訪問し、食事の準備や衛生状態について、ただ単に質問するのではなく、実際に観察するようにしました。いずれの世帯でも、食材の準備や調理、給仕に関して、リアルタイムにその場にいることが非常に大切であることが証明されました。

例外的なプラクティスの発見

ＰＤである母親が行う報告とその実際の活動は、しばしば矛盾していることがあります。それは彼女たちが不誠実であるからではなく、実際の自分たちのプラクティスすべてについて十分に意識していないことが原因です（つまり、見えるはずなのに見えないものがそこに隠れているのです）。

たとえば、あるＰＤである母親は、食事前に娘の手を洗うことしかしていないと述べました。しかし、食事時間にその場にいたチームは、食事前の手洗いに加え、娘が食事中に部屋のなかにいた犬を撫でた時にはすぐに手を洗い直し、三度目は、彼女が兄の汚れたサンダルで遊び出した時だったことを確認しています。

もし、このＰＤである母親の行動を実際に観察することなく、インタビューだけで済ませていれば、この母親は（村のその他多くの母親と同じく）「食事前に子どもの手洗いをしていた」と報告することになったでしょう。しかしながら、その場で観察すると、母親は食事中、子どもがきれいでないものを触るたびに子どもの手を洗っていたことが発見できるのです。これは、例外的なＰＤ行動になります。状況学習は、どのような場合でも、ＰＤ調査の主要な構成要素になります。それによって、Ｗｈａｔだけでなく、最も有益なＨｏｗの多くを学習することができるのです。

ＰＤ家庭のすべてを訪問した後、私たちは村の集会所に再び集まりました。その場には、明らかに高揚感がありました。各チームは、ＰＤ家庭のなかからいくつかの例外的な行動を発見していました。何よりもまず、栄養状態の良い子どものいる貧しい家庭では、母親または父親が水田から小さなエビやカニ（指の関節くらいの大きさ）を集め、サツマイモの青菜とともに子どもの食事のなかに加えていました。これらの食材はすぐに入手でき、無料で摂取できます。しかし、多くの家庭では、幼い子どもたちには適しておらず、むしろ健康を害するものと信じられていたのです。

6つのうち5つのＰＤ家庭では、エビ、カニ、青菜を食事に加え、徹底的に手洗いをすることで手を清潔に保っていました。その他にもいくつかのＰＤ行動が明らかになりました。これらは食事の頻度や食事の方法、子育ての質、そして衛生状態です。

たとえば、ほとんどの家庭では、両親が朝早く水田に向かう前と、午後遅くに戻った後の1日に2回だけ幼い子どもたちに食事を与えました。3歳未満の子どもは胃が小さいという理由で、食卓にあるご飯のごく一部しか食べることができませんでした。しかし、ＰＤ家庭では、子どもの世話係（年長の兄弟、祖父母、または隣人）に、定期的に子どもに食事を与えるように指示していました。子どもたちは、1日に4回、場合によっては5回も食事をしていたのです。

その結果、通常2回の食事で使う量を、追加分の2回または3回を加えて各回均等に分け、ＰＤの子どもたちは、2倍のカロリーを摂取できていたのです。これは、ＰＤ行動は例外的に行われているＷｈａｔだけではなく、いかに行われているかというＨｏｗも反映していることを示す数え切れないほどの例の最初のケースになりました。

失敗は、解決策を発見した時に起こる

ＰＤ調査を通じて、コミュニティのメンバーは、貧しい家庭に栄養状態の良い子どもがいる理由を自分たちで発見しました。次の課題は、人々にこの知識を実践に移してもらうことでした。ボランティア、地域リーダー、診療所スタッフとのミーティングを招集し、意見を聞きました。その目的は、

発見された例外的なプラクティスを村人たちに「教える」プロセスを設計することでした。

講習会や集落会議の開催、注目を集めるポスターの作成など、多くのアイデアが出ました。だれもが私たちが「学んだ」ことに興奮しており、自然な衝動として、それを他の人たちに「伝え」たくて仕方がなかったのです。

その後、会議が終わり、皆が帰路につきかけた時、気をそらせた瞬間、簡単に見逃してしまいそうなある重要な出来事が起こりました。年老いたボランティアの1人が、他の人がようやく聞こえるほどの声で、次のように述べたのです。

「１０００回聞くことは、実際に1度見てみることほどの価値はないし、１０００回見ることは、実際に1度行ってみることほどの価値はありません。さようなら。来週また会いましょう」

ハノイへの長い帰路につくため、車（皮肉をこめて、「ビースト（獣）」と呼んでいました）に向かって歩いている途中、ヒエン、モニーク、そして私は、ともに潜在意識下にある何かが閃光を放ったような感覚に襲われ、それが何なのかを明らかにしたいと思っていました。

「百聞は一見に如かず、見ることは行うことに如かず」

ハノイへの帰途（橋で列車が故障したため、その夜は通常の4時間ではなく7時間かかりました）、とらえどころのない何かが私たちの意識を支配しました。

おそらく、私たちが架台の橋での渋滞に巻き込まれていたためか、あるいは悲惨な状況（窓を閉め続けるには暑過ぎる、窓を開けるには埃っぽい）から気をそらそうとしたため、私たちは旅の疲れから覚めました。モニークと私は、過去に経験した開発援助業務の失敗事例についてヒエンに話しました。すべての失敗は、私たちが自分自身を発見した瞬間、すなわち、解決策（別名「真実」）を発見したまさにその時に起こったのです。

次にとったほとんど条件反射的なステップは、外に出て言葉を広めることでした。すなわち、人々に教え、伝え、教育するのです。そうだ！　それらの失敗を振り返っているうち、私たちが失敗したのは、人々が何かを「知る」ことさえすれば、その何かをうまく「行う」はずだ、と思い込んでいたからだと気づきました。

ハノイに到着するまでに、疲労困憊していたにもかかわらず、この幅広い議論は啓示へと昇華されました。私たちが行わなければならなかったのは、村人が発見したばかりのＰＤ行動について、それを単に知るだけで終わるのではなく、人々が実践する機会を作ることだったのです。

もちろん、その目的は栄養失調の子どもたちを元の状態に戻すことです。単純明快です。その部分だけを取れば、十分な栄養補助食を提供することで目的は達成されます。しかし本当の課題は、栄養状態が回復した後、両親が自宅で子どもたちの栄養状態を維持できるようにすることです。

この持続可能性の問題に対処するためには、過去の補助給食プログラムで経験した落とし穴を回避しなければなりません。つまり、村人たちは新しい習慣を身につけ、行動を変える必要があるということです。かれらはいま行っていることとは違った何かを実行していかなければなりません。

新たに発見されたＰＤの行動が、この「違った何か」に該当します。食事の回数を増やし、ほんの一握りのエビやカニ、青菜を食事に加えることで、子どもたちに十分な栄養を与えられることが示されました。村の最も貧しい家庭でもこのような食材を手に入れ、これらを実践することができるのは明らかでした。

　しかしながら、栄養失調の子どもたちの親や世話係にこれらの行動を実践してもらうことは別の問題でした。先に述べたように、これらの食材を子どもたちに食べさせることは考えられないことでした。それは、欧米の子どもたちが、庭にいるカタツムリ（フランス人はエスカルゴとして食しています）やタンポポの葉（シグネチャーサラダに添えられます）を食べるようなもので、かなり抵抗のあることだったのです。デリカシーというのでしょうか。しかし、あなたの2歳の子どもに勧めてみたらどうでしょう。きっと抵抗なく食べてくれるはずです。

「結果が出せなかったらビザの延長ができない」という試練をいつも念頭に置きながら、ハノイへの帰途で啓示を得た後、最初に考えたのは、栄養失調の子どもたちの世話係が望ましい行動を実践できるようにするアクションラーニングのプログラムを作成することでした。ただし、成功するには単に知るだけでなく、行うこと（Ｈｏｗ）が必要である、というこの洞察だけでは、最適なプログラムをどう作成すれば良いのか皆目見当がつきませんでした。私たちがプログラムを作成した場合、それはかれらのものではなく、私たちのものであることに気づきました。

退屈な質問の繰り返し

ビザ延長までの時間が刻々と過ぎていくなかで、私たちは貴重な2週間を「質問」に費やしました。私たちは地域リーダー、ボランティア、診療所スタッフ、そしてこのプロジェクトに興味を抱いた村人のいくつかの小さなグループに会い、何度も何度も尋ねました。

「私たちはこの2カ月間、貧しい家庭が子どもたちの栄養状態を改善している多くの貴重な秘訣について学びました。しかし、それらの秘訣を実践してもらうための最適な方法がまだわかっていません。私たちは何をすべきでしょうか？」

このように繰り返して質問するのは、退屈なことでした（最後のほうの会議では、疲れ切って、同じプログラムの紹介を繰り返すことがほとんどできませんでした。正気を保つために、通訳をしていたヒエンだけが理解できることを知りつつ、私は英語で次のような冗談を言いました。「私たちはお前たちの土地や女を奪うために来たんだ！」。ヒエンは、間髪入れずにベトナム語に通訳して言いました。「私たちは、子どもたちの栄養状態を改善する多くの貴重な秘訣を学びました……」）。しかし、初めて会う村人のグループにとっては新しい質問であり、革新的な自分たちのプログラムを作成するための刺激になりました。

2週間が過ぎ、何度も打ち合わせを重ねた後、あるプログラムのデザインが浮かび上がってきました。毎月2週間、母親やそれ以外の世話係が、栄養失調の子どもたちを毎日数時間隣人の家に連れて行きます。かれらは保健ボランティアと一緒に、栄養補助食を準備し、子どもたちに食べさせます（上述のように、豆腐や卵がセーブ・ザ・チルドレンから提供され、子どもたちの性別や年齢に見合った標準体重に戻すのに役立ちました）。母親または世話係（多くの場合、年上の兄弟または祖母でした）は保健ボランティアとともに新しいレシピの調理を学び、基本的な衛生管理と育児方法について実習します。

　これらのセッションは、ＰＤ調査のなかで特定された成功した行動を実践する機会を提供しました。たとえば、積極的な摂食や、食事中、汚れたものに触れるたびに水と石鹸で世話係が子どもたちの手を洗うことなどです。このセッションで実習する内容は、世話係からすると、理にかなった「生産的」な活動であり、それはまた楽しいものでした。ベトナム人は非常に勤勉です。儒教の伝統に加え、何十年にもわたる共産主義で重視されてきたのが「生産性」であったため、村人は生産的でないものにふけることはほとんどありません。

　小さな子どもたちは、セッションのパーティーのような雰囲気が気に入っていました。しばしば、「ひどい食べ方をする」子どもたちが現れ、他の8～9人と口に食べ物を入れたまま遊び、「だらだら食べ続ける」ことで母親を驚かせていました。

　これは素晴らしい成果でした。私たちは世話係に子どもたちを毎月2週間のセッションに連れて来てもらいました。子どもたちは、栄養補助食を提供され、それに加えて、ＰＤ行動を通じて回復していったのです。しかし、まだ課題は残っていました。セッションが終わっても、かれらが自宅でこれらの実践を確実に継続していけるようにするにはどうすれば良いのかということです。

考え方を変えるよりも、行動を変えるほうが簡単

この行動の変化を持続させるという課題に対処するため、セッションに参加する条件としての「寄付」をお願いすることにしました。毎日、母親や世話係は、セッションの参加費として、エビやカニ、青菜などを一握り持ってくるよう義務化したのです。毎月２週間、家族のだれか（配偶者や年上の兄弟）が朝早くから水田に出て、足首まで泥まみれになりながら、必要なエビやカニを集めなければなりませんでした。その月の２週間のプログラムが終わる頃には、小さな網と空の容器を持って水田に行くのが日課になっていました。

それを簡潔に表現する言葉を見つけるのに、その後十数年かかりましたが、私たちは重要な洞察を得ていたのです。つまり、考え方を変えるよりも、行動を変えるほうが簡単だ、ということです。毎日の寄付は、新しい習慣を形成するための布石となりました。

ＰＤ行動が発見されたら、それを学ぼうとする人には、新たな行動を実践する機会と手段の両方を提供しなければなりません。ＰＤの方法論を使って対処したさまざまな問題において、知識よりも実践に焦点を合わせることが、持続的な行動の変化をもたらすための鍵となることがいまや明らかになっています。

行動の変化をもたらすもう１つの重要な要因は、人々の結果を受け入れる能力です。参加したすべ

ての子どもたちは、2週間のセッションの最初と最後の日に体重を測定しました。宝くじの抽選直前に発表を待っているかのように、母親と保健ボランティアは、体重計の周りに集まり、体重計の針が止まるまで固唾を飲んで見守りました。

結果はどうだったでしょうか。子どもたちの4分の3は、体重が増加したのです。測定のたびに拍手と歓声が起こりました。新しい行動が実際に体重増加につながり、子どもたちが「わんぱく」（無気力で元気がないのではなく、活発で生き生きとしている）になったことを確認して、世話係たちは家に帰っていきました。そして、新たに身につけた方法を実践することに専念したのです。

最初のセッションで正常な栄養状態に到達した子どもたちは「卒業」しました。一方、栄養失調のままの子どもたちは、翌月に開催されるセッションに申し込みました。

子どもたち1人ひとりの栄養状態の推移をコミュニティでモニタリングすることは、このプログラムの全体的な成功と持続可能性にとって重要な要素でした。各保健ボランティアは、成長記録帳を折りたたんで肌身離さず携行し、子どもたちの体重や栄養状態を記録し、追跡できるようにしていました。体重は、2カ月ごとに行われる村全体の子どもの成長モニタリング・セッションでも記録されました。これにより、保健ボランティアと地域リーダーは、60日ごとに幼い子どもたちの栄養状態の全体的な傾向をレビューすることができました。子どもたちの体重を記録した「スコアカード」は、村全体で集計してまとめられました。

劇的な演出で、ボランティアは緑色の金属製のキャビネットの鍵を開けました。そのなかには、貴重なハサミやテープ、カラーマーキングペン、フリップチャート用紙などが保管されていました。かれらは、最新の「地域の子どもたちの栄養状態」を集計し、円グラフを更新しました。この円グラフは地域にとって重要な場所（ホーチミンの胸像に隣接する集会所の近くなど）に目立つように掲示され、診療所や女性組合、人民委員会のオフィスに入ってきた村人たちを最初に出迎えるものの1つになりました。このチャートを見れば、村人たちは自分たちの村だけでなく、より広い地域の子どもたちの栄養状態を時系列で確認することができました。オリンピックのスコアでも、このチャートほどの興奮を呼び起こすことはできなかったでしょう。

6月初旬には、4回目のセッションが開催されました。この時点で、6カ月の試用期間のうち、5カ月半が経過していました。このプロセスは、村の一部に組み込まれていました。だれもが子どもや親戚、近所の子どもをプログラムに参加させていました。モニーク、ヒエン、私はいつも温かく迎えられました。これ以上のことはありませんでした。

知らぬが仏

地域の人たちは表面的には私たちを温かく受け入れてくれていましたが、その背後には実は深刻な不信がありました。そのことに気づくまでに、さらに2年が必要でした。1994年の春先、サイゴンの「陥落」または「解放」（いずれを取るかは観点によりますが）から19周年を迎えた日、ＡＰ通信社の記者が、「米国戦争」の記憶についての記事を書くために、私たちのプログラムに参加している村人たちにインタビューをさせてくれないかと連絡してきました。

地域の人たちは私たちの知り合いで信頼してくれているので、インタビューでは正直に話をしてくれるでしょう、と記者に断言しました。実際に、そうなりました。ＡＰ通信社の記者は2日間タインホア省に滞在し、戦争について村人たちにインタビューを行いました。

かれらは南ベトナム人のように米国人を直接見ることはありませんでしたが、いかに米国人を恐れ、憎んでいたかを語ってくれました。米軍爆撃機がホーチミン市の幹線道路の大動脈であるタインホア省に爆弾を次々と投下していたため、かれらにとって、2万フィートの高さにいる米国人しか知ることができなかったのです。

ある退役軍人は、残された片足を引きずりながら、小学校の中庭にある「英雄である少年」の像の前に記者を連れて行きました。この14歳の少年は、近くで爆弾が爆発した際に、身を挺して保育園の子どもたちを助け、自らの命を落としたのです。

記者は、（米国人に対する先入観があるなかで）米国のＮＧＯが栄養プログラムを始めるために初めて村に来た時、どのように感じたのか尋ねました。女性たちは不快そうな顔をしました。数秒間の視線のやり取りの後、1人の女性が語り始めました。

「私たちがこのプログラムを始めたばかりの頃は、世話係に参加してもらうのが大変でした。母親たち、特に祖母たちには、私たちが食事の準備を担当し、調理を隅々まで監視しているということを繰り返し説明し、安心させなければなりませんでした」

記者は、なぜそこまでしなければならないのかと戸惑い、「何か通訳に間違いがあったのでしょうか？」と尋ねました。ボランティアは続けて、「いいえ、あなたの通訳者は、正確に通訳しています」と答え、次のように説明しました。

「モニークさんとジェリーさんが最初に村に来た時、とても親切であるように見えました。しかし、結局のところかれらは米国人です。村人たちは、かれらが子どもたちに毒を盛るために来たのだと確信していました。摂食プログラムの最初の数週間はすべてのセッションで、世話係が子どもたちに食事を与える前に、ボランティアが実際に毒見をしなければなりませんでした」

＊＊＊

4回目の2週間のセッションが終わったのは、私たちが入国してから5カ月半後の１９９１年6月でした。私たちが目標を達成したかどうかを確認するために、タインホア省保健局のスタッフが村を訪れました。ちょうど６００人以上の子どもたちが最初の4回のセッションに参加していました。当局はかれらの体重測定をするために来たのです。

私たちは、隔月の体重測定と円グラフから結果を知っていましたが、事が事だけに、不安が高まっていました。ヒエン、モニーク、私の３人は、小さな保健センターでボランティアの人たちと一緒に、地区保健担当者が来るのを待ちました。

白のスモックコートにゴム製のビーチサンダルを履き、メモ帳とペンを片手に持った７人の保健担当者を乗せたジープ２台が到着しました。大半の子どもたち（６００人中５９７人）とその世話係がボランティアによって集められ、すべての準備は整っていました（米国人、中国人、フランス人、クメール・ルージュには、動員の才能がなければ勝てないでしょう）。

私たちは、お茶を飲んで、待って、またお茶を飲み、時計を見て時間を確認し、体重測定が終わるのを待ち続けました。耐え難いほど長い４時間の後、保健局のスタッフが笑顔で声をかけてくれました。

「何から何までおめでとうございます。お祝いのお茶を飲みましょう！」

その後、地区保健局のスタッフの上司、ハン博士から、２４５人の子どもたち（これまでにプログラムに参加した子どもたちの40％以上）が完全に栄養状態を回復しており、さらに、20％が重度から中等度の栄養失調へと改善しているという結果が発表されました。

「あなたのビザは、６カ月延長されます」とかれは締めくくりました。

＊＊＊

２年以内に１０００人以上の子どもたちがセッションに参加し、93％の子どもたちが「卒業」しました。[*2] 子どもたちの健康状態が劇的に改善されていくのを家族が直接目撃するうちに、このプラクティスは新しい常識となりました。

ハーバード大学公衆衛生大学院が実施した１９９４年のプログラムの外部評価では、次のように報告されています。

「プログラムの実施時にはまだ生まれていなかった下の子どもは、上の兄弟と同じ水準の改善された栄養状態にあり、恩恵を受けていた[*3]」

これはもっともなことです。新しいＰＤ行動を用いて子どもの栄養改善に成功した母親たちは、次の子どもが生まれた時にもそれを実践し続けたのです。子どもの育児方法についての常識が変わり、それが習慣化されました。栄養状態の持続性が確認されたため、コミュニティ内でのこれ以上の支援は必要なくなりました。

リビングユニバーシティの設置

１９９１年12月には、このモデルの有効性は証明されたということになりました。次の段階は、この成功が他の場所でも果たして再現できるかどうかを検証することでした。私たちは、ベトナム国立栄養研究所から5人の若手スタッフを募り、かれらを2年間セーブ・ザ・チルドレンに派遣しました。かれらの協力を得て、私たちはさらに10の村を加え、合計14の村でこのプログラムを展開することにしました。

　新しい村は、これまでの村と隣接しており、食料事情はほぼ同じでしたが、私たちは新しい村では新たな調査を行うよう主張しました。この時点で、コミュニティでの自己発見のプロセスが、明らかにされたＰＤ行動と同じくらい重要であることが明白になっていました。この「自己発見」に焦点を合わせた調査は、その後10年間にわたって強化され、ＰＤアプローチの重要な要素であることが証明されました。10の新しい村の人たちが、最初の4つの村と同じような劇的な結果を実感するまでに、わずか1年と少しばかりしか要しませんでした。

　その勢いは、足元で大地が引き裂かれるような変化を引き起こしていきました。信じられないことですが、私たちのホストとなったベトナム人は、ハノイの閣僚レベルの政治家から村のリーダーまで、このプログラムを喧伝する伝道師になっていきました。

　かれらは、何千人もの出席者を集めた国民健康会議で講演し、報告書を配布し、委員会に出席しました。ベトナム人に特徴的な細部へのこだわりを持って、かれらはＰＤプログラムの成果を、隣の村の資源集約型の国連世界食糧プログラムの成果と比較しました。ＰＤプログラムは、よりアクセスしやすく、持続可能で、拡張可能であると判断されました。そして、ベトナム人はこのプログラムを自分たちのものとし、成功させたのです。

プログラムが実施されている場所は、ハノイから車で１日で行ける距離にあったため、何十人もの訪問者が電話をかけてきました。間もなく、国連やプログラム対象地域外の保健局から、このプログラムを国内の他の地域で実施するための協力要請が多数寄せられました。コネチカット州にあるセーブ・ザ・チルドレン本部のスタッフを含む海外の代表団も訪問してきました。そして、かれらはこのアイデアを他の地域にも広めようと決意して帰国していきました。

しかし、このプログラムの実験段階で思い知らされたように、実践することが一番大切です。私たちは、成功することでかえって妥協してしまうという重大なリスクにさらされました。ＰＤアプローチについて学びたいという希望が殺到したため、規模を拡大するための方法を模索しました。

ある雨の日、ユニセフの代表者が訪ねてきました。暗い空が透けて見える波板屋根の小屋で、プログラムに参加していた地元の子どもの母親たちを交えて席に着きました。モンスーンの雷雨が屋根を叩く音が聞こえてくるなかで、母親たちは大きな声で生き生きとした表情で話をしてくれました。どのようにして子どもたちの栄養状態を改善したのか、いかにすれば貧しい家庭でも栄養の行き届いた子どもを育てることができるのか、について説明しました。彼女たちは、外国人のお客さんが話を正しく理解しているかどうかかなり気になっている様子でした。

１時間ほどして、私たちは彼女たちにお礼を言って小屋を出ました。びしょ濡れになったお客さんは、その場にいても気にならないくらいじっとしていました。そしてユニセフの代表者は次のような感想を漏らしました。

「驚きました！　こんなに短い時間でこれほど多くのことを学んだことはありません。これはまるで、え〜と、そう、リビングユニバーシティのようです」

この時、新たなコンセプトが誕生したのです。

リビングユニバーシティは、14のプログラムを展開していた村やその近辺に設置されました。このユニバーシティは、さまざまな段階の実践的な栄養摂取プロセスに触れるための社会的な実験場となりました。参加者は概念的な枠組みを学ぶこともできますが、それ以上に重要なのは、村でのフィールドワークに参加し、プログラムの本質的な構成要素を直接体験しながら12日間を過ごすことにありました。

リビングユニバーシティの参加者（たとえば、ある地区の人民委員会、保健局、女性組合のチーム）は、卒業後、それぞれの省や地区に戻り、新たに２つの村でＰＤプログラムを実施しました。その後、それら自身が「ミニ・リビングユニバーシティ」となって、さらに多くの地域でプログラムを拡大していきました。

それからの7年間で、推定5万人の子どもたちが、４００人以上のリビングユニバーシティ卒業生チームの努力により、栄養状態を改善していきました。最終的にこのプログラムは、２２０万人以上の人口を抱える２５０のコミュニティで実施されました。[*4]

つまずきながら学び、改善する

PDはアプローチであって、モデルではありません。順応性が、PDプロセスの本質的な特徴になります。厳格な標準モデルを外国の地に移植する際、その成功したモデルをスケールアップするのは失敗に終わる場合が多く、それは大きな挑戦になります。それとは対照的に、栄養摂取に対するPDプロセスは、過去10年間に、アフリカ、アジア、中南米、中東の41カ国で、保健省、国連機関、地域および国際NGOによって成功裏に採用され、適用されてきました。

PDは、プログラムが適用されるコミュニティの社会文化的背景にもとづくものです。それは、定義上、常に「私たちのもの」でなければならず、それを継承していく際には、「文化的にも承認されたもの」でなければなりません。PDは自然界と同じように作用します。ガラパゴス諸島のダーウィンフィンチのように、適用が成功するには、その地域の生態系に適したものでなければなりません。

この20年間、栄養以外の数十の問題にもPDプロセスを継続的に適用してきた経験を通じて、私たちはさまざまな教訓をリストに継続的に加えていきました。特に、PDを最初に適用したベトナムでは、非常に多くのことを学びました。つまずきながら学び、改善し、最終的には成功しました。この章で強調した原則の多くは、体験を通じて、何がうまくいき、何がうまくいかなかったのかを反省した上で得られたものです。

２つの重要な洞察は、現地の人々から得たものです。疲れ果てたボランティアからは、あらゆる段階でかれら１人ひとりの声に耳を傾けることの大切さを教わりました。それによって、かれらは問題の設定、調査、発見、所見、実行のプロセスに真に関与できていると実感できます。長い１日の終わりには、老婆から、見たり聞いたりすることよりも、行動することの大切さを学んだのです。

効果の測定は行動変化の強力な武器となる

私たちが取り組んだこの栄養失調の問題は、あらゆる問題のなかで最も容易なものといえるでしょう。このことは、その後に遭遇した困難な問題とは対照的に、「早い段階での勝利」を可能にしてくれました。だれもが健康で栄養状態の良い子どもたちを望んでいます。栄養失調をなくすことは、文化的にも政治的にも容易に受け入れられ、世界的にも差し迫った課題といえます。それは皆が一致団結して取り組むことができるものです。しかし、この地球上に存在するその他の困難な問題は、このように容易ではありません。

プログラムの効果を測定することは、子どもを体重計に載せ、針が止まるのを待つのと同じくらいシンプルなものです。効果の測定は、行動変化の強力な武器となります。測定はシンプルで世話係も容易に理解できますが、変化も早いものです。２週間で子どもの体重が数百グラム増えることがあります。世話係は、育成カードにあるチャートで体重変化を確認するだけでなく、子どもの行動の変化も目撃します。

参加した母親たち、特に祖母たちからよく聞かされる私たちの好きな「不満」の1つは、「うちの子はいま、やんちゃで困っているのよ」というものでした（ある人は、体重の重くなった子どもを抱っこするにはフィットネスジムに行かないといけないと残念そうに話していました）。1～2カ月前、プログラムを始めたばかりの頃は元気がなかった2歳児は、田んぼを駆け回ったり、植えたばかりの苗をつぶしたりするのを止めさせなければならないほど活発で幸せそうな子どもに変わっていました。

その後、ＰＤプロセスが適用された問題の多くは、これとは違って、もっと困難で、問題に影響を与えている潜在的な要因がはっきりせず、結果もまちまちです。開発途上国の貧しい親が娘を性売買のブローカーに売ろうとする動機は何なのか。パキスタンの乳児の運命を決めるのは、アッラーの意志ではないのか。常識に異議を唱えるためには、どの利害関係者が関与する必要があるのか。どのような社会的、経済的、文化的要因を調査する必要があるのか。

これらの問題の決定要因は極めて複雑で、見極めることは困難です。ベトナムで米にエビやカニ、青菜を加えることや、ボリビアで釜の底からスープの具材を掬うといった定量化できる要因を特定するほど簡単なことではありません。すでに発生した問題を解決するのとは対照的に、回避された問題を証明するのは難しいことです。この場合、新たな行動とその結果の相関関係はかなり曖昧なものになります。避けることができた死を、体重増加の場合と比べて、新たに実践されている行動に結びつけることははるかに困難なのです。

コミットメントを生む2つの要素

「1000回聞くことは、実際に1度見てみることほどの価値はないし、1000回見ることは、実際に1度行ってみることほどの価値はありません」

謙虚な村のボランティアが口にしたこのベトナムの諺は、世界中で何千もの応用を生み出したマントラとなりました。ハノイへ帰る長いドライブのなかで、私たちはこの諺から洞察を得て、ボランティアがデザインしたワークショップを開催するようになりました。それがリビングユニバーシティの誕生につながったのです。

深く掘り下げれば、驚くことではありませんが、このコンセプトは明らかに社会心理学の原理を使っていることがわかります。エナクトメント（enactment：仲間の前で違う行動をすることは、異なった考え方をするための最短距離である）と一貫性（consistency：立ち位置が決まれば、それに応じて行動するように努力する）です[*5]。

エナクトメントとは、行動でリスクをとることを意味します。そうすることでコミットメントが生まれ、コミットメントには態度の変化が伴います。信念や行動を変えるコミットメントの力は、海兵隊のブートキャンプ、大学の期末テスト期間、部族のイニシエーションなどの経験からも明らかです。[*6]

人は何かを達成するために多くの痛みや努力を経験すると、最小限の努力で達成できた場合と比較して、その経験をより高く評価する傾向があります（おそらく、専門家の助言や「ベストプラクティス」が定着しないことが多いのは、そのためでしょう。痛みがなければ得るものもないのです）。

子どもたちの体重を測り、共通のプラクティスを確立するために複数のグループ討議を行い、フォローアップセッションを通して潜在的なＰＤ行動を洗い出すといった、骨の折れるＰＤプロセスの最初のステップは、目に見えてコミットメントを引き出すのに役立つのです。

ワークショップは、エビ、カニ、青菜を採取し、１人の子どもに食べさせるという実践にもとづいて実施されたものです。実践はあなたに忍び寄ってきて、深い洞察に至る曲がりくねった道に光を照らします。しばらくの間、それはすべてバラバラな断片です（映画「ベスト・キッド」の「ワックスオン、ワックスオフ」のように）。そしてある日、すべてがしかるべき場所に落ち着きます。それまで意識していた活動が、正確には説明できない方法で、あなたのレパートリーに昇華されていくのです。これが学習の本質です。

エナクトメントは、その関与が積極性、社会性、多くの努力を伴っている場合、態度、セルフイメージ、行動を変える最も効果的な手段になります。ＰＤプロセスは、この3つの条件すべてに作用します。

参加者は関与するかどうかの決定権を持っています。キックオフミーティングとそれに続くＰＤワークショップでは、参加者は少しばかりの時間を投資し、それなりの注意を払っていく必要があります。ゆっくりと徐々に、参加者は観察者から活動家へと変化していきます。

このプロセスはまた、集団エネルギーを引き出す触媒となり、集団の規範や前提となる考え方を宿命論から好奇心へと微妙にシフトさせます。そして、社会政治構造を形式的なヒエラルキーから、何の権限もない参加者が最も重要な発見をすることができるようなオープンなシステムへと変化させていくのです。

一貫性は、態度変化のためのもう１つの強力なメカニズムになります。私たちは、内的に首尾一貫しており、他者からは信頼されるようになりたいと思っています。多くの証拠が示すように、人は一度決断したり立ち位置を決めたりすれば、内的にも対人的にも首尾一貫した行動をとらなければならないというプレッシャーがかかります。私たちのほとんどは、自分の行動をよく観察し、その上で自分とは何者なのかを決定するのです。そのため、一貫性は価値のあるパーソナリティ特性であるといえるでしょう。逆に一貫性が欠如すると、他者の不信感を生みだします。

この一貫性の持つパワーを巧妙に悪用した事例として、朝鮮戦争中の米国兵捕虜のケースを取り上げることができます。*Influence: The Psychology of Persuasion*（邦訳『影響力の正体』ＳＢクリエイティブ）の著者、ロバート・チャルディーニは、中国人によって運営された捕虜収容所で捕虜となった米国兵の体験を記録しています。かれは「中国人は、米国人捕虜に仲間の情報を提供するように非常に効果的に働きかけていた」と述べています。このような理由から、特に脱獄計画はすぐに明らかにされ、脱獄の試みは常に失敗していました。中国の収容所にいたほぼすべての米国人捕虜は、何らかの形で敵に協力していたのです。[*7]

同盟国である北朝鮮は捕虜を服従させるために剥奪と厳罰を科していたのに対し、中国人は全く異なる捕虜の扱いをしていました。チャルディーニは、残虐性の片鱗をも感じさせない中国の「寛容政策」は、個人のアイデンティティに対する洗練された心理攻撃であったと述べています。

この方法は、心理的一貫性を求める人間の志向性を巧妙に利用していました。かれらは捕虜の信念に反するような発言をするように求めました。たとえば、「米国は完璧ではない」「共産主義は特定の社会にとっては優れた政体だ」などです。兵士が同意すれば、例をあげるように求められます。次のステップは、捕虜にこれらの同意を書き留めさせるか、あるいは、グループで他の捕虜と一緒に口頭で同意したことを示すように求めることです。捕虜が拒絶した場合は、同意した他の捕虜の言葉を書き写すように指示しました。そして、かれらが書かされた内容は、構内放送で収容所全体に流されたり、反米ラジオ番組で使用されたりしたのです（米国の諜報機関が、捕虜の氏名、階級、認識番号とともに傍受していました）。[*8]

終戦時に帰国した捕虜の心理調査を行ったチームを率いたヘンリー・シーガルとエドガー・シャインは、一貫性のプレッシャーによって、捕虜たちのセルフイメージが内的・外的に圧迫されていたことを指摘しています。内的には、セルフイメージを行動と一致させなければならないというプレッシャーがあります。外的には、社会的な圧力、つまり他者の捉え方に応じてこのイメージを調節させようとする傾向があります。そして、捕虜たちが書いたことや言ったことは、捕虜たちの信念に他ならない、と他者は捉えているので（この問題についてはほとんど選択の余地がなかったとしても）、書かされた文とセルフイメージを一致させようという圧力を経験するのです。[*9]

ベトナムでの実験的ＰＤプロセスは、操作的な意図はなかったものの、確かにこの一貫性の原則を利用していました。村人たちはボランティアとしてこのイニシアチブに参加することを公に表明し、子どもたちの体重を測ったり、共通のプラクティスや見込みのあるＰＤについてグループ討論を行ったりすることでさらなる関与を示しました。当然のことながらワークショップのスポンサーやスタッフが必要になった時、一貫性のプレッシャーが働き、かれらのさらなる協力を引き出していきました。

それは、火星に向かう宇宙船のジャイロスコープが、船体の軌道を維持するように確かなものでした。朝鮮戦争の収容所では、一貫性の原則が中国軍に有利になるように操作されていました。それとは異なり、ＰＤプロセスでは、私たちはこのような操作を可能なかぎり回避してきました。コミュニティが、そしてコミュニティだけが、何を追求するのか、追求すべきでないのかを決定することができると主張することによってです。

第1章で述べたように、ＰＤは、問題が「技術的」なものではなく、「適応的」なものである場合に有効になります。この両者を分けるものは、社会的複雑性と行動変化の必要性です。ベトナムでの問題が、収穫率の高い米や干ばつに強い稲を導入することで解決されるのでしたら、村人の社会的、行動的な変化は必要なかったでしょう。しかし、「論理的」な技術的解決策が、ある種の認知的盲目をもたらすことに注意を払う必要があります。技術的解決策の持つエレガントさや効率性に魅了され、それを実行していく際に待ち受けている行動面、社会面での障害を見落としてしまいがちなのです。

ソークワクチンはポリオウイルスを根絶しました。簡単なことのように見えます。しかし、インドとナイジェリアで最近発生したポリオ感染は、一部の農村地域でのワクチン使用に関する迷信が、地球上からほとんど消滅していた病気の復活を可能にしていることを浮き彫りにしています。社会や行動のパターンに埋め込まれた問題は、技術的解決の障壁になることがあります。真に有効な技術的解決策とは、コンクリートの建物のなかを中性子が通過するように、抵抗する社会システムの影響を受けないものなのです。

専門家の罠

村ではかつて、栄養学や農業の専門家の助言を受けたことがありましたが、その成果はあまり芳しいものではありませんでした。すでに指摘したように、専門家の存在は、それ自体で、コミュニティのオーナーシップを奪い、専門家の権威への依存度を高めます。私たちは、村の人たちが学習プロセスに参加し、自分たちで解決策を発見した時に得られる成果を目のあたりにしました。しかしながら、専門家の「専門知識」は、コミュニティから学習の本質である試行錯誤を奪ってしまうのです。

ここで重要なのは、スポンサーや専門家、権限を持つ役人たちが積極的にかかわると、建設的でない依存関係を生み出してしまうことがあまりにも多いということです。この外部への依存は、変革に必要な解決策を実施する際の障害となります。この外部の関係者のグループがグル（導師）になると、そのメンバーは自らチェンジエージェントとして自負するようになります。

私たちがベトナムで学んだことは、問題の特定、オーナーシップ、および行動がコミュニティで始まり、コミュニティで維持されなければならないということでした。コミュニティのメンバーは、機会であり、アイデアの源泉になります。村の人たちがステップアップしてワークショップのデザインに責任を負うようになった時、外部からは把握しづらい微妙な違いをもたらしました。トップダウンではそのようなことは不可能であることは言うまでもありません。不信や抵抗は、水田にかかった朝靄のようにすっかり消え去りました。

スケーリングの問題

ここでＰＤについての「製品警告」が必要でしょう。ＰＤの成功は、「水平展開」（コミュニティ間での成功事例の移転）よりも、「垂直展開」（コミュニティ内部での展開）のほうがはるかに効果的です。その理由は自明でしょう。コミュニティがそのプロセスにオプトイン（参加）し、発見したことを普及させるためには、独自の知恵を見出す必要があるからです。[*10] 未来は1つひとつのコミュニティで創られていきます。それぞれが自らの未来を定義し、独自の運命を切り開くのです。

「エビ・カニ・青菜」をベトナムのある村から次の村へと展開しようとする時、難問が生じます。グループとしてこのプロセスにオプトインすることから始まり、かれら自身の共通のプラクティスと例外的な行動を識別するために汗をかくという各段階に十分な注意を払わなければ、すぐに「ベストプラクティス」を模倣すれば良いという安易なパターンが展開されることになります。オーナーシップが欠如しているか、あるいは十分でないために、関心が持続せず、拒絶反応が生じて一時的な好奇心が薄らいでいくのです。

利害関係者、グループダイナミクス、解決策は、コミュニティによってかなり異なります。そのため、自分たちの創意工夫で生み出した成功を味わうことができれば、その後の新たな学習のための基礎は築かれたことになります。PDの恩恵を受けてきた世界各地の村落や組織は、他の難問にもこのプロセスを適用しながら進化を続けているのです。

PDの旅への離陸

1996年6月、モニークと私はカイロに向けてハノイを出発しました。ハノイは住むのに快適な場所ではありませんでした。私たちが住む８００平方フィートの小さなコンクリートのアパートは、冬は暖房が効かず、夏は息苦しいものでした。私たちは政府から常に監視され、自宅への訪問者は止むことなく、夜中には電話が鳴り続け、電報もひっきりなしでした。それでも、友人や仕事、そして毎週訪問し、多くのことを共有してきた村の人たちと別れ、いまの生活を手放すことを考えると、胸が締めつけられる思いがしました。

ヒエンは、私たちにとって妹であり、守護神のようなとても大切な存在でした。食事といえば辛いチリしか食べない運転手のディン、元図書館員の家政婦、フオン、仕事仲間で友人である、ハノイ大学英語学部長のラン（現在はリビングユニバーシティのトレーナー兼校長として一緒に働いています）、核物理学者のトゥアン（生活費を稼ぐために秘書として入職しましたが、すぐにシニアスタッフに昇進しました）。かれらと別れるのは寂しいかぎりでした。

最後の数週間は、多くの公式・非公式のパーティーや送別会が開催され、私たちはなんとかこなしました。ハノイでの最後の夜には、親しいベトナム人や駐在員の友人たちが集まってくれました。このような別れはとても辛いもので、こんな経験は二度としたくないものでした。翌朝の空港には見送りに来ないようにお願いし、駐在員の友人たちは理解を示し、同意してくれました。しかし、ベトナム人の友人たちに対しては無理なお願いだったかもしれません。かれらにとって、出国をお見送りしないことは、考えられないほど無礼な行為だったのです。

翌朝、空港に到着すると、ベトナム人の友人たちを乗せた2台のバンが現れ、バラの花や私たちの大好きな干しシイタケを何キロも詰め込んだ大きなブーケを持って、「最後のお別れ」を言いに来てくれました。長い抱擁と涙。そして、私たちは振り返ることなく、出国審査と税関を通過し、次の目的地であるカイロへの旅の最初の一歩を踏み出すために、タイ国際航空の機内に乗り込みました。

　滑走路で待機している間、「シルクのように滑らか」な機内は、窓の向こう側にあるハノイの喧騒と矛盾した世界とはかけ離れているように感じられました。企業家精神はマルクス主義の通説にもとづきチェックされ、慎重な抑制のなかで情熱と欲望がかき立てられ、抑圧しきれない精神が鬱屈した冷静さを脅かし、前進しながらも後退するベトナム。パイロットが「客室乗務員は離陸のために着席してください」とアナウンスする間、モニークと私は黙って座っていました。私たちは人生の6年間をベトナムで過ごしました。これまでのキャリアのなかで、どこよりも多くのことを学んだのです。ベトナムは私たちにＰＤの旅に出る機会を与えてくれました。その旅は、それ以来私たちの人生を形作ってきました。飛行機は離陸しました。車輪を上げ、空を飛び、未知の世界へと飛び立っていったのです。

訳者解説2　自律的な学習プロセス

本章では、ＰＤが生まれるきっかけとなったベトナムの栄養失調問題とその解決手法が記述されています。この経験を通じて、スターニン夫妻はPDアプローチの枠組みを明確化し、その後数十年にわたってこれらを多様な領域へと普及させていくことになります。

本章のなかでPDの専門用語とでもいうべき、招待（invitation）、オプトイン・オプトアウト（opt-in, opt-out）、オーナーシップ（ownership）という言葉が出てきました。本章以降でも繰り返し使われるので、ここで少し解説しておきたいと思います。

PDは、現場での自律的な学習プロセスを推進するものです。そのためには、まずはポジティブな逸脱者を発見するために、できるだけ多くの利害関係者に関与してもらう必要があります。そのために、キックオフミーティングを開き、PDの概要を説明し、その上で自分たちが抱えている問題に対し、これが適用できるかどうかについて議論し、果たして身近なところにポジティブな逸脱者が存在するかどうか、存在するとして、どのようにしてかれらを発見することができるかを議論します。

ここのキックオフミーティングで重要なのは、「通常の容疑者」（Usual Suspect）、すなわち常識的に問題に関連していそうな利害関係者に限定せず、できるだけ多くの人に関与してもらうことです。というのはポジティブな逸脱者は、本書で今後明らかにされるように、通常の容疑者以外のところに存在していることも多いからです。たとえば本人の家族であったり、病院の食堂スタッフや清掃員であったりします。幅広い利害関係者をターゲットとし、かれらをミーティングに招待することが最初のステップになります。これは「招集」ではなくあくまでも「招待」です。

参加するか否かは当事者が決定することになります。

キックオフミーティングの後、さらにセミナーを続け、ベースラインデータや標準的なプラクティスを確定していくことになります。この作業に加わるかどうかは自らの意思で決定してもらうことが、オプトイン（参加する場合）、オプトアウト（参加しない場合）です。

このような条件が整えば、参加者の間で当事者意識が出てきます。本書ではこのことをオーナーシップと表現しています。この言葉はリーダーシップ、フォロワーシップのように最近ではビジネスパーソンの間でも使われ始めているようなので、あえて当事者意識と訳さず、そのままオーナーシップとしています。

現場での自律的な学習を推進していくためには、トップダウンによる強制ではなく、幅広い関係者を招待し、オプトイン、オプトアウトを経て、オーナーシップを持ってもらうことが決定的に重要になるのです。

第3章

慣習と伝統をいかに変化と調和させるか

文化には複雑な層がありますが、なかには迷路のように入り組んでいるものもあります。カイロでの最初の数週間は、公式な会議や懇親会が多く、市のさまざまな階層の人たちと知り合うことができました。私たちは、エジプト人が得意とする気品ともてなしの心にあふれた歓迎を受けました。しかし、この表面的な印象からはうかがい知れない、複雑な裏事情が浮かび上がってくるまでにはそう時間はかかりませんでした。由緒ある儀礼の奥底には、エジプト人の慣習に関する大きな課題が潜んでいたのです。

モニークがこれから述べるように、エジプトの一見難解な問題にＰＤプロセスを適用する際、これらすべてが関連してくることになるのです。

解決課題

エジプトの女子割礼

割礼は、女性の外性器の一部または全部を摘出する手術のことです。この慣習は古代エジプトの時代にまで遡り、数千年前から存在しています。毎年、ヨーロッパ、北米、オーストラリアの移民コミュニティでは数千人、アフリカの28カ国では３００万人の女児がこの行為の対象となっています。世界全体では、１億〜１億４０００万人の女児や成人女性が切除されています。[*1]

エジプトでは、１９９７年の時点で、15歳から49歳までの既婚または結婚資格のある女性の97％

が、何らかの形で切除を受けていました。[*2] 思春期に行われる割礼は、一般的にはエクシジョンと呼ばれています。この行為は、社会や環境、学歴の境界線を超え、エジプトの生活と文化の織物のなかに織り込まれています。弁護士や農民の娘、低学歴・高学歴の女性、農村やカイロに住む女性がこの儀式の対象となっています。

割礼はキリスト教徒やイスラム教徒にも受け入れられており、その儀式を変えることには強い抵抗がありました。割礼は社会で非常に広く浸透しており、エジプト人女性の4分の3は、健康と衛生状態を向上させるための手段（すなわち、性器を清潔に保ち、「クリトリスがペニスのように勃起するのを防ぐ」）と考えていました。

12歳の少女、キラの場合、伝統的なコプト教徒コミュニティでは喜びと祝福に満ち溢れた重要な復活祭、イースターの翌日が、すべての始まりでした。その日、彼女は女の子の友だちと遊ぶことを楽しみにしていました。彼女は知りませんでしたが、この聖なる日は若い女の子に割礼をする日でもあったのです。

キラは友達と笑って遊んでいましたが、大好きなおばさんとともに母親が現れ、遊びを中断し、近くのテントに連れて行かれました。彼女は何が起ころうとしているのか見当もつきませんでした。彼女がテントに近づくと、叔父を含む複数の男性が近くにいることに気づきました。かれらもまたこの陰謀の片棒を担いでいました。つまり、逃げようとする非協力的な少女たちを捕まえるのがその役目でした。

薄暗いテントのなかに入り、目を細めると、母、姉、叔母、祖母の見慣れた顔が見えました。簡易ベッドの横には見知らぬ男が座っていて、小さな作業台に大きな洗面器、水の入ったやかん、布、カミソリを置いて、そわそわしていました。これらは女性器切除の道具だったのです。

なかにいた女たちが何かささやき始めました。キラは、母親が自分の娘を最初にするように頼んでいるのを耳にしましたが、それは、素早くきれいに切除できるようにカミソリの切れ味を確認するためのものだったとは知りませんでした。

そして、何が起きているのかわからないうちに、女たちは彼女を囲み、腕をつかみ、ベッドに寝かせ、足を広げました。怯えたキラは蹴ったり叫んだりしながら抵抗しました。彼女の口は固い手によって塞がれ、大人の力強い腕で体が押さえつけられました。

男はナイフを持って近づきました。激痛が走り、彼女は意識を失いました。彼女は別のテントに移され、母と祖母のなだめる声に目を覚ましました。彼女の足の間には、灰と玉ねぎが混じった湿布が貼ってありました。

キラは何日も歩くことができませんでした。傷が早く治るように、足を開いてベッドに横たわっていました。彼女が初めて1歩を踏み出した時、耐え難いほどの激痛が走り、安定して歩くことができませんでした。

数カ月間、彼女は母親や祖母あるいは父親の目を見ることができませんでした。悪夢を見ることもありました。心理的には、ひきこもりとなり、どんなに良いことがあったとしても、次にはすぐに恐ろしいことが起こるのではないかという不信と恐怖に苛まれました。彼女の家族に対する完全な信頼が、再び回復することはありませんでした。

「結婚している未割礼の娘をここに連れて来なさい」

私はカイロの最初の2カ月間、仕事を探したり、さまざまな組織にアプローチし、現在の開発問題に関する活動について質問したりしながら、自分の今後の方向性を模索していました。特に関心があったのは、女性の非識字率の高さと、貧弱な妊産婦保健医療体制でした。その時、何千年も前から行われている割礼の話が出てきました。私は、エジプトの割礼撲滅タスクフォースのメンバーの報告を聞き、割礼撲滅に向けた10年にもおよぶ努力にもかかわらず、進展が乏しいことを痛感しました。

話を聞きながら、私はモーリタニアで初めて割礼に出会った時のことを思い出しました。この国ではタイプ3の割礼（最も重度の割礼、陰部封鎖）が行われており、長年医療従事者の間では、そのトラウマや、時として生じる致命的な副作用が問題視されていました。

私たちは平和部隊（Peace Corps）の代表として現地に赴いており、この慣習に直情的に反対する平和部隊の若い女性保健ボランティアたちの激しい議論を目のあたりにしました。しかし、慣習と伝統の前では無力でした。私たちは、ボランティアが村で歓迎され続けるため、そして、平和部隊のミッション全体を損なうことを避けるために、この問題から手を引かざるを得なかったのです。

私は、エジプトの女性のほとんどが割礼をしていることを知って愕然としました。しかし、この行為の傷がどれほど深く彼女たちの人生に影を落としているのかについてはまだ理解できていませんでした。それと同時に、割礼を受けた女性たちが、勇気と忍耐を持って、大きな社会的・文化的な変革をもたらす道を切り開くことになるとは露ほどにも想像していませんでした。

振り返ってみると、私の知識不足とこの問題に取り組むことへの消極的な姿勢のせいで、私は心を閉ざしていたのかもしれません。しかし、心を開き、謙虚に話に耳を傾けることで、私は割礼の隠された世界に近づき、最終的にはエジプトの同僚たちと一緒に、独自に解決策を発見することができたのです。

カイロでの会議に参加しているうちに、私は次のようなことを考え始めました。この非常にデリケートな問題にPDを適用する方法はないでしょうか。栄養失調問題でのこのアプローチの経験は、霧中の光のように、可能性のある道を照らしているように思われました。しかし、「逸脱した」行動の「良い」側面は、見る人すべての目に映るものです。

この点で、エジプトでの割礼の社会的な受容は、ベトナムでの幼児期の栄養失調問題よりも複雑なものでした。後者の例では、だれも（コミュニティ、家族、村落、自治体）が問題を解決しようとしていました。栄養の行き届いた子どもを育てたいと思わない人はいないでしょう。それとは対照的に、エジプトでの割礼は、単に社会に深く根づいているだけではなく、むしろ望ましい慣習とみなされています。

一般に望ましいものとして受け入れられている慣習に対し、コミュニティを動員してそれを変革しようとするのは難しいし、おそらく不可能かもしれません。割礼に反対する少数の人たちのグループを除けば、だれもが美徳として捉えている慣習に疑問を投げかける部外者の私は、一体何者なのでしょうか。それでも、私は統計の数字や関連する話を無視することはできませんでした。それらは私の心に重くのしかかり、夜な夜な悪夢でうなされることになったのです。

私はこのテーマに関する会議に参加し、反割礼派支持者たちが目に見えないほどの小さな成果や失敗した戦略を非難するのを一貫して耳にしました。ある日、私は割礼の話題を取り上げた青年期女性向けリプロダクティブ・ヘルス（性と生殖に関する健康）教育プログラムの報告書に目を通していました。そこには、ある少女の言葉が引用されていました。

「私たちはいま、割礼がひどい行為であることを知っています。しかし、私たちは母親に対し、妹たちにそれをしないように言うことはできません。母親は、私たちの言うことを聞いてくれないのです。『結婚している未割礼の娘をここに連れて来なさい。まともな未割礼の女がいたら、連れて来なさい。そうじゃなきゃ、あなたの言うことは信じられない』と言うのです」

私は思わず息を呑みました。報告書のさらに下のほうには、別の少女の声が記載されていました。

「割礼をしていない人を見せて。これに抵抗した人を見せて。証拠があれば、母に伝えることができます」

私の腕には鳥肌が立ち、心臓の鼓動が強くなりました。まさにここで、少女たちは自分たちの言葉で、近隣のなかから例外を探して、母親を説得し、この行為をやめさせるように懇願していたのです。おそらく、これがパズルを解く鍵でした。この慣習に逆らうポジティブな逸脱者を見つけることができれば、彼女たちを救うことができるでしょう。「その通り」。私の頭のなかで、慎重なもう１人の私の声がしました。

「しかし、たとえかれらを見つけることができたとしても、４０００年の伝統を覆すという挑戦を過小評価してはいけません」

少女の処女性と女性のセクシュアリティをコントロールすることが、割礼の主な目的です。ほとんどの女性は、伝統的に男性が割礼を受けていない女性との結婚を拒否するため、純潔、名誉、結婚能力といった社会的義務を果たすために割礼を受ける必要があると考えています。さらに、近所の人たちは未割礼の家族を疑いの目で見ています。言うまでもなく、この堅苦しい慣習に逆らうことは、賢明ではなく、自滅的であり、ほとんど想像もできないことだと思われています。

このようにして、このサイクルは続いていきます。社会的に追放されるのではないかという恐怖が、家族や個人に割礼を継続させる動機になっているのです。未割礼の女性には異常な性欲があり、それによって不倫をしやすいという信念にもとづき、割礼はそれを防止する重要な手段だとみなされています。最後に、「切ることは思いやりである」という常識に反する信念を指摘することができます。

母親はよく、娘に割礼をするのは「愛情から」だと言います。

驚くべきことに、「近代化」された生活と女性の社会的流動性の向上は、割礼の抑止力につながらず、むしろ割礼をさらに安易なものにしてしまいました。今日では、医師や医療従事者によって割礼を受けるのが一般的になっています。割礼は局所麻酔を使用することで、肉体的な痛みが少なくて済みます。さらに、都会で働き、教育を受けるために農村を離れる娘が増加する傾向にあるため、家族は少女の処女性を保つために必要な措置として、割礼をせざるを得ないと考えています。

割礼の厳しい現実とは、女性の性的感覚の低下と性欲の抑制をもたらし、多くの場合、すでに述べたように、トラウマとなる心理的、感情的な傷跡を残し、それが消え去ることはないということです。最悪の場合、重篤な感染症や出血を招き、時には死に至ることもあります。心の傷跡は、将来の夫との関係にまでおよんでいきます。ある若い女性は、「それは決して癒えることのない傷です」と柔らかい声で打ち明けました。

農村部では、伝統的に割礼は月末や、しばしば地域の聖誕祭の時に行われます。キラの話のように、女性たちが集まって、だれの娘に割礼をするのかを決めます。これは彼女たちの絆を強くしていきます（ムシャリーと呼ばれる行事です）。

少女たちは通常9歳から13歳で、同じ一族に属しています。その後、女性たちは手術を行う人を選びますが、通常はダヤ（伝統的な助産師）や理容師が行います。多くの通過儀礼とは異なり、この儀式は犠牲者に内緒で行われます。

このように秘密裡に行われることが、トラウマへの前奏曲となり、少女たちはショックを受け、次に羞恥心を覚えることになります。出血や感染症も珍しくありません。彼女たちは割礼の時を「暗黒の日」と呼んでいます。

ＰＤチームの結成

オフィスで１人、フィールド・インタビューの結果に目を通していると、そのなかから、ある一貫したパターンが浮かび上がってきました。次から次へと女性が、割礼後、世界がめちゃくちゃになったことを語り、恐怖と痛みを感じ、その後、消えることのない羞恥心と裏切られたという感情が現れていたのです。

過去と現在、少女と老婆の人生の物語は融合し、混ざり合い始めました。私の静かなオフィスは、彼女たちの声で満たされました。そのなかの何人かは、この慣習が間違っていることを訴えかけています。助けを求めるこの抑圧された叫びは、社会的強制という壁の裂け目を求めていました。少女たちの嘆願がただ聞こえてくるだけでなく、それを受け止め、行動に移さなければならないと思いました。彼女たちの苦悩に刺激を受け、ＰＤアプローチでこの問題に取り組もうと決意したのです。

何かをしなければならないという気持ちが強くなり、その夜は眠れませんでした。多くの自問自答をしました。行動を起こすことでどのような望ましくない結果が生じるでしょうか。個人や家族の身元がコミュニティに暴露されたらどうなるでしょうか。もし情報提供者が判明した場合、どのような影響をおよぼす可能性があるのでしょうか。このテーマに取り組むことは危険であり、大きなリスクを伴うものでした。

私は、エジプトの反割礼タスクフォースのリーダーを紹介され、ＰＤについて少しばかり説明し、割礼の問題に取り組むためにＰＤがどのように使われるかについての私の考えを述べました。その後、私は招かれて、メンバー全員の前で講演をしました。私はこの問題を異なった視点からとらえ、集まったメンバーたちに新たなＰＤ問題を提起しました。

「97％の女性のうち、割礼を受けている女性に焦点を合わせるのではなく、割礼を受けていない女性に焦点を合わせるべきではないでしょうか。割礼を受けていない3％の人たち、つまり、30万～50万人の割礼を受けていないエジプト人女性とその家族たちは、私たちが話しているいまも、この慣習に抵抗しています。彼女たちを見つけ出し、学ぶことはできないでしょうか？」

長い間の沈黙の後、メンバーたちは熱心に「イエス！」と答えました。しかし、エジプトでは、世界の多くの国々と同様に、口先の承認だけでは、多くの場合、実際に何かを行うために必要な資源やコミットメントを得ることはできません。

タスクフォースは、私にポジティブな逸脱者の存在を確かめ、割礼を避けることができた要因を調査し、文書にまとめるように提案してきました。私は、ＰＤのアプローチは、外部の専門家を使って事例を特定するのではなく、地域の組織、そしてその組織を通じて地域コミュニティの人々を巻き込んでいくものだと反論しました。

かれらはすぐに反応し、そのオプションはうまくいかない、と強調しました。この問題についてのさらなる議論を終え、その場にいたリーダー格のメンバーがこう結論づけました。

「内部の人はだれもこの問題に手を出さないでしょう。あまりにも危険です」

私は、このような試みに協力してくれる女性擁護団体があるかどうか調べ始めました。それは大変なことでした。抵抗は非常に強く、協力を拒否されるのはあたり前だったので、私はこの試みに疑問を持ち始めました。あきらめようかとも思いました。

そんなある日、ＣＥＤＰＡ（地元の開発・人口活動センター）の所長とランチをしていた時のことです。ＣＥＤＰＡのスタッフは、青年期女性向けリプロダクティブ・ヘルス教育プログラムを通じて、エジプトの割礼の問題に取り組んでいました。かれらが障害をよく知っていることを知っていたので、私は気兼ねなくフラストレーションを発散することができました。その時ディレクターは私の熱弁を途中で遮り、「それやってみましょう！」と言いました。突如として最初の大きな障害、すなわち地元のスポンサーを見つけることは、乗り越えられたのです。

ＣＥＤＰＡは、割礼撲滅のための助成金を提供し、まだ決まっていないパートナーとの実験的な活動のための基礎を築いてくれました。私たちは中核となるチームを集める必要がありました。「応募者」のプールはそれほど大きくありませんでした（ほとんどの候補者は、このテーマに触れることを恐れていました）。最終的には、ロマニー、シャヒラ、スマイア、そして私という非常に多様性に満ちた４人のチームが出来上がりました。私たちの唯一の共通点は、「ＰＤチーム」という肩書きでした。そして、私たちのだれもが、割礼に直接かかわった経験がありませんでした。

ロマニーは陽気で神経質な男性で、ＣＥＤＰＡの友好団体が実施しているプログラム活動を管理していました。かれの満面の笑みとなだめるような声は、緊張を和らげ、信頼関係を築く上でかけがえのないものでした。コプト教徒であるロマニーは、すぐにＰＤのコンセプトを受け入れ、チームのリーダーとしての役割を担い、常に前向きに課題に取り組んでいました。

スマイアは、深刻な交通事故に遭い、常に痛みを抱えていたため、まだ完全には回復していませんでした。彼女は非常に信心深く、キリスト教の信仰が彼女の人生の決意を後押ししていました。彼女は直観的にはＰＤがまだピンときていないようでしたが、それを成功させるために署名しました。最も警戒心の強いチームメンバーとして、彼女は割礼に関する自分の経験を共有することを拒否しました。懐疑論者として、彼女は私たちの思い込みに挑戦し、私たちの戦略に疑問を投げかけ、私たちを翻弄し続けました。

シャヒラは私の通訳としてチームに来てくれました。敬虔なイスラム教徒で医師でもあるシャヒラは、ヴェールをかぶっていました。彼女の顔はこのヴェールで覆われていたため、その大きくて知的な青い瞳に、見ている人の視線が釘づけになりました。彼女は流暢なフランス語（私の母国語です）を話し、カイロのエリートの間での常として、フランスのカトリック学校に通っていました。この絆は重要なものであり、私たちの関係は、仕事上の同僚から永続的な友情へと変わっていきました。

驚くべきことに、35歳になったシャヒラは、割礼についてはほとんど知らないと主張していました（おそらく西洋人に対し、割礼が普及していることを認めたくなかったのでしょう）。虎穴に入らずんば虎児を得ず、と言います。しかし、彼女はたとえ外側にいたとしても、どんな障害をも乗り越え、嘘のつけない統計や事例に没頭しました。彼女は、この慣行に反対する熱烈な主唱者になりました。非常に熟達した通訳者である彼女は、私（外国人）とエジプト人パートナー、そしてより広いコミュニティとの間で重要な連絡係の役割を果たしてくれました。

私は、宗教的不可知論者であり、外国人であり、女性であり、西洋人です。私は、撞着語法を使った名前（訳注：「ポジティブ」と「逸脱」の組み合わせ）のアプローチの専門家です。そして、だれもが対処してこなかった慣習にこのアプローチを適用する意図を持っていました。

このプロセスに対する部外者の影響を最小限に抑えるため、私はこのチームのテクニカルアドバイザーになりました。エジプト人ではない私は、文化的にも言語的にも厳しい制約を受けていました。この実験の大胆さに恐れをなし、文化的特異性の高さにも動揺していた私は、可能なかぎり、判断を下したり、意見を述べたり、提案することを控えていました。これはエジプト人だけが解決できるエジプトの問題だったのです。

ＰＤチームの最初のミーティングは、オフィスでテイクアウトした食事を共有するという、非常にエジプト的な習慣に従がった形をとりました。私たちは機会あるごとに、一緒に食事をしました。それは人間関係を構築し、チームを統合し、役割を明確にし、信頼関係を築くのに役立ちました。信頼は、この努力には欠かせないものとなりました。私は自分のチームを信頼しなければならなかったし、他のチームのメンバーは私とプロセスを信頼しなければなりませんでした。かれらは私の目となり、私の声を翻訳し、私の専門知識を活用し、迷路のなかの盲人を導いてくれたのです。

勇気あるポジティブな逸脱者の探索

前途多難な道のりを必ず乗り越えるという強い信念を持って、私たちはコミュニティレベルでＰＤを試験的に実施してくれる地域ＮＧＯを探し始めました。これは、「タブー視されている問題」に協力し、不信感（私たちはこの領域で実績のある青写真や過去の成功事例を持ち合わせていませんでした）を一時棚上げしてくれる地域パートナーを見つけるという重要なステップでした。

割礼に対する沈黙の掟が蔓延していたため、この探索は非常に困難なものでした。最初の会合で丁寧に説明しても、すぐに門前払いとなりました。これらの地元組織の多くの（主に男性の）リーダーたちは、この試みの大胆さに驚きの声を上げました。

エジプトの女性のなかには割礼を受けていない人がいるだけでなく、世界のほとんどの女性が割礼を受けていないと言われると、かれらの驚きは信じられないという気持ちに変わりました。ある役員は、まるで嘘発見器テストをするかのように、私の目を直接見て、「あなたは割礼をしていないのですか」と尋ねました。「していません」と答えると、かれは驚きのあまり声を失いました。気まずい沈黙の後、かれは言い訳をしました。

後ろに控えていた女性のアシスタントは、ずっとその場にいて熱心に聞いていました。そして、恐る恐る尋ねました。

「割礼を受けていない場合は、常にセックスをしたいと思うのですか？」

「いいえ、たまに頭痛がすることがあります」と私は答えました。これは笑いを誘い、女性的なジョークが普遍的であることを証明しました。

ＣＯＳＴ（Coptic Organization for Services and Training）は、シスター・ヨアンナという非常にカリスマ的な修道女によって運営されているキリスト教の組織です。ＣＯＳＴは何年にもわたって、多くの地域コミュニティと提携し、割礼に反対する活動を積極的に展開していました。ＣＯＳＴは、啓発集会や、医師や宗教的指導者などの専門家による講演会を開催していました。多くの出席者は、丁寧に話を聞き、この慣行を変えていくための決意を表明し、そして結局のところ娘に割礼を受けさせていました。単に「知識」を伝えるだけではうまくいかなかったのです。

シスター・ヨアンナは、私たちが接触した他のすべての組織が拒否しているなかで、この危険な事業を検討したいという意思を即座に表明してくれました。彼女の教団のミッションは、人々の苦しみを軽減することにありました。

割礼の削減はこの目的のために10年間優先されてきましたが、これまでの努力はすべて成功しませんでした。権威によってのみ変化がもたらされる文化のなかで、地域コミュニティには割礼の実施に抵抗している人々がいるという考えは、彼女の興味をそそるものでした。

私たちは、文化的に理解しやすく、説得力のある方法で、ボランティア候補にＰＤアプローチを紹介することを模索しました。多くの検討を重ねた結果、もしＰＤを特定することができれば、彼女たち自身の実際の証言がベストであるという結論に達しました。

しかし、彼女たちは存在するのでしょうか。いたとしても、自分の未割礼の状態や反割礼の信念を語ってくれるでしょうか。いずれにしても、未割礼に対する文化的不信感の予想される大きさを考えると、説得力のある証拠が必要でした（話をしてくれる女性を見つけられたとしても、だれも私たちの言葉を信じてくれないでしょう）。

ロマニーは、ＰＤへのインタビューをビデオに録画することを提案しました。私たちはこのアイデアを反割礼タスクフォースで述べたところ、「冗談言わないでください。ビデオで話してくれる人なんていません」と却下されました。いつものやり方を無視して、私はチームメンバーにこの提案が妥当なものなのかどうか判断するように求めました。メンバーたちは一様に難色を示し、「社会的に気まずいだけでなく、確実に目立ちます」と述べました。

しかし、おそらく私を失望させたくないし、調査結果が私を正気にさせることを期待していたのでしょう。最終的には、かれらはこのアイデアを気が進まぬまま受け入れ、潜在的な候補者を探すことに同意してくれました。私たちは2週間後に再会することを約束しました。

私たちが再び会った時、話をしたいという男性、女性のボランティア候補が見つかっていました。かれらは都市部や農村部に住んでおり、祖母、娘に割礼を受けさせるのを拒否している両親、未割礼の女性と結婚した男性、そして、割礼を止めた医師など千差万別でした。

候補者のうち2人は大卒で、2人は地域開発機関の会長、2人はほとんど読み書きができませんでした。何よりも重要なのは、全員がビデオ撮影に同意してくれたことです。これらのボランティアのなかから、語り口や交通の便などを考慮して、6人を選びました。あらゆる困難にもかかわらず、私たちはプログラムを立ち上げる準備ができているように思いました。

最初のインタビューをビデオに録画しようとした時、予期せぬ問題が発生しました。一番手の女性が、知らない人がカメラを回している前で話したくないと言ったのです。偶然にも、私たちのチームの1人が彼女のことを知っていて、カメラマンとして代役を務めてくれました。

私たちはこの最初のセッションから多くのことを学びました。男性も女性も、特にカメラの前で、自分の「逸脱者」としての状況を率直に話すことは、非常に気まずいものでした。その後、本番までに信頼関係を築くために、事前に打ち合わせを行い、安全な環境を整え、ストレスを軽減し、安心感を得られるようにしました。

その後のビデオ撮影は無事に終了しました。すぐに複数の証言の準備ができ、スタッフは新たな目的意識を持って奮起しました。次のステップに進む時が来たのです。

拒否することを保証する

多くの大きな問題が解決されないのは、解決への道が予断を許さないリスクを伴うためです（特にエジプトの場合）。新しいやり方が検討される時、その変化には周りと敵対する忠誠心を必要とし、人々を快適な場所から放り出すことが予想されます。これらは、変化が難しい理由のほんの一部です。シスター・ヨアンナ、他のチームメンバー、そして私は、私たちだけでなくボランティアにとっても危険な競技に手を出していることに気づいていました。ポジティブな逸脱者は、その主張が現状を批判するものであれば、暴露されたり、嘲笑されたり、報復を受けたりするかもしれません。私たちのプロジェクトに関与していない反割礼派支持者でさえ脅されるかもしれません。

権力者もまた実は変化を望んでいるのかもしれません。しかし、かれらのほとんどは、解決策を押しつけて満足しているのです。何が起こるか予測できないボトムアップのプロセスを不快に思う人もいるかもしれません。シスター・ヨアンナはこのようなリスクを甘受しているように見えました。彼女はすべての答えを持つのではなく、流れに身を任せるほうを好んでいたのです。

１人で変化を起こそうとすれば、多くの場合、不安は高まります。その代わりに、より広範な社会システムのメンバーたちが一緒にかかわっていれば、変化の恐ろしさや破壊的な側面は、それほど大きな脅威ではないように見えるかもしれません。

困難な仕事に大きなコミュニティを巻き込むことで、オーナーシップが生じ、さらに重要なことに「コントロール」の感覚が生まれます。数の力は、通説に疑問を抱かせ、現状の変革を促します。参加する者が、だれか別の人が運転するバスの乗客としてではなく、運転手として調査を推進していると感じれば、勢いは増していきます。

これらの障害は、プロセスの演出に注意を払うことで、その多くを取り除くことができます。グループを動員するには、人々を結びつける社会構造に対する優れた感度が必要です。準備作業にはかなりの注意を払いました。私たちは、だれに参加してもらうのかについて長い間、懸命に考えました。これには通常の容疑者以外の関係者も含む必要があります。どこで会うのか。どのように会話を始めるのか（ワークショップの詳細については、コラム「会話の演出」を参照）。

このプロセスに欠かせないのは、招待そのものの信頼性です。好奇心旺盛な人やコミットする可能性のある人たちに集まってもらい、ＰＤの概念や他の状況での事例を紹介した後、かれらは自らの意思でオプトインするかオプトアウトするかを決定できることが保証されていなければならないのです（それが「招待」の正真正銘の意味です。受け入れるか断るかはあなた次第です。コミットメントが本物であるためには、「ノー」は実行可能で政治的に受け入れられる選択肢でなければなりません）。

コラム

会話の演出

ワークショップの最終日には、参加者のだれ１人として経験がなかったため、かなりの時間を割き、傾聴法のトレーニングを行いました。この方法論は、コミュニティ構築に関する幅広い経験を元に、マービン・ワイズバーグ、ソール・アリンスキー、ダン・ヤンケロヴィッチ、ピーター・ブロックなどによって提唱されたものです。

まず、人とのつながり方について議論しました。私たちは信頼構築について説明し、参加者には、これに関する自分の経験を語ってもらい、かれらの体験談を共有しました（たとえば、バスのなかで見知らぬ人と会話を始めたなど）。

これらのなかからいくつかのパターンが浮かび上がりました。会話場所の重要性、会話のペースを整え直接的な質問を急がないこと、オープンエンドな質問をすること、世間話に花を咲かせること、会話が自然に流れるようなきっかけを見つけること、などです。

次に、想定されたシナリオにもとづいて、ロールプレイを行いビデオ撮影しました。これにより、かれらがたったいままで話し合っていた行動を実践することができ、特に緊張を和らげるユーモアの効果が絶大であることが実感できました。笑いは２人の間の距離を縮め、緊張を和らげ、リラックスさせてくれます。１人のロールプレイが終わると、互いにフィードバックしました。

このようにしてインタビュー技術を高めていったのです。

恐怖と不安を希望に変えるワークショップ

シスター・ヨアンナを中心に、私たちはＣＯＳＴのスタッフと2つの農村の地域開発機関の協力者と一緒にＰＤワークショップを企画しました。ワークショップは、ベニ・スエフ近郊のナイル川のほとりにあるコプト教修道院という、最もありそうにない場所で開催されることになりました。安全上の理由から、シスター・ヨアンナは、3日間のイベントで、建物の厚い壁による隔離やその象徴的な安全性を求めたのです。当局が私たちの計画を知っていたら、プロジェクト全体が中止に追いやられていたでしょう。エジプトでは、ＮＧＯのあらゆる活動や研修は、現地当局に報告しなければならないと法律で定められていたのです。

カイロとベニ・スエフを結ぶ3時間半の車の旅の間、私たちのチームは珍しく皆が押し黙り、これから行うことに緊張していました。準備不足と何が起こるかわからないという不安を感じていました。私は、「もしものこと」が気になり、夜明けまで眠ることができませんでした。これは私がかかわるべき問題ではないのではないか、何時間もかけて計画したにもかかわらず、多分私たちはこのタスクを実施する段階には至っていないのではないか、という疑念が消えませんでした。

12月の猛烈な寒さの日、修道院の静寂を突き破る活発な鳥の鳴き声が寒さを和らげるなか、私たちはこの計画の共謀者として集まりました。恐怖と不安、そして凍えるような寒さで震えが止まりませんでした。私は修道院の中庭にいる小さくても鳴き声が響き渡るスナヒバリを見つめていました。私たちの声もまた、何世紀にもわたるタブーへの沈黙を打ち破ろうとしていました。このヒバリと同じように、私たちは慣習の厳しい壁を前にして、あまりにも小さくてか弱い存在であるかのように感じました。

地域の協力者による事前の働きのおかげで、その日は、農村のコミュニティの代表者、私たちのチーム、ＣＯＳＴのスタッフ、そしてシスター・ヨアンナ自身を含む18人のボランティアが修道院に集まりました。コミュニティのメンバーは、エズベット・ギルギスとアブ・ハシェムの村から来ていました。私は傍観者のように、最初の数時間に、人々が不安から解放され、安心を得るためにお互いに親しくなっていく様子を観察していました。

スタッフは部屋の片側に、村人たちはもう片側に、それぞれ別々に身を寄せ合っていました。現地のＮＧＯスタッフと村人を一緒にすることで、これまでの常識に挑戦しました。それだけでも、かれらにとっては全く新しい経験でした。

社会に深く根づき浸透している伝統から脱却するためには、人々が新しくつながり、お互いに話し合う必要があります。また、社会階層や性別の壁を取り払わなければなりません。私たちは参加者の間で信頼を醸成する必要がありました。というのも、かれらは、コミュニティの規範に対する批判と受け取れるような情報開示をすることになるからです。

アブ・ハシェムから来たキラとエズベット・ギルギスから来たワルダの２人は、参加者のなかでは最年少でした。彼女たちは、大人とは離れた場所に座り、目を合わすことなく、お互いに小さな声で話をしていました。不安そうな青ざめた顔をしていました。悲しんでいるようにも見えました。彼女たちが置かれた状況はどのようなものでしょうか。なぜここにいるのでしょうか。

参加者のさまざまな人生の経験から共通項を見出すために、全員の前で、１人ひとりに身の上話をしてもらいました。また、財布や小銭入れから家族写真を探し、皆に見せました。いままでの堅苦しい形式的な会話は、一転して、愛する人や生活、子どもたちの夢、姪、甥についての逸話に変わり、部屋が熱気を帯びてきました。

そこで、私たちは、ＰＤプロセスを実際に適用した以前の実例について説明しました。もし、グループの参加者がこのイニシアチブを前に進めて解決策を発見できたとすれば、次に何をするのかは本人次第です。

ＰＤプロセスの明白な特徴は、問題自体に焦点を合わせることにあります。サミュエル・ジョンソンはかつてこう述べています。

「翌朝自分が絞首刑に処されるという知らせほど、人の心を集中させるものはない」

その陰気なイメージはさておき、この言葉は問題の本質を捉えています。もしこれらのボランティアが、割礼の問題が現実であり、取り組むべき重要なものであることを認め、そのための努力を惜しむことがなければ、現時点で解決不可能に見える障害の多くは消え去るでしょう。社会のシステムは目に見えないところで再構成され、人々は目を覚まし、新たな道を歩むことになるでしょう。

グループがリラックスしてきたところで、ビデオテープを再生し始めました。参加者たちは、個人的な詳細が明らかにされると、少し面食らい、不安な表情を浮かべながら熱心に視聴していました。ビデオが終わると、感想を求めました。驚いたことに、かれらの最初の反応は、典型的なショックと怒りと拒絶でした。

「なんでこんな人たちの映像を見せるのですか？　かれらは俳優でしょう！」

「なぜあんな風に割礼の話をしているのですか？」

そこに集まっている人たちに、ビデオに出ているのは普通の人たちで、自分の体験を真摯な気持ちで語っているのだと納得させるのにかなりの時間がかかりました。興味深いことに、割礼に疑問を持っている人たちでさえ、それに反対することは想像もできないことだったのです。

かれらからの信頼を一時的にでも取り戻すように、私たちはこれらの質問に答えました。すると、参加者たちはテープをもう一度見たいと言ってきたので、ビデオを再上映しました。今度は、ビデオでかれらが目撃したことの重大さが、不信の壁を超えて感じられ始めたようでした。質問が飛び交いました。

「どうすればこんなことが可能になったのですか？」

「どうやってそのような人々を見つけたのですか？」

私たちはどのようにボランティアを見つけたのか、そしてかれらがビデオ撮影に同意した状況を説明しました。シスター・ヨアンナは問題の核心に迫りました。

「この人たちはどのようにして、あなたを信頼するようになったのでしょうか？」

私はその質問に質問で答えました。

「その通りです。私たちはどのようにして信頼を築くのでしょうか？　人が話す雰囲気を作るには何が必要なのでしょうか？」

これについては、全員が意見を持っていました。いくつかのグループで会話が一斉に始まりました。やがて、さまざまな声が飛び交うなかで親密な会話をするという、エジプト独特の騒音で部屋中が満たされました。

夕食が運ばれてきました。気持ちは高ぶっていたものの疲れ切っていた私たちは、レンズ豆のスープ、茹でた羊肉、パスタ、米という修道女によって準備された心のこもった料理をいただきました。心からの笑い声、お祝いの言葉、そして解放感が修道院の食堂を満たしていました。私たちは、何か大きなことが起きそうな気配を感じました。夕食後、グループは外に出て、水かさの増したナイル川に輝く夕日の最後の残り火を眺めつつ、しばらく静寂に包まれていました。

部屋に戻ると、２つの灯油ランプがかすかな明かりを灯していました。１人の女性が自分の話を皆に聞いてもらうように通訳に語りかけました。

「私がここで話すことは、いままでだれにも話したことがありません。私の家族のだれにも、私の最愛の妹にさえもです」

彼女は目を伏せ、膝の上で震える手を見つめながら、次から次へと言葉を口にしました。彼女は12歳で割礼を受けた日のことを話しました。

「あの日のことは忘れられません。私の人生で最も暗い日です。私は羞恥心や屈辱を感じました。その日はイード（イスラム教の祝祭）の時期でした。私の叔母が寄ってきて、『クッキーを焼くので私の家に来て』と言ったので、私はそこに行き、何人かの同じ年頃の親戚の女の子を見つけました。私たちはある部屋に通され、そこにはダヤと何人かの女性の親戚がいました。私の番が来る前に、親戚の1人に割礼が行われているのを見るはめになりました。私は泣き叫び、その場から逃げようとしてドアをノックしましたが、成功しませんでした。病院に連れて行かれるまで、10日近く出血しました。それからは、叔母の家の前を通るのも怖くて行けませんでした」

彼女が話し終えると、目に涙が溢れ、頬は潤んでいました。しばらくの間、重い沈黙で部屋が覆われました。そして、溜まっていたものが噴出しました。

別の参加者は、この慣行に対する相反する複雑な思いを話し始めました。次々と参加者が話し始め、解放感と共感のうねりは夜まで続きました。キラとワルダは自分たちのことは語らずにおとなしくしており、ずっと落ち着かない様子でした。

翌朝になると、グループの雰囲気は一変していました。初日の緊張と不安は消えていたのです。割礼についての沈黙の掟を破り、個人的な経験を共有することで、グループの絆が生まれました。

2日目は、エジプトにおける割礼の起源と現在の慣行についての議論から始まりました。参加者は小グループに分かれて、自分たちのコミュニティにおける割礼の影響について説明するよう求められました。その後、参加者はその要点を皆で共有しました。何人かの参加者は、この慣行に対する抗議活動の経験を語り、その過程で直面した困難や障害を強調しました。

午後になって、話題はビデオ画面で見た1人ひとりの証言に戻りました。私たちは尋ねました。

「この人たちを名づけるとすれば、どのような名前がふさわしいでしょうか？」

グループは、アラビア語の「ロールモデル」という言葉で意見が集約されました（ポジティブな逸脱者という言葉は、すべての文化で受け入れられているわけではありません。しっくりくる言葉を選ぶ必要があります）。

私たちは、コミュニティのなかで、どのような人々が、割礼の実践を拒否したり、最初の娘は受けさせたけれども、次の娘は割礼を止めさせようとしたりするのか考えてもらいました。議論するなかで、潜在的なロールモデルのリストが出来上がりました。グループは、割礼を受けていない女性や少女に加えて、家族や友人を説得して娘に割礼させなかった親たちもこのリストに含めるべきだということを決定しました。さらには、割礼に反対することで知られているコミュニティの長老や聖職者も含まれるようになりました。

「割礼を受けていない女性と結婚している男性はどうですか？」

男性のＣＤＡスタッフが初めて口を開き、こう言いました。

「医師やダヤのなかには割礼の施術をしたがらない人もいます」

別の女性は「割礼を受けた娘たちのなかには、自分の妹たちには止めてほしいと親を説得して成功した人もいます」とつけ加えました。皆は、これらの人たちを加えることに同意しました。そして、もっと多くの名前がリストに追加されていきました。いままで問われたことのなかった問いは、考えもしなかった答えを生み出していったのです。

次に、グループはリストに載っている人々にどのようにアプローチするかを検討しました。その主な目的は、かれらに自分の物語を語ってもらうことです。全員がこのことを理解していました。

「割礼に関するかれらの信念を形成した決定的な瞬間はあったのでしょうか？」

会話が始まり、このような追加質問をしていくことで、かれらが他の人を説得するために用いた方法や直面した障害、そしてそれをどのように克服したかが浮き彫りになるでしょう。そして最後に、何をすべきなのか、そしてこの問題に関し、かれらが喜んで協力してくれることは何なのかを尋ねることが大切です。重要なのは、この会話の締めくくりとして次の決定的な質問を投げかけることです。

「このことについて話してくれる人を他に知っていますか？」

この間、キラとワルダはずっと黙ったままでした。私はシャヒラに意見を求めました。その時初めてキラが前夜に打ち明けたことを知りました。彼女は従兄と結婚することになっていましたが、差し迫った結婚式を何度も延期していたのです。彼女は割礼で経験したトラウマのために、性交を恐れていたのです。

この実りの多かった日の夕方遅くに、別の参加者が辛い個人的な経験を語りました。今度は、キラとワルダは進んで話に参加してきました。驚いたことに、ワルダは割礼を受けていないことを打ち明け、いまのいままで自分が割礼を受けていないことが何か悪いことだと思っていたと述べました。姉が割礼で辛い目にあったので、妹たちには割礼をしないようにと母親を説得してくれたのです。

ワルダにとって、割礼を受けないということは、他の女の子との壁を作り、汚名を着せられ、結婚できないということを意味していたのです。彼女は地元に戻り、自分のような割礼を受けていない女の子を探すというミッションに同意してくれました。

友人の話と私たちの間にできた信頼の絆に背中を押され、キラはこの章の冒頭で記述した辛い経験を語りました。彼女はこう締めくくりました。

「ここで学んだことで、私はもう恥じることはありません。恥ずべきなのは、以前に私に起こったことです」

ワークショップが終わる頃には、参加者は行動に移すことを決意し、できるだけ早く始めたがっていました。かれらは、学んだことを共有するために、６週間後に再会することを決めました。経験から得た情報を元に、参加者は次のステップを計画することになりました。

ボランティアたちの報告

さて、ここで私たちの旅を振り返ってみましょう。初日には、自分たちのコミュニティにポジティブな逸脱者がいると信じていた人はほとんどいませんでした（いたとしても、そのことを語りませんでした）。３日目までには、すべての参加者が個人的につながりのあるＰＤを数人特定していました。かれらは新しい発見を共有しました。

「なぜいままでポジティブな逸脱者に気づかなかったのだろうか？」

「伝統を疑わずに受け入れてしまったのは、私がずっと間違っていたからだろうか？」

魂の探求は不安と痛みをもたらしました。ある人にとっては、「なぜ私たちはこんなにも愛する人たちを傷つけ続けているのだろうか」という気づきがありました。

必要なスキルを身につけ、お互いに支え合いながら、調査チームは2人1組になって前途多難な課題に取りかかりました。それは、割礼を拒否したコミュニティに住む個人を特定し、インタビューすることです。かれらは自信を持ち、落ち着いてこのタスクに取り組んでいたと表現するならば、それには無理があります。後になって、多くの人が、いかに自信がなく、ミッションに怯えていたか、そして、タブーとされていることを口にすることがどれほど苦痛であったかを告白しました。

私たちも恐れていました。カイロに戻るまでは、私たちがさらされていることの重大さを十分に実感することはできませんでした。

それからの6週間は、最悪の事態を想像しながら待ち続けました。修道院での経験は、PDプロセスがボランティアたちにうまく機能することを示していました。しかし、それは同時に、この問題の複雑さと、行く手には恐るべき障害があることを明らかにしました。私を夜眠れなくしたのは、ボランティアたちの生活を危険にさらしてしまったのではないかという思いでした。かれらとプロセスを信じなさい、すべてはうまくいくはずだ、と自分に言い聞かせていました。しかし、眠りは浅いままでした。

6週間もの長丁場を経て、いよいよ修道院に戻り、報告を聞く時が来ました。最初に到着したのは、エズベットからのチームでした。かれらが追加の人たちを引き連れて入ってきた時、私は度肝を抜かれました。インタビューの過程で発見されたこのPD候補者たちは、いまでは私たちのプロジェクトの一部になりたがっていたのです。

まばらな白塗りの部屋は、すぐに人々の会話と笑い声で満たされ、旧友との再会や新参者への歓迎の言葉が飛び交いました。だれもが興奮しているように見えたし、話したくてたまらないという感じでした。

最初のワークショップのぎこちなさとは対照的に、明らかな熱意と希望、そして強い目的意識が感じられました。落ち着いてくると、さまざまなエピソードが絶え間なく飛び出してきました。かれらはインタビューの際、話を切り出すことさえできれば、コミュニティの人たちは堰を切ったように熱心に話し出すのに驚いていました。聞き手は家に帰って、その内容を家族と話し合ったそうです。ある母親は、娘に自分のしたことを許してほしいと謝りました。あるおばあさんは、孫娘に割礼をするように迫るのをやめると約束しました。

「私は夫にはいつも冷たくしていて、かれは私に好きな人がいると思い込んでいました」とオーム・マヤダは言いました。彼女は割礼が夫婦関係に深刻な影響をおよぼすことを理解していました。かれらの性的関係は、感情的に厄介な問題を引き起こし、心理的なダメージを与えていました。この経験があったため、彼女は３人の娘の割礼を拒否することができました。この話を受けて、ある男性は、妻が性的に淡泊であり、性交渉を怖がっていることでかれ自身苦しみ、そのことから自分の娘の割礼は拒否したいと話しました。

次に、モハメッドが口を開きました。３人の娘の父親であるかれは、長女に割礼をしたが、その結果、娘の信頼と愛を失ってしまったそうです。そのため、下の娘たちの割礼は断固として拒否したと述べました。

何人かは、割礼から逃れられたのは、姉が説得してくれたからだと述べました。マイアカは、見知らぬ人の目にさらされることの恥ずかしさと恐怖、裏切られたという心の傷、そしてその後の喪失感を母に話していました。妹を助けるように母を説得したのです。

オマールは、グループのメンバーとの出会いがかれの人生をどのように変えたかを話し、グループの人々の注意を引きつけました。かれには４人の娘がいましたが、割礼を受けたのは上の２人だけでした。2番目の娘は割礼を受けた後に出血が止まらず死にそうになったので、家族や近所の人たちから非難されるかもしれないとわかっていても、3番目と4番目の娘には割礼をしなかったのです。

かれは次のように告白しました。

「この5年間、私は間違った決断をしたと思いながら、眠ることができませんでした。それからあなたは私の家に来て、私の話を聞いてくれました。あなたは私が良いことをしたと言ってくれた。これは大きな祝福でした。私は正しいことをしたのです！　いまでは村の他の男たちにも娘に割礼をするなと話せます。『私を見てみなさい。私には4人の娘がいる。知っての通り、皆良い娘です。2人は割礼を受けているが、2人は割礼を受けていません。娘たちの違いは、2人は私がひどく傷つけ、2人は私が救ったということだけです』と」

本当に驚くべきことですが、この6週間の会話のなかで最も大きな影響を与えたのは、グループのメンバー自身でした。物語を語ることは、語り手にカタルシスを与える効果がありました。しかし、それは聞き手にも強く伝染したのです。多くの人が証言を聞いて決意を固め、気力が湧いてきました。修道院での集会から村に戻ったキラは、同じ運命的な日に割礼を受けた十数人の少女たちを集めました。彼女は学んだことを話しました。修道院の集会で最初の数日間、目を上げて話すことができなかった少女は、いまでは友人たちに自分の声に耳を傾けるように促しました。

「私たちに起こったことを思い出して。あの痛み、出血、恥ずかしさを」

彼女の友達は目を合わせずに同意を伝えました。彼女たちは嫌な記憶がよみがえり、身震いしました。

「妹たちがこんな目に遭ってもいいの？」とキラは尋ねました。少女たちは強く首を横に振りました。

「こんな伝統はやめようよ。お母さんに話をしてみよう」

そして、彼女たちはそうしたのです。

「暗くて閉ざされていたものが、いまは開かれて光を見ているの」

一見したところ、井戸の光景は、控え目な身なりの老婦人と、長い花柄のドレスに身を包んだ若い少女たちが交流している賑やかな光景であり、昔から変わりません。エジプト全土の何百もの村では、何千年もの間、このような井戸にあらゆる世代の女性たちが集まり、家事のために水を汲み、噂話をしたり笑ったり、喜びや苦労を分かち合ったりしてきました。

しかし、この日は1つだけ違っていました。16歳で学校に行ったことのない少女キラは、つい先日、3日間のワークショップに参加するために生まれて初めて村の外に出たばかりでした。その時の彼女の様子はいつもと違っていました。彼女は、割礼について議論するために集まった地域活動家の1人だったのです。

「外見は同じだけど、何か背負っているものが違うね」

キラが井戸に近づくと、老婆は仲間たちにこう囁きました。老婆はキラに言いました。

「あなた変わったわね、キラ。目を開き、耳を澄ませて、大きな話をしているじゃない」

キラは困惑せずに答えました。

「私の耳でもなく、目でもなく、もっと大きなもの。それは私の心よ。暗くて閉ざされていたものが、いまは開かれて光を見ているの」

修道院のワークショップに続いて、この運動は前進し続けました。この勢いを形成し、維持する支援ネットワークを介して、このイニシアチブはボランティア、ＰＤ、そしてＮＧＯスタッフを巻き込み、さらに強化されていきました。

その後の数週間に、何人かの地元参加者は、少なくとも１つのコミュニティや家族に対し、思春期前の女児に割礼しないよう説得することができたと報告しました。いまやさらに拡大したプロジェクトに参加している８つのコミュニティのうち、２つのコミュニティでは、翌年の伝統的な割礼シーズンに割礼を受けた少女は１人もいなかったと報告しました。

有望なPDアプローチの適用は持続する

２００４年2月、私たちはエジプトを離れてからの5年間に何があったのかを知るためにエジプトに戻ってきました。この時期のカイロにしては珍しく寒い時でした。５年も経過すれば、蒔いた種は休眠状態になっているのではないか、あるいは本来の意図とは似ても似つかないものに変異してしまっているのではないか。私は、このような失望を抱くことになるかもしれないということを覚悟していました。私の記した次のメモには、これとは全く逆の結果が記録されています。

　この5日間、現場で目のあたりにしたことに対して、私は全く準備ができていなかった。政府は、上エジプトの３つの新自治体（ケナ、アシュート、ミニヤー）でＦＧＭＡ（女性器切除放棄プログラム）を実施している。このイニシアチブはユニセフの支援を受けている。２０００年に発表されたエジプトの調査によると、割礼普及率は93％にまで低下し、３年間で４％減少した。反割礼は時宜を得たアイデアになっているのだろうか。

　ターバンを羽織って威厳のある声を上げる長老、スーツにネクタイを締めた医師、ジュラバを着た農民など、老人、若者の男たちが集まっている。不可能に近い困難に対する誇るべき勝利の物語。ここには女性の姿もあり、年齢を問わず、皺だらけの顔、乾燥した肌、若々しく明るい表情、老いと若きのモザイク、のような顔の海が広がっている。部分的に、あるいは完全にヴェールに包まれている人もいれば、ヴェールに包まれていない人もいる。男と女が並んで座っている。女性は話していてもささやきもせず、ためらうこともない。これがいままさに起こっている。修道院で始まったことが実を結んだのだ。

このように有望なＰＤアプローチの適用は、時の試練に耐えてきました。それは、何十もの割礼が行われている村落で、何千人もの人が割礼を回避し、このテーマを取り巻く沈黙の掟を打ち破る結果となりました。

このＰＤプロセスの適用は、あらゆるところで沈黙していた少女たちや慣習に反対する人々に発言する機会を提供しました。何よりも重要なのは、このアプローチが、「私と同じような人たち」が物事を変えていくことができるのだという新たな視点を提供したことです。

２００７年の時点で、このプログラムは１０００人以上のポジティブな逸脱者を特定し、エジプトの４つの県の20の地域ＮＧＯと協力して、約40のコミュニティで１６９３世帯に広がっています。[*3]新たに形成された、常に進化している公式・非公式の賛同者のネットワークによって支援された、ターゲットや経路の異なる多岐にわたるイニシアチブ（モスク、学校、教会、非公式の女性・男性グループ、病院など）を通して、村人たちは、割礼を受けなくても「貞淑な女性」であることができるという「社会的な証明」を得ているのです。

「私と同じような人たち」が割礼を放棄したことで、伝統に縛られた村人たちは、割礼から脱却する機会を得ることができました。いくつかの村では、「危険な状態にある」少女たちが毎月調査されています。この調査では、何千人もの割礼が回避されていることが確認されただけでなく、ＰＤが非常に強力なツールであることが証明されました。ＰＤは、ほぼ例外なく解決できない「難問」と思われていたものを、どの村にも解決策が存在する「難問」に変えたのです。その解決策はただ発見され、普及するのを待っているのです。

キラにとっても、彼女の人生は続いています。彼女はその後、結婚して女の子が生まれました。彼女はいまでも村の少年たちから時折冷やかされます。しかし、彼女は毅然としています。彼女は他の村にも足を運び、割礼をなくすために活動しています。彼女の娘が割礼を受けることはなく、またそのトラウマを経験することも決してないでしょう。

声を上げ、信頼を得て、タブーを打ち破る

プロセスと人々を信頼すること。このことが、このような成果を実現させることになりました。そのためには、従来のＮＧＯ職員の役割を大きく転換する必要があります。教育を受けた部外者として、私は知ったつもりになることを、否、実際にはすべてを知ろうとすることを手放さなければなりませ

んでした。

高学歴の「専門家」は嫌われるという真実を受け入れなければならなかったのです。話すよりも聞くことのほうが力があり、知ることよりも尋ねることのほうが力がある、ということです。私は自分の恐れを手放し、他者が自分の想像をはるかに超えたアイデアや行動を提供してくれることを信じなければなりませんでした。私は、ある種の叙事詩の一部になれたことを光栄に思いました。ここでは普通の人たちが小さな勇気を持って、一歩前へと踏み出しました。そして、かれらの声がついに届いたのです。

ＰＤアプローチの成功は、新しい行動やツール、戦略を人々に伝えるだけでは十分ではないという原則にもとづいています。それらを自分のものとし、役立てていくためには、実際に実践しなければなりません。

この原則は、割礼のケースにはどのように反映されるのでしょうか。だれかに割礼しない、ということを実践することはできません。課題は、父親、祖母、地域の宗教指導者、その他影響力のある人々など、主要な意思決定者に対し、割礼への反対を説得するのに効果的な議論、事例、メッセージを見つけることでした。

それらが見つかっても、パンフレットに印刷して配布したり、カラフルなポスターに拡大したり、公衆衛生キャンペーンの一環としてラジオで宣伝したりしませんでした。その代わりに、最初のボランティアたちは、風の吹きすさぶ修道院に閉じこもって、人前で発表する練習をしたり、このデリケートな問題についてコミュニティのメンバーとどのように話し合うかをロールプレイしたり、自分たちの体験談をお互いに共有したりしたのです。

かれらは声を上げ、信頼を得て、タブーを打ち破るというＰＤ行動を自ら実践しました。他の人と話すようになると、言葉にするという行為がそれ自体で意味を持つようになり、展開し始めました。自分たちの信念や行動が受け入れられ、認められるようになったことで勇気づけられ、多くのＰＤたちは、沈黙の反対者から、声を上げるコミュニティのリーダーへと飛躍したのです。かれらは、割礼撲滅のための最前線の兵士となっただけでなく、エジプトでの女性の権利擁護活動を支える力にもなったのです。最初の単なる象徴的存在が、効果的なマイノリティになったのです。次第に古い伝統的な通説は姿を消していきました。

割礼の撲滅は、技術的な解決が不可能な問題です。改善するためには、規範と社会の受け止め方を変える必要があります。ベトナムの子どもの食事にエビ、カニ、青菜を加えるといった目に見える解決策ではありませんでした。成功するか失敗するかは、私的な事例をオープンにすることができるかどうかに全面的に依存していました。それによって、コミュニティ全体で、現実、すなわち若い少女の人生におよぼす影響について正しく認識することが可能になったのです。

割礼は、社会の複雑さに巻き込まれ、行動の変化を必要とする問題の典型です。それは、学習と変化は社会的なコンテクストのなかで生じるという、しばしば過小評価されてきた真理に光をあてるものです。

最も困難な問題を解決に導くＰＤプロセスのパワーの源泉は、最初から社会システムを適切に取り込む点にあります。つまり、社会システムを、外部から押しつけられた解決策を実行する際の障害としてとらえるのではなく、コミュニティが独自に問題解決するための手段として活用するのです。

心理学者ジェローム・ブルーナーは、主に知性にもとづく「〜についての学習」（learning about）とアイデンティティ（社会システムのなかで知られ、そこに位置づけられる）を形成する「〜になることの学習」（learning to be）を区別しています。[4]「〜になることの学習」は、社会的相互作用と実践を通じて、認識を介さず、暗黙的に形成されます。たばこを吸う人の禁煙パターンはその一例です。発がん性の警告やレストランでの喫煙禁止、ニコチンパッチの存在にもかかわらず、禁煙の成功率は3分の1にしか過ぎません。しかし、喫煙者が禁煙サポートシステムの一部になると、成功率は3分の2へと改善されるのです。[5]

多くの人は社会的証明に影響を受ける

よく知られている化学の法則では、2つの有効成分を混ぜ合わせてもほとんど化学反応が生じませんが、第3の成分（多くの場合、無害な触媒）が加わると、化学合成が促進されます。同様に、社会システムは、私たちが「知っている」ことと、私たちの行動や心の地図を実際に変化させるものとの間の触媒になります。

社会的証明（social proof）とは何でしょうか。[6] そのアイデアは実にシンプルなものです。要するに、「百聞は一見に如かず」ということです。「私と同じような人」が何かをすると、自分もそれをする可能性が高くなります。エジプトでは、社会的証明は敵でもあり味方でもありました。社会的証明は、ファラオの時代から割礼を定着させてきました。そしてその社会的証明は、割礼撲滅の鍵になりつつあったのです。

たとえば、録音笑いのケースを考えてみましょう。チャルディーニによると、視聴者やリスナーはこれを嫌うことが多く、反対意見があるにもかかわらず、テレビやラジオでは広く採用されています。なぜメディアは視聴者の感情を無視するのでしょうか。それは、録音笑いによって、より大きくて長い笑い声を挿入することができるからです。驚くべきことに、笑いのコンテンツがあまり面白いものでなかったとしても、この録音笑いは大きな効果を持ちます。つまり、他の人が笑っていると、それにつられて笑ってしまうのです。

これは、社会的証明の力を示すものです。それは、どのように振る舞うべきかの近道を提示し、それを利用することもできるのです（たとえば、スターバックスのバリスタは、チップ入れに、事前に自分のポケットから1ドル札をたくさん入れて準備しています[7]）。

社会的証明は、不確実性が高く、他人に依存して自らの方向性を決める場合、特に重要です。合理的に決められない時、模倣することが頼みの綱となります。これは、些細なことだけでなく、深刻な場合であっても成立します。チャルディーニは、映画館で空のポップコーンの箱を処分する時や、高速道路での運転速度、あるいはディナーパーティーでフライドチキンや穂軸のついたトウモロコシを手で食べるかどうかを決定する際、社会的証明を使用していると指摘しています。

もっと重大な結果に関連するような場合でも、道徳的な選択をするために、私たちは社会的証明に依拠して決断する傾向にあります。たとえば、興奮して歩道で転んだ熱狂的なサッカーファンを助け起こすかどうか、あるいは、違法または不適切な行為を告発するかどうかは、社会的証明に左右されるのです。

エジプトでは、社会的証明は両刃の剣でした。ＰＤプロセスでは、古い通説に対し、常識的でないデータを突きつけました。それによってコミュニティの耳目を集め、新しい可能性に意識を向けることができました。それは実践を通して信念を修正していったのです。

これらすべてに必要不可欠なのは、意見の多様性、独自の創意工夫、および権限移譲です。それによって、あらゆるレベルの利害関係者が解を自ら発見し、自分のものにできたのです。

イノベーションの前提条件

進化生物学は、平衡状態が長期間続いた時期には、あまり多くの変化が生じなかったことを指摘しています。その後、火山の大噴火が生じ、太陽の光を遮り、地球は寒冷化し、生命は大きく変化しました。この断続平衡説と呼ばれるものの最も顕著な例は、５億４２００万年前に始まったカンブリア紀です。この時期、地球上に生息する種子やおしべ、目や触角、足やヒレを持つほぼすべての種の先祖が出現したのです。

ＰＤプロセスは、人間の時間スケールで断続進化を生じさせます。人類の歴史のなかには、過酷な状況のなかで出現した顕著なイノベーションの多くの事例があります。ＰＤの基本的な前提は、解決の見込みのない状況のなかでも、だれかがどこかで問題に対処する方法を必ず見出しているということです。コミュニティのなかで「これは譲れない」とか「そういうものだ」と広く信じられている一方、それとは対照的なＰＤは、未踏峰の山頂に挑戦するヒマラヤの登山家と同様、「不可能」に挑戦しているのです。

しかし、自然界一般や特に人間社会では、個々の実験を促進し、幅広い適応を可能にするためにホメオスタシスを破壊していくには、十分な多様性と社会的自由度が重要な要素になります。たとえ物理的な障害に直面しても、創造性を大胆に発揮することは可能です。しかし、社会との一貫性という束縛は、実験を完全に逼塞させることになります。その解毒剤となるのは、繰り返しになりますが、多様性です。

私たちの目的からすると、この多様性は、受容することによって最も促進されるのです。コミュニティにおける常識や慣行は、頑迷な考えに支配された利害関係者が形成する閉鎖的で限定された集団によって強化（そして形成）されます。この常識や慣行に起因する問題は、解決不可能に見えるかもしれません。しかし、割礼の経験では、「ポジティブな逸脱者」の拡大されたリストのなかには、割礼を受けていない少女に加え、伝統に抵抗してこの慣行を撲滅しようとした地域社会の意思決定者や当局も含まれていたのです。

人間は、高い水準の不均衡に対しても、適応することができます。人は身を潜め、破壊的な変異を圧殺することもあります。当然のことながら、プラトンからガリレオに至る歴史のなかで、その洞察が既存の秩序全体を破壊する時、多くのイノベーターは、敵対的な反応の洗礼を受けてきました。

ＰＤアプローチは、社会との一貫性によって課せられた障壁を下げ、解決策としてのイノベーションをそれが発見された状況から切り離し、敵対的な影響を緩和しようとします。具体的には、コミュニティで関心を持つメンバーを動員し、代替的な解決策に抵抗するのではなく、それを発見するように促すことが最優先課題となります。ポジティブな逸脱者は、かれらを取り巻くコミュニティのなかで調和して、すでに共存しています。そのため、周りを武装解除させるこの存在が、多くの場合、不信の溝を橋渡しすることになるのです。

次章では、保守的で変化に抵抗する大学医療機関の事例を取り上げ、このフレームワークの効力を見ることにしましょう。

訳者解説3　タブー、聖域に切り込むための社会的証明

本章では、女性の割礼という日本では馴染みのない事例が取り上げられており、あまり関心を持たない方もいるかもしれません。

しかし、社会的なタブーをどのように変革していくのかという課題は、企業経営にも通じる部分が大きいのではないでしょうか。たとえば、社内でタブー視されたり聖域化されたりしているところが、非効率の源泉となっている場合があります。これにどのようにして手をつけるのか、そのためのヒントが本章のなかにちりばめられています。

まず適切なベータサイト（実験の場）を選定することが重要です。本章の事例では、ベータサイトは女性擁護団体や一般的なＮＧＯではなく、修道院でした。そこでキックオフミーティングを実施し、ポジティブな逸脱者を発見していくための実働部隊を編成していくことになります。最初から大々的に実施するのは、企業の場合であれば、強力なトップダウンによる後押しがないかぎり難しいでしょう。そうではなく、小規模で比較的安全なベータサイトを選定することが最初の重要な課題になります。

しかし、タブーに切り込むには、それがいかに非効率であり実害をおよぼしているのかを示す証拠が必要です。本章の事例でいえば、実際に割礼に反対する人がいるのだということをビデオ

で証言してもらうことで証拠を提示しています。キックオフミーティングの参加者は、それを見て、最初は拒絶し、俳優が演技しているだけだと疑います。しかし、それが本物であることがわかると、徐々に自らの体験を語り、皆で共有していくことになります。そして、いままで口外したことのない思い、すなわち割礼に対する反対の気持ちを参加者全員で共有し、それが1つの勢いとなり、次のミーティングまでに村のなかで同じく割礼に反対する人たちや、それを受けていない女性やその両親を探しあてることになったのです。

企業のなかでタブーに切り込むには、このような社会的証明が決定的に重要です。しかし、それはタブーに限定されません。新たな改革や実験を実施する場合でも、それが鍵となります。というのも、新たな改革や実験は成果を出さなければ社内の反対が強くなり、早晩潰されることになるからです。

それに抗うためには、小さな成功を早い段階で積み重ね、社会的証明をしていくことが大切です。いわゆるスモール・アーリーサクセスです。

シャープでは緊急プロジェクト制度を定着させるために、確実に成功しそうな案件を優先的に緊急プロジェクトとして選定し、早い段階で成功事例を積み重ねることで社内の認知度を高めていったという話を関係者から聞いたことがあります。タブーに限らず、経営改革には、このような社会的証拠をうまく活用し、取り込んでいくことが鍵となるのです。

第4章

どのようにして解決策を実行してもらうか

２００６年、ペンシルベニア州ピッツバーグのＶＡＰＨＳ（退役軍人病院）は、非常に危険な病院培養細菌であるＭＲＳＡの感染率を抑えるためにあらゆる手段を尽くしましたが、結果は芳しいものではありませんでした。そこで新たにＰＤアプローチに注目しました。ジェリーは、これまでに経験したことがないほど組織的に複雑な状況のなかでＰＤを適用しようという最前線に立たされていました。

　本章では、この事例の詳細と、この独特の環境のなかでＰＤを適用するためにかれがどのように対応したのかについて説明します。[*1]

解決課題

院内感染の撲滅

　１８４７年、ウィーンの病院に勤務していたハンガリー人医師、イグナッツ・ゼンメルワイス博士は、病院の２つの病棟における妊産婦死亡率に顕著な差があることを発見しました。ゼンメルワイスは、助産師による診察よりも、医師や医学生の診察を受けた人のほうが、出産時の発熱による死亡率がはるかに高いことに気づいたのです。[*2]

　その後の研究で、診察の合間に手を洗わない医師が患者の間に致命的な感染症を蔓延させていることを発見しました。病棟で比較的健康な妊婦を診るだけの助産師とは異なり、医学生や医師は、遺体の検死を行い遺体安置所から戻ってきた後、妊婦の診察をしていたのです（19世紀半ばでは、患者を診察後、手を洗わずに次の患者を診察したり、遺体の検死後に患者を診察するのが一般的でした）。

ゼンメルワイスは、直ちに、患者の診察の合間には塩化石灰液で手を洗うこと、診察前には清潔な白衣に着替えることを医師に義務づけることにしました。その結果、病院での感染症による死亡率は飛躍的に減少しました。

１６０年後、１万９０００人以上の米国人が毎年、ＭＲＳＡ（メチシリン耐性黄色ブドウ球菌）などの院内感染で死亡しており、さらに10万人以上の患者がＭＲＳＡに感染して入院期間を延長しています[*3]。ＭＲＳＡは、皮膚から皮膚への接触だけでなく、所持品や機器に接触することによっても引き起こされます。数分前に隣の部屋で手術部位の感染症を患った患者の腕につけていた血圧計カフと同じように、外科医が回診で着用している淡いグレーと黒のシルクのネクタイも、感染の強力な媒介となる可能性があります。

注意すれば完全に回避できるとはいえ、潜在的な病原媒介生物の数や感染機会は、驚くほど多くなっています。

看護師エリンの話

40歳の魅力的な正看護師のエリンは、小さくて弱々しく見えました。彼女はＭＲＳＡ予防イニシアチブをキックオフするために１００人以上の聴衆の前に立っていました。壇上にはほとんど映らず、彼女は小声で単調な話し方をし、どこか他人事で無関心な感じでした。

「13歳の息子の太ももに腫れ物ができているのに気づいた時、数日待ってから医者に連れて行き、切開して水を抜き、抗生物質を処方してもらいました。薬を調剤してもらいましたが、数日後に医師から電話があり、抗生物質を変えたいと言われました。その時は何も考えていなかったので、すぐに新しい薬を手に入れました。しかし、数週間後にまた腫れ物ができたため、先生はまたしても切開して水を抜きました。私は看護師であるため、必要に応じて包帯を変えながら、特別な警戒心を持たずに息子を自宅で看病することができました。

その間、夫は長年の腰の持病で脊椎の手術を受ける準備をしていました。手術後すぐにかれは重度の感染症を発症し、ＭＲＳＡの陽性反応が出ました。私たちは精神的に落ち込みましたが、治療を続けなければなりませんでした。その後、強力な抗生物質を何度も点滴しました」

冷静を装っていましたが、彼女の目には涙が溜まっていました。

「私の夫は、感染症の治療のために４つの追加手術に耐えなければならなかったのです」と彼女は続けました。

「夫は何カ月もの間、ひどい痛みと治療の副作用に苦しんでいました。私が原因で、おそらく何らかの形で息子から夫にＭＲＳＡが感染したのではないか、という考えに悩まされるようになりました」

エリンは、張り裂けそうな思いをコントロールし、悲しみと罪悪感を打ち消すような声で続けました。

「その後、産科で働いていた時に、私の首に小さな腫れ物があることに気がつきました。それが何かわかりますよね」

彼女はそう言って、前をぼんやり見つめました。

「ＭＲＳＡだったのです！　私の夫は半年間仰向けで、起き上がることもトイレに行くこともできず、とても、とても落ち込んでいました……」

彼女の声はかろうじて聞こえるくらい小さくなりました。

「とても落ち込んでいました」

エリンは深呼吸をして初めて観客と目を合わせました。

「でもそれはついに終わりました……かれが自ら命を絶った時に」

エリンが語った話に象徴されるように、知識と実践のギャップがもたらす致命的な結果は、まさに２００５年３月のある朝、ジョン・ロイド博士が話したかったことでした。

退役将軍であり血管外科医であるロイド博士には、ある使命がありました。かれは、米国疾病予防管理センター（CDC）から、ペンシルベニア州西部の42の病院からなるコンソーシアムでMRSA削減に向けた取り組みを広げるためVAPHSを拠点として活動するように依頼されていたのです。ロイド博士の課題は、病院環境では避けられないと広く考えられている感染症に取り組むことでした。

ブラックユーモアのシミュレーション

次の即興劇は、MRSAの感染の広がりやすさとそのスピードを鮮やかに表現しています。病院スタッフのグループが、30分間にわたってMRSA感染患者と彼女が接触する人々の役割を演じています。「患者」であるローズという名の15歳の少女はベッドに横たわっており、足に不規則な形の5インチのチョコレートプリン（MRSAの感染部位を再現したもの）がついています。実際には傷口は覆われていますが、MRSAの一部がドレッシング（訳注：創傷被覆材）上に存在している可能性があるため、この部位も感染の可能性があります。

痛む歯を舌で探すように、ローズの手は定期的に感染部位を引っ掻いています。すぐに、彼女の指はチョコレートプリンで汚れます。彼女が額を引っ掻くと、髪の生え際にチョコレートプリンを覆っていたパッチがついてしまいます。ローズの母親は、ベッド脇の椅子に座って、娘の髪を優しく撫でます。彼女の手には、チョコレートプリンの跡がはっきりと見えるようになりました。

ローズの様子を確認するために看護師が病室に入ってきます。彼女の母親は立ち上がり、握手と自己紹介をします。看護師の手には、このクラブの会員になった証し、チョコレートプリンの跡がはっきりと見えます。看護師は手を洗うことなくローズを診療し、ローズや彼女のベッド、そして聴診器を置いたベッド脇テーブルのすべてにチョコレートの汚れを追加します。

このスピーディなロールプレイの次の数分にわたって、医師、ローズの昼食を配達するカフェテリアのスタッフ、採血する検査技師など、現実的な数の病院スタッフが病室に入ってきます。かれらのうち数人は、病室に入る時、壁にある手指消毒用ディスペンサーで手の消毒をしていますが、出て行く時に使うのを忘れています。かれらはいま、目に見える形でＭＲＳＡ／チョコレートプリンの感染媒体になっています。

ロールプレイを見ていた病院のスタッフは、このブラックユーモアに笑いがこらえられません。ベッド、ベッド脇テーブル、椅子、電話、出演者全員がチョコレートプリンで汚れています。

残念ながら、現実は笑いごとではありません。このユーモラスな即興劇は、予防可能な年間死亡者数やＭＲＳＡの感染者を排除しようとする試みのなかで、病院が直面している問題がいかに大きいかを示しています。細菌が、病院のヒエラルキーや病院の掲示板に貼られた予防ポスターを尊重することは決してありません。撲滅には、１８４７年にゼンメルワイスによって示されたのと同じ手指衛生プロトコールを１００％遵守することが必要です。

北欧のいくつかの国、特にデンマーク、フィンランド、オランダでは、細菌を事実上撲滅しています。[*4]一方、１９９５〜２００５年の間に、米国の病院の集中治療室では、ＭＲＳＡの発生率が２％から65％に急上昇しました。[*5]ＭＲＳＡの感染範囲は年々拡大しています。次回、病院を訪れる機会があれば、この問題について尋ねてみてください。ほとんどの医師や看護師は肩をすくめて、「うちは病院だから仕方ないですね」と答え、それで会話は終わることになるでしょう。

院内感染の細菌は、危険な環境で菌を培養しているため、正確にはほとんど止められません。これは自然淘汰にターボをつけたようなものです。生物はほぼ無菌状態に適応しています。細菌が侵入すれば、薬剤を一定量投与し、その状態を維持することができます。しかし、この処方が不適切なものになれば、人類の防御の試練を切り抜けて、細菌は突然変異し、その過程で「薬剤耐性菌」へと変身します。

定着する前に細菌を殺すためのエビデンスにもとづくプロトコールは、病院関係者の間で広く普及しています。すなわち、徹底した手指の衛生や適切なガウンと手袋の着用、積極的な監視です。

これらの手続きは、すべての医師、看護師、用務員の間で徹底されています。かれらは毎年、重要な注意事項を確実に理解しているかどうかを確認する再認定講習を受けることが義務化されています。そして、すべての病院スタッフは、定期的にコンプライアンス誓約書に署名します。

それにもかかわらず、１９９４〜２０００年の米国の病院を対象とした研究によると、適切な手指衛生の遵守率は29〜48％に過ぎないことが示されています。[*6]今日、何らかの理由で病院に行き（単なる訪問者である場合も含む）、その施設や医療チームと接することは、細菌が弾丸で、病院が銃であるという一種のロシアンルーレットのようなものです。

第１章で簡単に触れた標準モデルの限界は、ロイド博士には次第に明らかになっていきました。トップダウンの指示や命令・コントロールによる解決策に頼っていたのでは、ＭＲＳＡの制御（撲滅は言うまでもなく）は全くできなかったのです。

確かに、「技術的」な手順（たとえば、年に一度の講習、頻繁な手洗いの徹底、注意喚起のポスター、署名入りコンプライアンス誓約書）が適切に行われれば、うまくいくはずです。しかし、これらの対策は「考え方を変えて、新しい行動をする」ことに依存していました。そのアキレス腱は、適切に行われれば、というフレーズにあったのです。

この問題は、病院の複雑な社会システムに起因していました。それは、外科医から低賃金の用務員、清掃員、事務員に至る明確に区別されたさまざまな職種や、プライドの高い診療科（小児科、放射線科、麻酔科、整形外科など）の院内文化を内包していました。これらの部門や階層の間でＭＲＳＡを排除するための戦略を調整することは、遠過ぎる橋のようなものでした。大きく前進するためには、単なる認知ではなく、行動の変化こそが必要不可欠だったのです。

ＶＡＰＨＳの急性期治療施設の２つの病棟では、事実上このＭＲＳＡを除去していました。この驚くべき偉業を達成するために、病院はＴＰＳ（トヨタ生産システム）を採用しました。これは非常に効果的ですが、専門家依存型産業モデルで、各病棟に指定された専門の問題解決者１人とＴＰＳインストラクター1人が必要でした。

2つの病棟は、VAPHSの制約のなかでMRSA感染を抑制することが可能であることを証明しました。しかし、導入から4年が経過しても、そこで識別された解決策は他の施設には広がっていきませんでした。成功した解決策があるにもかかわらずそれが普及しなかったのは、米国中の他の医療施設と同様に、VAPHSにおける正気を欠いたパラドックスでした。

医療従事者、否、全米の大規模医療機関は何をすべきかを知っていました。しかし、多数の米国人が院内感染で死亡しているという事実は、かれらが実際は何もしていないという悲劇を証明しています。

最後の手段の救済策？

医師が心拍数を適度に上げる運動を毎日行うことを推奨するからといって、トライアスロンのトレーニングを行うのはやり過ぎでしょう。PDプロセスは、このアナロジーが示唆するほど過酷ではありませんが、この誇張のなかには1粒ほどの真実があります。PDプロセスは時間がかかります。影響を受けるコミュニティの大部分を巻き込む必要があります。

PDアプローチは、特に困難な問題を解決することに特化した手法です。他のアプローチが失敗し、別の代替案が枯渇した時に、このアプローチを利用することになります。技術的解決策やトップダウンのプログラム（たとえば、疾病管理センターによるＭＲＳＡ抑制のためのプロトコール、ピッツバーグのＴＰＳによる孤立した成功例など）がうまくいかなかった場合、スポンサーは撤退するか、あるいは、全く別のものを探し求めるようになります。多くの場合、ＰＤアプローチが注目されるのはこの時です。だからこそ、ロイド博士は電話をかけてきたのです。

ＶＡＰＨＳは、「最後の手段の救済策」に転じる前に、別のことを試してみたのは間違っていませんでした。ピッツバーグのバージニア工場で採用されているＴＰＳ（およびその派生であるシックスシグマとリーン生産）は、少なくとも概念的にはＰＤプロセスと多くの共通点を持っています。共著者の１人であるリチャード・パスカルは、日本的経営を徹底的に研究することでその学術的なキャリアをスタートしました。[*7]

当時（１９７０年代）も現在も、トヨタ、ホンダ、ソニー、パナソニックなどの日本のメーカーは、常識に反して、競合他社が工場を見学したり、その手法を研究したりすることを歓迎しています。競合他社に企業秘密を開示することのリスクについて尋ねられた時、かれらの答えは同じでした（以下、大きく省略しています）。

「訪問者はＷｈａｔにしか焦点を合わせていません。かれらはＨｏｗを見落としているか、あるいは文化的にそれを理解することができないのか、いずれかです」

これまで似たような話を本書でもしてきました。

トヨタの最も重要な洞察力は、カイゼンや「５つのＷｈｙ」でも、生産フローを改善するための統計的品質管理の厳格な適用でもありません。トヨタは、これらのプロトコールを使って、組立ラインを継続的な学習システムに変えたのです。これはトップから現場に至るまでの企業文化の変革を伴いました。現場重視のため、影響力や権限の流れは下から上へと反転し、文字通り組織のピラミッドが逆さまになりました。

現在では、組立ラインの作業者が学習ピラミッドの頂点を占めています。専門家や生産技術者、機能別管理者、上級管理者は、現場での継続的な改善を支援する役割を担っているに過ぎません。簡単に言えば、これらの組織属性は、大部分の病院や企業の文化とは似て非なるものなのです。

十分な時間、資金、技術的専門知識、そして適切な環境があれば、組織はリーン生産、シックスシグマ、ＴＰＳのようなプロセスを機能させることができます。ＴＰＳは、病院の２つの病棟でＭＲＳＡの感染を減少させました。しかし、ＴＰＳアプローチやその他のベストプラクティスを温室からジャングルへと移植することは、しばしば失敗します。称賛されてきた解決策の多くは、「それはここで開発されたものではない」「私たちはかれらとは違う」という不満を招きがちです（ベストプラクティスが「なぜあなたは他の人よりも優れていないのか？」という意味で解釈されれば、必ず防衛機制が働くことになります）。

傍観的な立場にある者に対し、例外的ないしは再現不可能な状況で生み出された成功を喧伝しても、かれらが耳を傾けることはありません。優れたテンプレートを識別し、それを導入するために、トップダウンの手法や外部の権威を活用し、現場での学習が重視されないことが多くなっています。優れた手法が外部から押しつけられたもので、内部で発見したものでない場合、例外に対する批判が高まり、その導入は限定的なものになります。

私たちがピッツバーグのＶＡＰＨＳの事例で見ていくように、ＰＤプロセスはＨｏｗに焦点を合わせるのに対し、それ以外の代替的な方法はＷｈａｔを重視します（たとえば、ベトナムの村落における栄養失調の解決策は、エビ、カニ、青菜といったＷｈａｔだけではなく、子どもたちにこのような馴染みのないものを食べさせるように世話人を説得する方法や、これらの食材の採集や食事回数を増やすという新たな食習慣を定着させる方法といったＨｏｗが重要でした）。

ＴＰＳアプローチとＰＤプロセスの間には相違点もあります。[*8] どちらも現場を重視し、事実にもとづいて共通するプラクティスやその成果を特定する探索型の手法です。しかし、ＴＰＳの適用対象は、一般的には連続的かつ反復的な活動に限定され、ＰＤプロセスが得意とする、断続的で特殊性が高く、非定型的な活動をターゲットにしていません。ＴＰＳとその変種は、ムダを現場で特定することでより多くの改善へとつなげていきます。それに対してＰＤは、新たな方法を発見し、すでに成功している逸脱者からインスピレーションを得ます。

ＰＤもＴＰＳも文化や社会システムに埋め込まれた問題に取り組む（どちらも行動変化をもたらす可能性がある）一方で、ＰＤプロセスでは、コミュニティ自らで、そもそも変革に取り組みたいのかどうかを決めることを前提としています。

メンバーにはオプトイン、オプトアウトが認められています。それに対し、ＴＰＳの方法論が問題となるのは、経営者がリーン生産かシックスシグマのプログラムを導入すると決定した時です。ＰＤと同様、オリエンテーションを開催し、新たな技術の研修を行います。アイスブレイクにシミュレーションを使い、身の回りのムダに注意を向けることもできます。うまくいけば、従業員は自発的にこのプロセスに従事するようになります（その意味では、オプトイン、オプトアウトが可能です）。

産業界では、このプロセスに従事する者はボランティアではなく、命令により強制されていることが多いということを除けば、ここまではいいでしょう。実質的な主導権を持っているのが経営陣なのか現場なのかを判断する厳密な基準になるのが、追加予算や上からの圧力がなくなった後、このプロセスが依然として継続しているかどうかということです。

残念なことに、ほとんどの欧米の組織では、経営陣が次の新しいことに目を向ければ、このような取り組みは停滞する傾向にあります。ベトナムやエジプトとは対照的です。そこでは、新しい習慣は、コミュニティがそれを発見するための選択権を有していたため、継続的に内部化されたのです。

病院内のすべての人に招待状を送る

ロイド博士は、ＰＤの記事を読んだその日に電話をかけてきました。

「ぜひ私たちを助けてください」とかれは話を切り出しました。

「４年間、私は病院のスタッフとフォーウエスト（ＭＲＳＡを排除したＶＡＰＨＳの病棟の１つ）で非常に効果的なプロトコールを実践し、この聖戦を闘ってきました。私は、西ペンシルベニアの41の病院の関係者に、私たちの成功体験を伝えるためにかれらを招待しました。かれらは来て、見て、学んで、帰っていきました。しかし、何も変わりませんでした」

ロイド博士が口にしたフラストレーションの源泉は、感染者の命と手足（その切断はＭＲＳＡ感染の深刻な結果の１つです）を救うために何をすべきかを関係者が知っているにもかかわらず、何ら対策がなされていないことへの不信感にありました。

ここでの課題は、何をすべきかを発見することではなく、どのようにして人々に実際にそれを実行してもらうかということでした。ＰＤアプローチの記事を読んで、ロイド博士は、このギャップを埋めるためのより良い方法があるのではないかと直感的に感じたのです。

私たちは１カ月後にロイド博士と仕事に取りかかりました。私たちは最初から意気投合しました（ＰＤの前提条件ではありませんが、そうなった時は嬉しいものです）。ロイド博士は、陸軍外科医として勤務していた１９７０年代初頭、ベトナムに12カ月間滞在していました。ベトナムという共通点があっただけでなく（状況は根本的に異なりますが）、かれはブラームスとマルクス兄弟を愛し、モルモン教の信仰であれ外科医の地位の高さであれ、あらゆる肩書きや権威に頭を下げることはありませんでした。

ＶＡＰＨＳのチーフスタッフであるラジーヴ・ジェイン博士は、病院の主要な利害関係者（感染症予防部長、看護師長、感染管理看護師、データアナリスト、ロイド博士）で構成されたコアチームを編成しました。ジェイン博士は、この新しいアプローチであり、「役立つかもしれない」ＰＤについて一堂に会して学ぶために、病院内のすべての人に招待状を送りました。

この「すべての人」には、清掃、搬送、薬局、厨房、研究室の人々が含まれていました。ＰＤアプローチの必須条件の１つは、「通常の容疑者」を超えて、システム全体の代表者を巻き込むことです。成功するには、行動やプラクティスを変える必要があるすべての人のオーナーシップが必要です。問題に関与している人たちは、潜在的な解決策の重要な一部になるのです。

最初のミーティングは、ＭＲＳＡ問題の深刻さを円グラフやデータを使って説明する感染管理部長のプレゼンテーションから始まりました。抽象的な数字は、エリンのような具体的な患者の事例で補足されました。これらの事例は、ＭＲＳＡ感染者の人間の顔を見せてくれました。

私たちの役割は、さまざまな問題へのＰＤの応用例を提供することでした。女性の割礼、女児の人身売買、栄養失調、ＨＩＶ・エイズのリスク低減など、開発途上国での事例を説明しました。

そして、これが重要なことですが、90分間のセッションの最後に、医療責任者が参加者にこの取り組みに協力するように呼びかけました。翌朝、キックオフミーティングに参加した１００人以上の関係者のうち、約40人の看護師、医師、清掃員、検査技師、用務員、牧師、薬剤師などが集まり、ＰＤ・ＭＲＳＡイニシアチブの中核となるチームが結成されました。[*9]

最初の数カ月間、ＶＡＰＨＳのコアチームのメンバーは、４００人以上の病院スタッフとグループミーティングを行いました。最初のコアチームのメンバーの１人である看護師のハイディ・ウォーカーは、これらのセッションが本当にスタッフの関心を引くものであるかどうかを確認したいと考えていました。

ハイディには素晴らしいアイデアがありました。彼女はコストコに出かけ、一番大きなマカロニの箱を購入しました。近所の子どもたちは、彼女がコストコのファミリーサイズ・スーパーパックに入っているマカロニの数を数えるのを手伝ってくれました。３２５０個ありました。彼女はコストコに戻って、必要な10万個になるまで、さらに30個の箱を購入しました。

ハイディは、大きな透明容器に入ったマカロニを見せ、院内感染から毎年米国で不必要に感染している患者の数を説明しました。40回実施されたフォーカスグループ・ディスカッションの各セッションは、ハイディが担架とマカロニの入った容器を持って部屋に入るところから始まりました。患者に見立てたパスタの一握りを担架のマットレスの上に持ち上げて落とし、彼女は質問しました。

「これが何を表しているかわかりますか?」

病院のスタッフは、ＰＤプロセスを立ち上げる上で重要な教訓を学んでいました。データはドラマ化され、擬人化され、社会化（コミュニティがデータを受け入れ、納得した事例については、コラム「ＰＤでアルゼンチンの学校中退問題に取り組む」を参照）される必要があるのです。先の感染シミュレーションで使われたチョコレートプリンやこのマカロニのように、コミュニティに必要なのは、抽象的な数字を、実感を持って理解できるようにするフォーマットです。変化を必要とする人はデータの意味を理解する必要があります。

マカロニは効果てきめんでした。シミュレーションは抽象的な数字をリアルなものにしました。参加者は、ＭＲＳＡが仕事や私生活にどのような影響を与えたかを話し始めました。ハイディは、この個人的な証言を元に、ＰＤ・ＭＲＳＡイニシアチブを開始するための質問を行いました。

「ＭＲＳＡについて何を知っていますか？」

「あなたの治療を受けている患者がＭＲＳＡに感染しないようにするために、あなたは何をしていますか？」

「あなたがそれを１００％実行できないようにしている障壁は何ですか？」

「これらの課題を克服するための戦略を考え出した人を知っていますか？　知っているとしたら、その人はどのようにして克服したのでしょうか？」

「新しい戦略について何かアイデアがありますか？」

「この病棟でそれを実行するには何が必要ですか？」

「次のステップに進んでくれる人はいますか？」

ロイド博士とハイディは、病院で夜を過ごすために私生活を犠牲にし、昼間のフォーカスグループに参加することができなかった夜勤スタッフと会議をしました。午前3時にフォーカスグループの会議を終えて、疲れ切って乗ったエレベーターのなかで認知症病棟のスタッフに声をかけられました。

「どうして私たちには会わないのですか？」

ロイド博士とハイディ・ウォーカーは、この病棟のスタッフを意図的に巻き込まないように配慮していたのです。というのも、認知症患者は部屋から部屋へとさまよっていて、予防措置を覚えていなかったり、見ていなかったりするからです。嫌とは言えず、いまになって初めて会議をすることに同意しました。

１時間半後、かれらは疲れ果てていましたが、爽快な気分でこの「ボーナスミーティング」を後にしました。かれらは、認知症病棟のスタッフの途方もない熱意と、ＭＲＳＡに関する生々しい話を目のあたりにしたのです。

その後数カ月の間に、自分の意思でボランティアのグループがコアチームに加わりました。チームは、ＭＲＳＡ予防に関して、実際に何か違うことをしている同僚を探り始めました。ある医師は、「回診」が終わるたびに、病院のいたる所に設置されている手指消毒用ディスペンサーの前でスタッフと一緒に手指消毒を行っていました（そうすることの大切さを話す代わりに）。

また、別の看護師は、次のような事実を発見していました。多くの患者は、手指消毒用ディスペンサーはスタッフ専用のものであり、患者が使用するためのものではないと考えていたのです。そこで彼女は、新たな入院患者全員に対し、手指消毒用ディスペンサーは患者が使うために設置されていることを周知徹底したのです。

コラム

PDでアルゼンチンの学校中退問題に取り組む

「データの社会化」は、アルゼンチンでPDの試験的な試みが炎上しようとしていたその日を救いました。課題は明確でした。PDにより、小学校の驚くほど高い中退率を低下させることです。アルゼンチンでは86%の子どもたちが初等教育を修了しているのに対し、ミシオネス州の農村部では56%の子どもたちしか修了していなかったのです。[*a]

世界銀行が主催したミシオネス州でのセッションには、二十数名の教師と校長が集まりました。参加者は、教育省が高い中退率の問題を取り上げ、資金不足の教育システムに対する説明責任から注意をそらそうとしているのではないかという疑念で一致していました。

コンクリートの床に折りたたみ式のスチール製の椅子が置かれた、粗末なカフェテリアを想像してみてください。教師と校長は、胸の前で腕を組んで座っています。ボディランゲージがすべてを物語っています。

「どうぞ、あなたの専門知識で私たちを驚かせてください。この問題は、私たちではどうしようもないことがたくさん絡んでいます。それより、私たちは怒っています。半年も給料が支払われていないのです。ここにいたくない」

「高い中退率の理由は、教師とは別のところにあります。怠惰な生徒、無関心な親、粗末な施設です」

ベトナムの栄養プログラムの紹介が始まって10分が経ち、その途中で、繊細な顔立ちと印象的な赤い髪をした強烈な印象の教師が、空気を突き刺すように挙手しました。彼女のこの動作は質問ではなく、挑戦の合図でした。

「セニョール、アルゼンチンはベトナムではありません。あなたのアプローチはここでは通用しません！　私たちは何カ月も給料が支払われていないのです。子どもたちの両親は無価値で無関心です。あなたは、私たちの状況や問題を何もわかっていません」

「あなたは、私たちの状況や問題を何もわかっていません」は、本音でした。私はこう主張しました。

「確かに、私はあなた方の状況について何も知りません。私には解決策がありません。私たちが今日ここにいるのは、この部屋に座っているあなた方の何人かが、いまこの瞬間に、すでに解決策を持っているからです！　皆さんのなかには85％以上の就学率を維持し、いまあなたが指摘した大きな障害を克服した方がおられるのです」

この主張は、ミシオネス州の１２０校すべての学校の退学統計データの表によって補強されました（問題を具体的にすることが大事です）。小グループに分かれて作業し、「カリスマ」ティーチャーたちは、多くの学校が、メディアン（中央値）の近くにクラスターとなって集中していることを発見しました。しかし、ある学校では6年生の生徒の１００％が在学し、10校では90％近くが中退していないという事実が明らかになった時、かれらは驚愕したのです。

「どうやってこれらの学校でこれほど多くの在学生を維持しているのだろうか？」と、かれらは自問しました。結局のところ、それら学校の教師にも給料は支払われていなかったのです。数時間のうちに、腕組みする人は徐々にいなくなり、表現豊かなラテン系の声が活発な会話のなかで響いていきました。焦点は、過ちや非難から、何がうまくいっているのか、そして、まさにこの部屋にいる何人かの教師たちが、その直面している困難な状況にもかかわらず、何を達成することができたのかへと移っていきました。

これにより、グループは、同じ資源と同じ制約の下で、実際に顕著な定着率を達成している学校があるという事実に直面することになりました。興味をそそられ、かれらは、そのような学校が具体的に何をしているのかを理解したいと思うようになりました。「被害者」であることを主張するよりも、好奇心が勝ったのです。

セッションが終了する前に、教師や校長たちは、ＰＤアプローチの是非や、生徒の定着率を高めるためにこのアプローチを適用するか否かを決定するように求められました。答えは、力強い「si（はい）」でした。

1日の終わりに、教員組合の組合長は、同僚たちがどう思っているかを確認するために、不安げに非公式の聞き取り調査を行いました。

「今日何が起こったのかわかりません。しかし、この人たちが怒らず、何かのためにだれかを非難することなく会議から出て行くのを見たのは、久しぶりです！」

翌朝、前日のワークショップに参加していた先生方に連れられてきた22人の保護者のグループと、同じようなセッションを行いました。これは、大きな勝利でした。前日の話し合いでは、保護者の参加についての懸念が表面化していました。

「あなたが提案するように、明日、保護者たちをここに連れてくることはできません。かれらは興味がありません！」（ここで語られていないのは、車がない貧しい親を、自分の時間をもう1日犠牲にして運転して迎えに行き、このくだらない会議に出席するのが嫌だという本音です）

明らかに、何人かの先生が心変わりをしたようでした。

保護者との会議は、終始、前日の会議の最初の数時間と比べると、はるかに敵対的ではありませんでした。17人の母親と5人の父親は、昨日とはうって変わり熱心な先生方から説明を受けていました。かれらは、保護者が出席することがいかに重要であるかを伝えていました。

保護者は、ほとんどが東ヨーロッパ系アルゼンチン人一世で、先住民族も数人いました。かれらは、教育省の会議に招待されたことに少しばかり浮かれていました。ほとんどが自給自足の農民であるかれらは、普段の質素な農作業着ではなく、日曜日の礼拝用のよそ行きの服を着ていました。

保護者は、教育を受けた比較的中流階級に属する教師や校長による軽蔑の目に慣れていました。かれらはこれまでに、自分たちの考えを述べるために会議に招かれたことはありませんでした。

すぐに、そして直感的に、かれらはＰＤアプローチに反応しました。

自分の周りにいるポジティブな逸脱者について議論するように求められた際、全員がその実例に思いあたる節があり、その多くが自分自身をＰＤだと主張しました。かれらは、田舎の存立基盤を脅かしていた障害のいくつかを克服した方法について共有することを熱望していました。

このことから、過去に何度も経験してきたように、特権も展望もない社会の底辺で生きている人たちが、ＰＤアプローチのシンプルな的確さをすぐに見抜き、理解しているのがわかります。それに対し、教育と特権の両方またはどちらか一方がある人たちは、はるかに懐疑的なのです。ＰＤへの支持は、経済力、権限、教育を受けた期間、壁に飾られた学位に反比例するのかもしれません。

保護者との話し合いは、前日と同様に、3年生までに中退する生徒の割合が非常に高いことを中心に行われました。驚くべきことではありませんが、保護者から出た問題の原因は、「無関心な保護者」ではなく、①「無愛想」で「人を見下す」教師、②生徒のことを考えていない教師、③保護者は学校では歓迎されていないことをあからさまに示す教師、であり、このような教師とうまくやっていくことが難しいということでした。

次に、反転質問をしました。

「すべての教師がこのように振る舞うのですか？」

答えは次のようなものでした。

「いいえ、なかには、私たちを歓迎し、心配し、親切にしてくれる方もおられます」

6時間のセッションが終わる頃には、保護者たちもまた、学校の問題にＰＤを使って対処することに関心を持ち、それを再確認する力強い「ｓｉ」を与えてくれました。

その後の数カ月間、平均的な10校の教師と保護者が高定着率の学校を訪問し、その差別化要因は、教室のなかでのこととはほとんど関係のないことが判明しました。異なっていたのは、成功している学校の教師は、学年が始まる前に、保護者と年間の「学習契約」について相談していたということでした。

教師たちは、読み書きのできない保護者を、その子どもの実質的な教育パートナーとみなしていたのです。そして、子どもたちが読み書き、足し算、引き算を学ぶうちに、保護者が政府の補助金を利用したり、農作物から得た収入や村の店から借りたローンの利子を計算したりするのを手伝うことができるようになりました。保護者がパートナーとなって、生徒たちは授業に出席し、キチンと宿題をするようになりました。

その後、ＰＤプロセスに参加した教師たちは、自分のクラスにいるリスクのある子どもたちの家庭に対し、同じような契約の相談を始めました。1年後、ミシオネス州は、このイニシアチブに参加している2つの地区で小学校の就学率が50％増加したことを報告しています。[*b]

潜在的ポジティブデビアンス?

すでに存在する、例外的なプラクティスに加え、全く新しい解決策がいくつか提案されました。ロイド博士はすぐにこれらの重要性を理解し、そのいくつかに飛びつきました。PDプロセスは、病院スタッフが既存のあまり一般的でないプラクティスを補足するだけでなく、新しい解決策を見出すことができる探求心溢れた環境を作り出したのです。ロイド博士は、孵化するのを待つだけの解決策を「潜在的PD」と呼びました。

潜在的な解決策とは何でしょうか。これまで私たちはPDを探索する際には、既存の解決策に焦点を合わせてきました。この点で、PDは、コミュニティを動員し、実験とイノベーションを促進する多くの適応プロセスの1つに過ぎません。そしていま、より大きな可能性が生まれようとしていたのです。

私たちは、PDが教義ではないことはもちろん、それを「方法」や「モデル」として特徴づけないように常に細心の注意を払ってきました。PDプロセスと進化する社会システムとの間には、ともに成長する共存関係があります。コミュニティが関与するようになると、驚くべき展開が現れます。発見されたPDを普及させるベクトルは、ウイルスのようなものです。そして、すべてのウイルスの性質と同じように、PDプロセスは変異していきます。問題に適応するために、このアプローチが十分な柔軟性を持っていることが決定的に重要なのです。

潜在的解決策は、エビデンスにもとづくプロトコールの遵守や官僚主義が規範となっている病院環境のなかに眠っていました。ＰＤプロセスによってもたらされたこの平衡状態の攪乱と、新しいアイデアを引き出し、実践するためのメカニズムが整備されたことで、潜在的解決策の水門が開かれたのです。これは、自然科学者が「自己組織化」や「創発」と呼ぶものに該当します。

スタッフは、自分たちの声が尊重され、そのアイデアが実行に移される可能性が高いことを目のあたりにし始めました。いままでは、規制や強制によってＭＲＳＡを制御しようとして挫折していました。自分たちのアイデアが採用されるのは、このような状況に抗い、新鮮な空気を吸うようなものでした。

このウイルスは、あきらめの文化をイノベーションの文化へと変革し、トップダウンの命令からボトムアップの実験と発見へと変えていきました。ＰＤプロセスに関与するやいなや、ＭＲＳＡを制御するための既存の方法が万策尽きても、飽くことのない好奇心とコミットメントを生み出しました。このウイルスに感染することで、この病院の社会システムは、発見と革新のプロセスへと変異していったのです。

4週間かかる調査を1時間以内に圧縮するには？

ベトナムやエジプトでは、日常のリズムや人間関係を構築するための会話のペースが比較的ゆったりとしていました。私たちは何週間もかけて村の人たちと、目の前の問題に関連した話題や慣習について話し合うことができました。近くの青空市場で干物や唐辛子の香りに包まれたり、地元のモスクで祈りを捧げるために中断されたりしながら、かれらと90分間の話し合いをすることは、しばしば日常生活の単調さを忘れる効用がありました。

地域のリーダーや村の人たちと一緒に行ったマッピング作業（栄養失調ではない極貧の子どもたちを表すために石や小枝を使いました）は、刺激的な経験となり、何時間も集中して取り組むことができました。栄養状態の良い子どもを持つ貧しい村人や、娘に割礼をしていないエジプト人家族に対する半日がかりのPD調査は、話が盛り上がることもしばしばでした。

しかし、病院はこれらとは異なります。最初のPD説明会や最初の数カ月間におよぶPD予備調査の成功にもかかわらず、「これだけの時間がかかるのであればスケールアップは無理だ」との反発が強まっていました。定期的に開催されている「振り返り」のセッションでは、整形外科病棟の看護師長が部屋にいた多くのスタッフの声を代弁してこう話しました。

「私たちはこのアプローチを気に入っていますが、一度ならず30～40分以上の時間をかけて集まることは不可能です。この病院の現状や、どのスタッフも多忙であることを考えれば、グループセッションに参加し、成功の指標を考え、ポジティブな逸脱者を特定し、かれらを観察し、それらのＰＤ行動を実践するための会議を開催するようにお願いすることはできません。こうしたことはなくすべきです」

この病院でこの取り組みを拡大していくためには、ＰＤアプローチには新たなフォーマットが必要でした。候補となる問題を特定し、関連するコミュニティのメンバーがオプトインかオプトアウトを決定し、現場調査や関係者からのヒアリングによって共通するプラクティスの基準を定め、既存の（または潜在的な）ＰＤを識別するのに必要な手順を組み込んだものです。厳格に定められた時間制限のなかで、これをどうにか準備する必要がありました。

4週間かかる調査を1時間以内に圧縮するにはどうしたらいいのかわからず、私たちはＶＡＰＨＳのスタッフのところに戻って、かれらのアイデアを求めました。その結果、30～40分のグループ討議でこれらすべてのステップを同時に検討するという方法をとることに決めました。

数回の試行を経て、このセッションは、実践重視の発見とアクションのための対話（ＤＡＤ：Discovery and Action Dialogue）へと変化していきました。ＤＡＤはＰＤのエンジンに火をつける点火プラグとなりました。他にも新たなフォーマットが自然に生まれてきました。たとえば、毎週のスタンドアップ・ブリーフィング、「リアルタイム」データ共有メカニズム、院内のＭＲＳＡウェブサイトやチャットルームなどです。

セッションは、注目を集めるＭＲＳＡ感染に関する統計で始まります。その後、参加者は血圧計のカフをつけてみたり、手袋を外したり、ガウンを折りたたんだりして、細菌が無菌の部室でどのように広がっていくかを明らかにしていきます。そして、あらかじめ参加者のなかで自ら手をあげたＰＤファシリテーターが、重要な質問を投げかけます。

「このような課題を克服した人はここにいるでしょうか？」

変化を定着させるには？

何か重要なことが展開されていることを理解しつつも、ＰＤ・ＭＲＳＡイニシアチブが「今月の流行」として急速に消滅してしまう可能性を危惧し、コアグループは初期段階での成功のための前線を固めようとしていました。

スタッフは、これまで数多くの一過性の院内キャンペーンを見てきました。今回、この変化を定着させるためには、運を天に任せることはできなかったのです。したがって、ＤＡＤセッションで得られたアイデアは即座に実行に移し、その結果を確認するフィードバックは、病院のすべての人に届く必要がありました。

セッションの重点を「発見」から「行動」に変えることで、このような効果が得られました。ファシリテーターは、アイデアが出てきた時には、さらに掘り下げていきました。

「素晴らしいアイデアです！　この病棟でそれを行うには何が必要でしょうか？　これらのステップをやってくれそうな人はいますか？　あなた１人でできますか？　それとも助けが必要でしょうか？　その決定に参加する必要がある人で、いまこのグループにいない人はいますか？　どうすればその人に席についてもらうことができるでしょうか？」

いくつかの暫定的な努力の後、ファシリテーターは「触媒としての質問」のテクニックを習得しました。そして、かれらはほとんどのセッションで、将来達成可能なマイルストーンを設定しました。

実際の行動を示すことで、ＰＤイニシアチブがいままでの方法とは違うということを病院全体の関係者に説得することができました。このニュースは急速に広まりました。ＭＲＳＡの撲滅は、スタッフの意識のなかでも顕著なものとなりました。

いま起こっていることに注意を向けるという機会が増えるにつれ、新しい解決策が、ありそうな場所だけでなく、ありそうにない場所にも現れ始めました。これらの新しい解決策を行動に移すことで、すぐに習慣化されていきました。これは初期のＰＤへの関心を維持することに役立ちました。

「潜在的ＰＤ」を含めることは、ブレインストーミングやアプリシエイティブ・インクワイアリー、およびその他の参加型アプローチとの間の区別を曖昧なものにするでしょうか。手短に言えば、答えはイエスです。しかし、ＰＤプロセスを他から区別する試みは細部にこだわる学者に任せ、ＰＤのプラグマティックな適応を重視する必要があります。

ＰＤアプローチのコアとなる特徴は、コミュニティ内のポジティブな変異を発見し、関係者を巻き込み、優れたプラクティスを普及させ、組織文化のＤＮＡに統合していくことです。新たなＰＤでは、この従来の発見プロセスに対し、内部での創出機能を組み込みます。すでに存在する変異を飛び越えて新しいアプローチを創造することは、明らかにこのＰＤのコアコンセプトからは外れます。

しかし、ＰＤプロセスの本質的な側面（コミュニティや個人によるオプトイン、オプトアウト、オーナーシップ、共通のプラクティスとその成果の関連づけ作業、既存のＰＤの発見、普及のためのアクションラーニング・アプローチの設計）は、そのまま残されています。

ＶＡＰＨＳでの経験は、独自の歩みを始めていました。これまで抑制されていたアイデアが次々と生み出されました。関係者はＭＲＳＡの感染問題により注目するようになり、次の４つの事例が示すように、アイデア・フレンドリーな組織風土を体験していたため、イノベーションがあたり前となりました。

香港生まれの無口な理学療法士であるフレッド・チェン博士は、ＭＲＳＡに感染した患者と感染していない患者が同じ機器を使用していることに気づきました。診療科では機器を使用する患者名を把握していませんでした。

そこで、かれはＭＲＳＡ患者リストを取り寄せ、機器使用に関する新しいプロトコールを作成しました。この例は、ＰＤが「内部からの解決策」に焦点を合わせることで、既存の十分に活用されていない資源から、どのようにしてレバレッジ効果を引き出しているのかを明らかにしています。

この患者リストは存在していましたが、ＰＤプロセスでＭＲＳＡの予防に目を向けるまで、チェン博士はそれが自分の仕事に役に立つとは考えていませんでした。ＰＤで他のスタッフのアイデアが実行されたことを知り、チェン博士は自分の現場でＭＲＳＡを排除するための方法を考えるようになりました。これは明らかにかれの職務記述書には記載されていない職務です。

タニス・スミスは、ＶＡＰＨＳの長期入院患者のために働く、優しいががっしりとした体つきのソーシャルサービス・アシスタントです。彼女の職務の１つは、レクリエーションルームで行われる毎週のビンゴゲームを監督することです。

ビンゴセッションは、多くの退役軍人の患者にとって１週間で一番の楽しみであり、健康的にテストステロンを消費する競争の機会を提供し、部屋や車椅子で過ごす時間からの息抜きになっています。ビンゴセッションでの競争はかなり激しいものです。時折、かれらは靴下や半ズボンのなかに追加のビンゴカードをこっそりと忍ばせ、勝利の確率を高めています。

ＶＡＰＨＳでのＰＤ・ＭＲＳＡイニシアチブのキックオフの直後に、タニスは彼女のルーチンを振り返りました。各ビンゴセッションの後、患者にはスナック菓子が提供されていました。しかし、殺菌されていないビンゴカードを触った後に、石鹸での手洗いやアルコールでの手指消毒をするように指導されていませんでした。

かれらはタニスの担当する患者であっただけでなく、その多くは親しい友人でした。この状況は改善を要するものでした。タニスはビンゴセッションのたびに泡タイプのアルコール消毒液を持ち歩くようになりました。彼女は１人ひとりの患者に近づき、手を出してもらい、泡を吹きかけ、「スナックを食べる前に消毒して」と笑顔で言いました。

退役軍人たちは快く応じてくれました。自分は守ってもらう必要はないと頑なに言い張るマッチョな男は例外として、かれらは喜んで消毒泡と彼女の配慮を受け入れました。すぐにこの行動はビンゴゲームでは慣例となりました。いまでは、それはビンゴゲームで文字や数字を読み上げるのと同様、ルーチンの一部になっています。

シャトルバスは、長期入院患者を病院全体のさまざまな施設に搬送するために使用されています。運転手は、自分のバスがＭＲＳＡの感染源になる可能性があることに気づきました。そこでかれは手指消毒用ディスペンサーをバスに設置するように要求しました。かれもまた「何かをする」ことができたのです。

多様な病院の補助スタッフ（歯科衛生士、数人の薬剤師、事務員、牧師など）のグループを対象にしたＭＲＳＡ啓発セッションでは、ＭＲＳＡに関する基本的な知識が非常に偏っていることがすぐに明らかになりました。これをきっかけに、参加者は感染拡大の問題に取り組むようになりました。

ＭＲＳＡの感染がどのようにして、手の接触だけでなく、機器や医療材料を通じて広がるのか、そして、表面についた細菌は30日間も生存することがあることを学んだ後、病院つき牧師は椅子から飛び上がり、「神よ！」と叫びました。

「私はおそらく、神の名の下に、これをあちこちに撒き散らしているのでしょう。私は聖書を部屋から部屋へと運び、患者の隣に置いて、それを読んでかれを励まし、次の患者に持ち込んで、また感染を広げるのです」

その正午過ぎに、牧師部は使い捨ての聖書カバーを導入しました。神の使者たちは、かれらが霊的な導き以外のものを広めていないことを確実にするために、ガウンと手袋を着用し始めました。

＊＊＊

ジョン・ロイド博士とハイディ・ウォーカー看護師をエレベーターで待ち伏せしていた認知症病棟のスタッフが、自分たちにもＤＡＤを開催するように要望したことが、最もありそうにない成功事例の１つであることが判明しました。

すでに述べたように、ロイド博士が認知症病棟を除外することを最初に決めたのは、かれらの状況では対策が不可能であるということを前提としていたからです。認知症患者は服や、場合によっては入れ歯まで交換することがあります。手指消毒用ディスペンサーは、患者が中身を食べる危険性がなくならないかぎり、壁に設置することはできません。

この認知症病棟に関する常識（conventional wisdom）のほうが実は型にはまったもの（conventional）であり、知恵（wisdom）と呼べるものではなかったことが判明しました。

スタッフとの最初のセッションでは、それらの障壁を克服するためにすでに何人かのスタッフが行っていることについて、議論がすぐに進んでいきました。たとえば、ある看護師は、手指消毒用ハンドジェルが入った携帯用瓶をベルトにつけて、食前、食後に患者の手を消毒するのに使っていました。これはすぐに病棟内の他のスタッフの共通のプラクティスとなりました。

何が可能なのかに焦点を合わせたＰＤによって後押しされ、他にも新しいアイデアが開花しました。これらのなかには、認知症患者を訪問する家族のための特別なＭＲＳＡ予防と手指衛生トレーニング、表面を拭くための抗菌タオルの提供、そして最も重要なのは、感染をなくすことは本当に可能であるという信念が含まれていました。

その結果は驚くべきものでした。「ＭＲＳＡ予防が最も困難な病棟」が最も成功したのです。６カ月間一度も感染がなかった後、病棟の入り口に掲げられたバナーには、「あなたはＭＲＳＡのないゾーンに入っています！」と誇らしげに宣言されました。

トップダウンの解決策は対抗する力を誘発する

ロイド博士は次のように語りました。

「ハインツ（長期滞在型施設）の廊下を歩いていたら、カフェテリアの従業員のテッドが私の肩をつかんで、『ロイド博士、問題が起きました！』と言ったのです。フライドチキンの横にトングを置いているにもかかわらず、多くの人が手で取っていることに気がつきました。手指消毒用ディスペンサーもないし、私はここが感染源になるかもしれないと本当に心配しています。今日の午後4時にキッチンスタッフの会議を招集しました」

「同じ午後、私はこの話を疾病予防管理センター（ＣＤＣ）の疫学者であるジョン・ジャーニガン博士と共有しました」とロイド博士は続けました。

「かれは丁寧に応対していましたが、明らかに感心していない様子でした。『フライドチキンを触った手がＭＲＳＡの感染源になるとは思えません』無愛想にかれはこう言いました。感染管理の専門家であり、ＰＤ・ＭＲＳＡイニシアチブでＣＤＣとの連絡係である私は、かれがＰＤについてかなり懐疑的であることに気づきました。厳密なエビデンスにもとづいた科学か『群衆の智慧』かの選択に迫られた時、かれがどちらに賭けるかは明白でした」

半年後、ＭＲＳＡ撲滅に向けたスタッフの情熱とコミットメントの成果を目のあたりにし、ジャーニガン博士は考えを改めました。ある日の午後、かれは食堂のフライドチキンと手指消毒用ディスペンサーの懸念に対して無愛想な反応をしていたことを振り返りました。

「ＣＤＣはＭＲＳＡを排除するために、議論の余地のないエビデンスにもとづいたプロトコールを開発してきました」とかれは語りました。

「我々はそれを発行し、再発行し、公表し、普及させています。しかし、それを実践してもらうためには、ＰＤが必要だったのです」

謙虚さとユーモアが入り混じった特徴的な口調で、こうつけ加えました。

「私はなんて愚かだったのだろう」

テッドが特定した潜在的な感染源が本当に重大なリスクを構成しているかどうかは重要ではありません。大切なのは、役割に関係なく、病院のすべての人がＭＲＳＡを意識し、ＭＲＳＡと闘うために新しい行動様式を取り入れようとしていることにあります。テッドのトングについての懸念は、他の多くのスタッフが手指衛生プロトコールにも細心の注意を払っていることを明確に示しています。

すべての行動には同じ力で逆向きに作用する反応があると主張するニュートンは正しかったのです。ＣＤＣのトップダウンの解決策は、対抗する力を誘発しました。反応は回避、抵抗、例外主義という形で現れました。対照的に、本部から渡される松明に頼るのではなく、コミュニティのなかにある残り火から火をおこそうとすれば、変化は自発的で無理のないものになります。

違うメタファーで表現すれば、内部で開発された解決策は、「異物」とみなされる解決策によって引き起こされる移植拒絶反応を回避することができます。チェンジエージェントがホストと同じDNAを共有している場合、物事はスムーズに進展します。グループのオーナーシップは、免疫防御反応を打ち負かすのです。

患者の声を聞く

病院におけるMRSA対策の「通常の容疑者」は、管理者、感染管理の専門家、医師、看護師でした。DADは、病院のすべてのスタッフに新しい考え方を行動に移す機会を提供しました。それは、清掃員、牧師、理学療法士、放射線技師など、病院の事実上あらゆる職能や分野から解決策が生み出される触媒となったのです。

興味深いことに、あるグループはこのDADの対象から漏れており、「通常の容疑者」の範囲をはるかに超えていました。すなわち、患者たち自身です。そこで、VAPHSの長期入院患者は、自分たちのボランティアグループを作るように招待されました。その後、このグループのメンバーは、他の患者や自分たちの家族にMRSAの危険性や予防法を説明し、伝えていくことを決定しました。

もちろん、病院の感染管理スタッフは、これらの情報すべてを記載したパンフレットをすでに発行していました。しかし、患者たちは、もっと効果的で簡単に実行できる方法を望んでいたのです。医療施設の大半の患者は、「受動的受容者」であることが一般的です。それとは全く対照的に、かれらの活動は極めて積極的だったのです。

私たちは、ＶＡＰＨＳを訪問した際に、このイニシアチブの中心人物の１人であるダリルに会いました。ダリルは病院でＭＲＳＡに感染していました。急速な感染拡大を食い止めるため、かれは何度も痛みを伴う手術を受けなければなりませんでした。もし手術がうまくいかなかった場合、ＭＲＳＡが原因で足を失う可能性がありました。数週間の療養生活のなかで、ダリルは隔離室で仰向けになり、自分の将来と現在の状況について否応なしに熟慮することになりました。

他の患者を交えたＤＡＤのなかで、ダリルは次のような話をしました。この話は仲間の患者の心に響き、ＶＡＰＨＳの長期療養施設の看護師や医師の全員に忘れ難い印象を残しました。

「私の部屋の手指消毒用ディスペンサーは、ベッドのすぐ後ろにある壁の上にありました。それはつまり、私の診察に来た医師や看護師が手を消毒しているかどうかがわからないことを意味していました。しかし、私は、手指消毒用ディスペンサーを使う時に鳴るシュッというスキッシュ音をわずかに聞くことができるようになりました。医師や看護師が来て私に触る前に、その音が聞こえることを祈って待っていました。しかし、シュッという音が聞こえない時が何度もあり、恐怖でした。でも、ある看護師さんだけは、いつも私のベッドに来る前に手指消毒用ディスペンサーを必ず使ってくれました。彼女が部屋に入ってくるたびに、私は本当に嬉しかったし、新しい細菌に感染することもないと安心することができました」

単純な話です。面白いことに手指消毒用ディスペンサーのスキッシュ音が警戒心の強い患者を安心させていたのです。その後、病院スタッフは、入室する際、「患者が聞いている」と気を引き締めるようになりました。

「スキッシュアラート」は一種の良心のような役割を果たし、多くの病院スタッフに、適切な手指衛生の概要を説明する看板よりも強力なインパクトを与えました。手指消毒用ディスペンサーを使用するのにかかる30秒を患者が知ることにより、恐怖感ではなく安心感を持って病院スタッフに挨拶することができたのです。これは行動変化の大きな原動力となりました。

また、ダリルの話は手指消毒用ディスペンサーの設置場所の変更につながりました。患者のベッドの後ろではなく、ベッドに面した壁に設置されることになったのです。それにより、患者は医療従事者の手指衛生を監視することができるようになりました。

さらに、ドライバーに対し、レーダー式速度検知器に注意を促す高速道路の標識のように、スキッシュアラートによって病院スタッフはすぐに手指衛生を積極的に意識するようになりました。

他人事のデータ、心に響くデータ

病院はデータを多用する場所です。先に述べたように、データは社会化し、擬人化する必要がありのかということです。

PD・MRSAイニシアチブに参加しているすべての病棟では、承認されたCDCプロトコールに準拠した感染率、発症率を報告しています。数字は、患者の鼻腔に入れられた綿棒の数、手術部位や感染した手足から別の部位への目に見えないMRSAの感染数などを示しています。これらの統計データは、慣例上、モザイクのピースのように集められており、データ処理に慣れた予防管理スタッフにとっては意味のある絵を伝えています。

一方、ある看護師にとっては、これらすべてのデータは無用の長物でした。PDプロセスのおかげで、彼女は本音を上司に話すことができました。抽象的で不毛なレポートは、治療者としての彼女の心に何ら響くことはありませんでした。定期的DADミーティングのなかで、彼女は統計には何ら関心がないことを率直に表明しました。興奮した様子で立ち上がり、感染、経過、発症データを示したチャートが掲示された壁のところに行き、グループを挑発しました。

「私たちはこれらのデータを収集し、このフォーマットでCDCに提示する必要があることを知っています。しかし、この数字は本当に何を意味しているのでしょうか？　このチャートが示しているのは、12人が今日仕事に行き、家に帰り、子どもたちと遊んでいますが、私たちのMRSA対策の努力がなければ生きていなかったということです」

彼女は2つ目のチャートを指差しながら続けました。

「さらに4週間もここに留まることなく、家に帰って家族と一緒に過ごすことができた人が37人います。私たちはデータを人間的なものにしなければなりません。この数字は私たちの努力や過失を物語っています」

その日から、毎日十数回、この同じチャートは違った形で病棟スタッフに自ら「語る」ようになりました。

ここに重要なポイントがあります。ベトナムでは、世話係は数字の意味を簡単に理解し、把握することができました（つまり、かれらの子どもたちの大半は、標準体重以下だったのです）。子どもの体重が増加したことを示す時系列データは、新しい行動を継続的に実践するための動機づけ要因となりました。それとは対照的に、ＣＤＣが収集したデータは、事務方のあくなきニーズを満たす一方で、それに関心を示す現場スタッフはいませんでした。

見落とされていた、しかし決定的に重要な利害関係者である現場スタッフは、暗闇のなかに放置され、やる気を失っていました。これらの利害関係者がデータを欲し、業務への関連性を明確化するためのコンテクストが準備されると、「外国の」言語が突然意味を持つようになったのです。

行動変化の最も強力な促進要因の1つは、新たに確立されたプラクティスが以前の状態よりも測定可能な改善をもたらしたという証拠です。変化を必要とする人は、その重要性を説得するためにも、これらの比較した証拠を持つ必要があります。

このような考え方に沿った画期的な出来事（つまり、データが「他人事ではない」ということ）として、入院時、退院時、または別病棟への転院時に、すべての患者の鼻腔を綿棒で検査するケースが劇的に増えた点を指摘することができます。この綿棒は検査室に回され、検査結果から患者がＭＲＳＡに感染しているかどうかがわかります。入院、転院、退院時は慌ただしく、多様な業務（複数の書類への記入、退院許可証への署名、投薬プロトコールの確認など）を伴うため、綿棒検査は常に見過ごされていました。

　統計と感染との間を点と点で結びつけることで、この綿棒検査プロトコールは宗教のように遵守されるようになりました。死亡患者も例外ではありませんでした（ＭＲＳＡと致死率との関連性の確認は、統計分析全体のなかでも重要な要素になります）。

　ロイド博士は次のような説明をしてくれました。

「看護助手が病院のドアから飛び出してきて、霊安室に向かう霊柩車に手を振って合図した時、私たちがプルトコール遵守を求めた心のシェアバトルに勝ったのがわかりました。彼女は息を切らしながら『止めて、止めて。遺体の綿棒検査をするのを忘れていたの！』と叫んだのです」

　残念ながら、車は気づかずに行ってしまいました。しかし、彼女は病棟に戻って、新たなフェイルセーフのプロトコール（訳注：ミスをなくすための手順書）を作成するということはしませんでした。それに代わり、数人の同僚および購買部門と協力し、綿棒をすべての遺体袋にテープで貼りつけたのです。いまでは、死亡患者の「最終的な退院」では、この綿棒検査は妥協することなく１００％実施されています。

石鹸やガウンの使用状況は、ＭＲＳＡ感染防止意識の効果的な先行指標になることが判明しました。ガウンの高い使用率は、警戒水準の高さを示しています。ＰＤ・ＭＲＳＡイニシアチブ実施前は月に３０００着だったガウンの使用が、実施後には月に２万４０００着にまで増加しました。

このことは、進行中の変化が極めて大規模であったことを示唆しています。ガウンの洗濯量が増加することにより、病院には月に12万５０００ドルの追加コストがかかります。しかし、患者１人のＭＲＳＡ感染を回避した場合、推定３万５０００ドルの節約効果が見込まれるため、トータルで見た場合、コストは削減されることになります。[10]

ＶＡＰＨＳでは、６カ月間にＭＲＳＡ手術部位の感染が15件減少しており、ＰＤ・ＭＲＳＡイニシアチブの前の同時期に比べて月に約40万ドルのコスト削減になっています。この数字には、入院期間の延長や治療、痛み、苦痛、死亡など、患者とその家族にかかる費用は含まれていません。[11]

実施策を自ら考えるように巻き込む

ＶＡＰＨＳでＭＲＳＡ撲滅イニシアチブを開始した２００５年７月～２００６年10月の間に、感染症の発生率は50％以上減少しました。[12] 新しい手指消毒用ディスペンサーが設置され、さらに重要なのは、それが病院全体で使用されていることです。バリア予防措置が厳格に遵守され、入退院時の全患者を対象とした積極的な感染検査は90％以上に達しています。

看護師、看護助手、清掃スタッフ、そして患者自身でさえ、いまでは手を洗い忘れた不注意な医師に優しく注意することができる雰囲気になっています。これは、わずか2年前には考えられないことでした。

ロイド博士は次のように語りました。

「２００５年８月のキックオフミーティングでは、１００人以上の病院スタッフに『この部屋のだれが病院の感染管理を担当しているのですか』と尋ねたら、４人の感染管理スタッフがその担当だとかれらは指摘したでしょう。２００６年10月、ＶＡＰＨＳで行われた同様の会議では、全く同じ質問に対して、部屋中の手があがりました。ＭＲＳＡ対策は全員の仕事になっているのです。以前よりもはるかに多くの進歩を遂げることができました」

そしてその理由について、ロイド博士は次のように説明しました。

「何をすべきかを教えるのではなく、実際に行う方法を自ら発見するようにかれらを巻き込むことに重点を移したからです」

行動の実践こそが知識を前進させる

ＰＤアプローチの欠点としてよく指摘されるのは、その規模を拡大することの難しさです。この告発に関しては、確かに有罪でしょう。あるコミュニティで発見された解決策を再パッケージ化し、簡単な解決策として別のコミュニティに提示することはできません（これは「ベストプラクティス」の展開であり、必ず免疫系の拒絶反応を引き起こします）。

病院はスピードアップを図ろうと努力しました。それにもかかわらず、トップダウンで衛生管理を強制した場合と比べて、ＰＤプロセスは遅いように感じられるかもしれません。この批判は、ウィンストン・チャーチルが「これまでに試みられてきた他のあらゆるものを除き最悪の政治形態である」として民主主義を批判したことに相当します。

やや時間がかかり、面倒であることはその通りですが、ＰＤプロセスが機能するのは、各コミュニティがオプトイン、オプトアウトの決定権を持っているからです。「コミュニケーション」や「知識移転」について一般に信じられている姿とは異なり、情報は社会のなかの生き物であり、新たな洞察が社会システムに定着しなければ、それは消滅する運命にあります[*13]。だからこそ、オプトイン、オプトアウトを前提とするＰＤプロセスは機能するのです。

ＶＡＰＨＳの疾病予防管理センターの担当者が発見したように、知識は行動を前進させません。むしろ、行動の実践こそが知識を前進（そして内在化）させるのです。このような反転とＭＲＳＡ統計データ改善の結果、ＶＡＰＨＳのスタッフと患者は、文字通り行動し考え方を変えていく最前線にいました。

２００５年のＶＡＰＨＳでのキックオフから3年間で、ＰＤ・ＭＲＳＡイニシアチブは米国とカナダの40以上の病院と医療センターに広がっています（コロンビアのメデリンでは試験的な取り組みが行われています）。いくつかの病院ネットワークがこのアプローチの使用を開始し、その適用は指数関数的に拡大しています。

米国最大の退役軍人病院のシステムは、現在、さらに5つのベータサイトでＰＤを試験的に実施しています。１６８の病院から構成されるシステム全体がこのアプローチの適用を受けています。米国で最もＭＲＳＡ率の高いメリーランド州では、現在、ＭＲＳＡ撲滅のためにＰＤを活用している病院のコンソーシアムが増えています。

ただし、ＰＤアプローチの持つ重要な特殊性が、それを模倣しようとする熱心な人々の妨げになっているという固有の難しさがあります。しかし、自己発見はＰＤプロセスには不可欠ですが、ある環境で学んだプロセスに関する教訓は、他の環境でも共有が可能であり、イニシアチブを加速させるために活用することができます（コラム「プロセスに関する教訓が進歩を加速させる」を参照）。全体的に見て、最も効果的なのは、ベトナムで最初に発見された「リビングユニバーシティ」のようなものになるでしょう。

コラム

プロセスに関する教訓が進歩を加速させる

退役軍人病院の5つのベータサイトでは、学習を加速させることができるプロセスの教訓が明らかになりました。最初に、ＰＤアプローチとＭＲＳＡへの応用に関する終日オリエンテーションに出席するため、15の候補病院からスタッフ（上級管理職と中間管理職、感染管理、看護・医療従事者を含む）がともに集まりました。

オリエンテーションの最後には、参加者に対し、必要な予算措置やスタッフの拘束時間、上級管理職の支援についてのアドバイスが行われました。参加者はそれぞれの病院に戻り、同僚とこのアプローチについて議論しました。その後、再び集まった参加者は、自分の病院でこのアプローチを適用するかどうかを決定しました。

この決定は上級管理職によるものではなく、ＭＲＳＡ撲滅に関心を持つ多くの利害関係者の話し合いによって決められたのです。これは、イニシアチブのオーナーシップを本来あるべきところに維持するために必要不可欠なことです。

すでに述べたように、退役軍人病院のうち5つの病院がＰＤ実施を選択しました。その普及は、病院チームと直接連携するＰＤコンサルタントのトレーナーのネットワークを通じて行われました。ＶＡＰＨＳで18カ月間にわたって苦労して学んだことは、3日間の「ＰＤファシリテーター研修」ワークショップで共有されました。それが適切である場合、得られた教訓は新しい病院でも採用されました。

　共有されたプロセスの教訓には、ＤＡＤを実施し始める最適な時期（＝研修直後）、キックオフに招待すべき人々のカテゴリー（たとえば、看護師や医師などの通常の容疑者ではなく、組織の横断面にあるすべての部署）、フィードバックループの重要性（決定的に重要）などの問題が含まれていました。特筆すべきなのは、これらの教訓の具体的な中身は、各病院でその独自の文化にもとづいて詰められたことです。この部分は、言語化して規定することはできないのです。

　ベトナムで最初に試みられたリビングユニバーシティのアイデアを参考に、病院のコアチームのメンバーは、施設内の2～3の病棟を選択して、リアルタイムでＰＤイニシアチブを試験的に実施しました。これらのベータテストにより、このＰＤプロセスに特有の傾聴とファシリテーションの手法をいくつか完成させることができました。たとえば、現場で注目を引くチョコレートプリンのようなシミュレーションです。そして、外部のＰＤトレーナーが見守るなか、実際のワークショップでそれらを試してみたのです。

　その後、アクションラーニングをベースにしたこの実験の評価が行われ、必要に応じて追加のスキルトレーニングが提供されました。これらが終了すると、病院の別病棟で開催される別のワークショップでさらなる実験を行うために出発していきました。その結果、ＶＡＰＨＳでは何カ月もかかっていたのにもかかわらず、その後に続いた病院では、数週間以内にＰＤが展開する段階に入ったのです。

30〜40分のDADセッションでは、既存のPDプラクティスや新しいアイデアが日常的に発見されているにもかかわらず、その多くのものが普及せずに放置されていることが時間の経過とともに明らかになりました。今日では、ファシリテーターは良いアイデアを発見したらすぐに掘り下げて「捕獲」し、それを行動に移しています。

このプロセスをうまく説明するものとして、「蝶を捕まえる」という表現が出てきました。これはPDの用語の一部となっています。

「蝶を見つけたらすぐに網を持って捕獲しなければなりません。他の蝶の調査が終わるまで待ってはくれないのです」

この比喩を実践すると、かなり戦術的な問題へと移行することになります。たとえば、「だれが部屋の手指衛生の標識を変えるのですか？　かれらはいつそれを行うのでしょうか？　だれのサポートや承認が必要なのでしょうか？」といった問題です。

現場が主体的に経営陣にデータを説明する

ＰＤプロセスを開始する前、ＶＡＰＨＳの各病棟の看護師長は、上級管理職から毎週「レポートカード」を受け取っていました。それは、その病棟がどれだけうまく機能しているかを測定するものでした。「悪い成績」は、比喩的には「校長室」に呼び出されることを意味していました。焦点は常に何が間違っているのかということにあり、大病院に典型的な他人を非難する文化と一致していました。

ＰＤイニシアチブは、「検察官」と「被告人」の関係をひっくり返しました。この新しいプロトコールでは、看護師長が経営陣からデータを受け取るのではなく、各病棟にトップマネジメント（最高医務責任者、感染管理責任者など）を招き、スタッフが月１回のブリーフィングを行うのです。

病棟スタッフは、かれらが準備した前月のデータをトップマネジメントにプレゼンします。そこでは、いま、何がうまくいっているかに焦点が合わされ、高い綿棒検査率と最小限の感染率が称賛されます。感染が発生した場合には、上司だけではなく病棟チーム全体が、感染原因の分析結果や、さらに重要なことには、それに対処するための行動について報告します。

経営陣から提示されたデータに「さらされる」ことから、それを分析し、主体的に経営陣に説明することへとシフトしたことで、変革が起こりました。これまでは罰則的で恐怖心を煽るような経験であったものが、ボトムアップから推進される積極的な問題解決プロセスへと変化したのです。

ロイド博士は２００５年の秋、私に電話をかけてきました。

「あなたはいま何が起こったのか信じられないでしょう。私はちょうどいま、ジェイン博士、感染制御部長と一緒にＶＡＰＨＳでのブリーフィングから戻ってきました。病棟の清掃係であるエディ・イェーツは、私たちにデータを提示したのです！　かれは、先月の統計すべてを説明しただけでなく、病棟に再入院してきた患者の可能な感染原因についても示したのです。かれは病棟でのＭＲＳＡ撲滅活動に深くかかわっていました。かれはデータの重要性を十分に理解していて、かれのユニットの仲間に選ばれて、病院の上司にデータを提示してくれたのです」

ＰＤ・ＭＲＳＡイニシアチブは、病院文化を変革するために設計されたものではありません。しかし、清掃係がスタッフのチーフにデータを提示したという事実は、まさにそれが生じていることを明らかにしました。エディの話は、私たちが以前に観察したある洞察を具体化するのに役立ちました。文化的・社会的変革は、ＰＤ介入の直接の目的ではないものの、多くの場合、副次的な結果として生じるということです。

具体的で測定可能なシステム全体の問題（ＭＲＳＡ撲滅など）に取り組むことで、人間関係が変化し、既存のネットワークが拡大し、権力と権限がより広く分散し、組織がフラットになり、コミュニケーションの質、量、ノードが増殖し、改善されました。その結果、組織文化も同様に変化していったのです。

おそらく、ＶＡＰＨＳ（そして程度の差はありますが、ＰＤ・ＭＲＳＡイニシアチブにかかわっている他の40以上の病院や医療センターでも同様）における組織文化変革の最も顕著な事例の１つは、病院組織に君臨する少数のリーダーから、スタッフや患者の非公式なネットワーク全体へと力関係がシフトしたことでしょう。分権化することで、ＣＤＣや外科医長からのトップダウンの督促以上に、患者、用務員、ソーシャルサービス・アシスタントが、ＭＲＳＡの結果に集団的に、そして指数関数的に大きな影響を与えることが可能になったのです。

しかし、影響力のフローを変えることは容易ではありません。特に、権力とコントロールを失いつつあると認識している人たちにとっては、そう簡単にはいかないでしょう。ＣＥＯ、最高医療責任者、医師、看護師、なかでも感染管理の管理者といった関係者です。

感染管理の管理者というタイトルには、２つの管理（コントロール）という言葉が含まれています。失いつつあるのはこの２つのなかの１つに過ぎませんが、それは「感染管理」という肩書きを持つ人のアイデンティティのなかではかなり大きな割合を占めています。「答えを持つ」ということは、長年の訓練によって準備されてきたことです。

さらに、最も重要なことは、「答えを持つ」ことによって、かれらは報酬を得ているのであり、契約更新や昇進の基礎となるものです。既存の解決策のない問題が発生した場合、迅速に解決策を見つけるのがかれらの仕事です。

結局のところ、人の命がかかっているのです。仕事の内容や考え方を根本的に見直さないかぎり、これらのポジションにいる人々が、主要な問題解決者、フィクサー、専門家、意思決定者としての役割を手放すことを期待するのは非現実的です。

組織全体で、かれらが自らの存在意義に疑問を抱かせるように仕向けることになりかねません。内部関係者は、部下のグループに会い、かれらにＭＲＳＡ関連の問題の解決策について意見を求める際、耐え難いほどの困難に遭遇したことを何度も報告しています。

答えが明らかなのにそれを言わないのは、「いまにも出そうなくしゃみを止めるよりも難しい」とある感染管理の管理者は表現していました。かれは続けました。

「質問をするために余分な時間を取ることは、答えを提供する場合よりも、多くのセルフコントロールと訓練が必要でした。スタッフに解決策を考えてもらうために無駄にしていると思っていた余分な時間が、実際に解決策が提案されると、その素早い採用につながることに気づきました。時間を無駄にしていたのではなく、節約していたのです」

ＰＤでは、「ゆっくり行くことによって早く行く」とかれは締めくくっています。

参加者が解決策を考える20秒ルール

私たちは、ＰＤ・ＭＲＳＡイニシアチブの初期実施段階にあるベータサイトの病院の1つをＰＤコアチームと一緒に訪問していました。反対側を通りかかった数人の看護師が、冗談半分に、しかしユーモアを交えて、「ねぇ、ＰＤのゲシュタポが来てるわよ！」と言っていました。別のベータサイトとの隔週での電話の会話のなかで、ＰＤのコアチームは何人かの同僚から「ＰＤナチス」と呼ばれていることを恥ずかしそうに認めました。直接的な指示を与えないＰＤファシリテーターにとっては、あまり好ましいイメージではないでしょう。

　関係者が解決策を自ら発見するために「権限の空白」を作るという概念そのものが、ＰＤファシリテーター業務の中心テーマとなります。私たちがＶＡＰＨＳで働き始めた時、病院について何も知らなかったからこそ、他の人が解決策を考え出すための空間を作ることができたのです。ＭＲＳＡと病院に関する私たちの専門知識の欠如が、最初からスタッフが埋めようとしていた「かれらのプログラム」の空白を作り出しました。

　私たちには何ら答えがなかったので、それを提供しないというのは簡単なことでした。しかし、答えを持っている経験のある人たちが、それを提供したいという衝動に抵抗するのはもっと大変なことです。ベータサイトの病院の１つでは、ＰＤコアチームはこの困難な仕事を認識しており、遊び心を持って自分たちのグループを「舌噛み屋」と呼ぶことにしました。

　ロイド博士は、かれの愛すべき自虐的な方法で、他の人が物事を発見できるようにするために、かれの外科医としての手際良い、しかししっかりとした舵取りのコントロールを放棄するための自分自身の闘争を語りました。

「私たちが最初にＤＡＤを始めた時」と、かれは恥ずかしそうにニヤリとしながら始めました。

「私たちはファシリテーター候補とのやり取りのプロセスを実演するため、セッションをビデオ撮影することにしました。皆でビデオを見直した時、私は愕然としました。私が質問をするたびに、5秒以上の一時停止があったら、私が口をはさみ、正しい答えを言っていたのです。私がほとんどの話をして、参加者の代わりに言葉を出していたのです。

ビデオ編集者はずっと私を見ていて、私が自分の質問に勝手に答えた後、親指を下げて『うーん、それはカットしたほうがいいと思うよ』と言っていました。すべての編集が終わり、セッションのあるべき様子をうまく伝えるかなり良いビデオが出来上がりましたが、実際に撮影した発見や行動の台詞とは全く似ていませんでした。これは屈辱的な経験でしたが、私のような単純な『更生したＭＲＳＡ伝播者』でさえも、そこから学ぶことができました」

ロイド博士の啓示の結果として（この啓示は、驚くほどのことではないですが、他のベータサイトの病院で働く「常にコントロールされている」同僚のほとんどに評価されました）、「20秒の深呼吸と沈黙」というＰＤマントラが出来上がりました。あなたが答えを知っていて、無言の他の人のグループからそれが現れるのを待っている時に20秒は永遠に感じられます（ハッピーバースデーの歌をすべて歌い終わるのに十分な長さです）。

「20秒ルール」は、すべてのＰＤ・ＭＲＳＡイニシアチブにおけるファシリテーターの標準的な運用手順になっています。ファシリテーターが自分で決めた20秒間の沈黙の間、ＤＡＤ、病棟ブリーフィング、またはＰＤコアチームミーティングでは、質問された参加者がこの沈黙を破ります。自然は真空を嫌いますが、明らかにここの医療従事者の半分はそうではありません。

訳者解説４　ＰＤとトヨタ生産方式

本章はＶＡＰＨＳでの衛生管理の事例であり、内容的にはかなり企業経営に近いものになっています。この病院ではＭＲＳＡの院内感染を抑えるため、トヨタ生産方式（ＴＰＳ）を採用した衛生管理を実施し、高い成果を上げていました。しかし、これを関連する病院ネットワークに普及させようとした時、大きな壁にぶつかることになります。ＶＡＰＨＳという限定されたところでは成功していたのですが、それ以外に普及させることはできなかったのです。

そこで責任者のロイド博士が目を向けたのがＰＤでした。結果として、ＰＤアプローチにより、米国とカナダの40以上の病院と医療センターでもかなりの改善が見られました。その違いは何なのでしょうか。

まず相違点の前に両者の間に共通点が多く見られることが指摘されています。特に重要なのは、現場重視の継続的な学習システムという点です。トヨタの有名な改善活動もその１つです。トップダウンでなく現場の作業者が自律的に改善に取り組み継続的に学習する仕組みになっている点ではＰＤと共通し、そしてそこが他のトップダウンの経営手法との大きな違いになっています。

その一方で、トヨタの組織は、現場が主導的に活動し、トップはそれを支援する役割を担うというういわゆる逆さまのピラミッド構造を前提とするのに対し、ＰＤは必ずしもそれを必要とはしないというのが大きな違いになります。それに加え、十分な予算と時間、適切な環境があればＴＰＳは機能するとも指摘されています。

実際ＶＡＰＨＳの２つの病棟ではＴＰＳは機能していたのです。しかし、「温室」から「ジャングル」へと環境が変わると、途端にそれは機能しなくなります。そこでは従来のピラミッド組織構造が存在し、現場主導型学習システムの推進が難しくなるからです。そのため、トップの関心がＴＰＳから他のものへとシフトすると、現場ではＴＰＳは見向きもされなくなるということが起こりがちなのです。

ＴＰＳは多くの場合、本章でも指摘されているように、生産現場のような継続的、反復的なルーチンに適用されます。そのため、そのルーチンに現場での裁量が十分に与えられていればＴＰＳは機能します。しかし、断続的かつ非反復的な非定型業務にはＴＰＳは適していません。それに対し、ＰＤはまさにそのような業務こそターゲットにしています。

ＰＤ活動は日常業務とは別の活動であり、既存の業務、ライン構造を前提とした上で、ＰＤのボトムアップ・アプローチを適用することができます。これがＶＡＰＨＳ以外の病院でもＰＤが成果を出した大きな理由です。そして、その意図しない結果として、組織構造自体がフラット化していくことになりました。

しかし、これはＰＤの当初の意図ではなく、あくまでも副産物です。重要なのは、既存の組織構造や仕組みを温存したままで、ＰＤ活動を実施することができるという点なのです。

第5章

早い段階での勝利、浪費された利益

製薬メーカーのメルクは、企業でＰＤプロセスを本格的に適用する最初の機会となりました。世界で最も成功している製薬会社の１つであるメルクの医薬品は１４０カ国以上で販売されており、世界中で約6万人の従業員を雇用しています。同社は、マネジメントに優れたグローバル企業の事例として言及されることもしばしばです。[1]

リチャードは、同社におけるメキシコでの試験的な取り組みの成果と、その後の驚くべき展開について明らかにしていきます。

解決課題

骨粗鬆症の特効薬の業績不振

２００５年の夏、長い間ウォール街の寵児であったメルクは、暑さが身に染みる状況にありました。何十年にもわたって大型新薬を世に送り出してきた同社ですが、ここ5年間は低迷していたのです。バイオックス（Vioxx）は同社の収益源として非常に重要な製品の1つでした。しかし、副作用の可能性があるとの外部からの指摘があり、ＦＤＡ（アメリカ食品医薬品局）の調査を経て、自主回収されていました。[2]

メルクは、利益を上げなければならないという大きなプレッシャーにさらされていました。縮小するパイプライン（新薬候補）を埋めるため、有望な企業を買収し、その特許を活用するためには、高い株価収益率を維持することが必要不可欠でした。

このような戦略的課題は、社内にも浸透していました。しかしながら、特許が有効な医薬品は、ほんの一握りに過ぎませんでした（それによって高い利益を上げていました）。その後、いくつかの医薬品の特許はすぐに切れ、ジェネリック医薬品と競合することになりました。縮小する利益率を補うために、市場シェアを拡大することが優先されました。

メルク・メキシコは特に問題を抱えていました。骨粗鬆症の「特効薬」であるフォサマックス（Fosamax）の業績不振が、白いシャツのインクの汚れのように目立っていたのです。メキシコは、同社の医薬品を販売している世界中の国のなかで最下位に位置しており、経営陣はこの業績低迷を是正することができない状況にありました。頻繁な本社からの問い合わせがあり、緊張が高まっていました。雇用の危機に瀕していたのです。

これまで割礼から栄養失調に至るまで、難治性の社会的病の数々を目のあたりにしてきましたが、そのような観点からすると、「フォサマックス問題」は一企業の体調不良に過ぎず、取るに足らない問題に見えるかもしれません。蓼食う虫も好き好きです。最悪の状態にあるフォサマックス問題に手をつけようとすれば、病院でのＭＲＳＡ削減のごとく抵抗がありました。キャリアはそれに依存していたのです。

目に見えないところには、もっと根本的な課題が潜んでいました。この問題は正攻法では解決できないため、メルク・メキシコはその根強い組織文化やトップダウンの指揮命令系統に手をつける必要がありました。この取り組みは、政治的リスクを伴うものであったことは間違いありません。企業の免疫防御反応は、外部侵入者を撃退するように作用するでしょう。

本社のなかには、既成概念にとらわれない答えを探し求める者もいました。ファスト・カンパニー誌に掲載されたＰＤに関する記事が、中南米におけるメルク医薬品事業の副社長であるグレイ・ワーナーの目に留まりました。

かれの担当地域はメキシコからティエラ・デル・フエゴにまで広がっていました。ワーナーは、製薬業界の伝統的なビジネスモデルは壊れており、再構築が必要だと考えていました。大型新薬が特許切れを迎え、ジェネリック医薬品と収益源を食いつぶしているなか、新薬投入はもはや期待できません。むしろ営業やマーケティングでブレイクスルーを起こしていくことで、既成概念にとらわれない問題解決が可能かもしれません。

メルクは病院や医師との関係を抜本的に変革し、市場シェアを獲得することができるでしょうか。メルクは、単なる医薬品の提供者から、信頼されるヘルスケア・クラブのメンバーになることができるのでしょうか。

「何を試すかは、あなた方にお任せします」

２００５年の夏、ワーナーはこの課題を拡大幹部会議で提起し、ＰＤの適用を提案しました。私たちはこれまでに、ＰＤプロセスの統合性を保つためには招待が重要であることを指摘しました。ワーナーは、この取り組みへのオプトイン、オプトアウトの選択ができることを集まった人たちに明確にしました。ほとんどの参加者は棄権しました。暫定的に、メキシコの営業マーケティング担当ディレクター、アンドレ・ブルズアルが興味を示しました。かれの苦境はＰＤを必要としていました。ブルズアルは、フォサマックスの売上改善のためにメルクにあるあらゆる手法を使い果たしており、ＰＤは最後の手段だったのです。

２００５年2月、かれはメキシコシティで開催された第4地区マネジャー会議でＰＤを試験的にテストするというアイデアを提案しました。質素な会議室は、教室のような構成になっていました。ブルズアルは、身長１８０センチの角刈りにしたベネズエラ人で、カリスマ性があり、活気に満ち溢れています。積極的に行動するタイプの男で、部屋中をエネルギーで満たしています。かれのキックオフは、明らかにその性格に似合わないものでした。

「これは、私ではなく、あなたたちの情熱で推進していくものです」とかれは言いました。訝しげな表情の参加者たち。というのも、かれがいままで部下の気まぐれに頼ったり、「情熱」に導かれたりした例はなかったからです。

だれもがボールを持って走ろうと誘われたことを覚えていないし、ほとんどの人がそのようなことになるとは信じていませんでした。多くの人は、ＰＤがどのように展開されるのか懐疑的でした。メキシコで２２４人以上の現地営業担当者からなる営業部隊を管理していた41人の地区マネジャーのうち、半数が手をあげ、ＰＤとは何かを学びたいと申し出ました。

翌日にはオリエンテーションが行われ、開発途上国での成功例やコンセプトが紹介されました。そして、ブルズアルは前代未聞の呼びかけで締めくくりました。

「さて、ここで、ＰＤのアイデアを試すかどうか、何を試すかは、あなた方にお任せします」

「これはメルクではないということを誇張してもし過ぎることはありません」と、この地域のチーフスタッフであるデビッド・ライモンドは述べています。

「それは、グラス半分の空になった部分に相当します。従来の解決策は、売上が悪いと何か問題のあるところをターゲットにして、トップダウンの改善プログラムを課していました」

ライモンドは続けます。

「このようなプロセスのスポンサーとして、アンドレほどの不適任者を見つけることはできないでしょう。アンドレは、スペイン語訛りのパットン将軍でした。部下たちには強いコミットメントとフォロワーシップを要求していました。しかし、今回、かれはＰＤの基本原則であるボトムアップ・プロセスに屈したのです」

それは、ブルズアルが必死だったからで、自らの信念を捨て、ルールに従がったのです。かれは、参加者に呼びかけた後に続く、長い嫌な沈黙をひたすら待ち続けました。ようやくだれかが口を開きました。最終的には、参加者たちは、自分自身の課題とそれに取り組むための方法について検討することになりました。

当然のことながら、ＰＤイニシアチブの焦点はフォサマックスでした。先に述べたように、フォサマックスの売上と市場シェアを高めるために実施した一連のマーケティング・キャンペーンでも、その業績改善にはつながらなかったことが証明されていました。世界の売上額は32億ドルであるにもかかわらず、製品の寿命は半分が過ぎ去っていました。その特許期限は２００８年だったのです。

フォサマックスは、メルクの医薬品のなかでも数少ない大ヒット大型新薬の１つであり、その有効性が証明されているため、売上が確保できるかぎり、高い利益率が保証されていました。ブルズアルは、ジェネリックの代替品によって収益機会が閉ざされる前に、業績回復のきっかけをつかむ必要がありました。

メルクは全社的に成果主義が浸透した企業であることを理解しておくことは大切です。同社は、あらゆるものに対して測定指標を持っています。たとえば、「製品進化指数」です。スコアが１００であれば、製品が市場と同じくらいのスピードで成長していることを意味します。フォサマックス・メキシコは、１９７０年代は得点を上げていました。つまり、言い換えれば、それ以降は競争に負けているということです。

41の地区（各地区は6人のＭＲ（医薬情報担当者）と1人の地区マネジャーで構成）のうち、ノルマを達成し、市場シェアを維持していたのはわずか6つだけでした。ＰＤの視点から見ると、これらのポジティブな逸脱は観察可能な事実でした。各地区のマーケティング予算、営業カバレッジ、顧客属性はほぼ同じだったため、これらの地区は例外的に優れた成績を収めていたことになります。この乖離をきっかけに、地区マネジャー（ＤＭ）はＰＤのコンセプトを試すために動員されました。

「ＰＤは確かに斬新なアプローチを解き放ちました」とブルズアルは言います。

「私は、初めて、答えを与えるのではなく、草の根から答えを探していたのです。しかし、それは時間がかかり、苦痛でした。ワークショップの2日目に戻ってきたのは半数の地区マネジャーだけで、そのほとんどがＰＤの手綱を取ることに消極的なようでした。その理由を考えたところ、私たちは古典的な条件づけの産物だということに気づきました。20年以上ここにいて、ほとんどの解決策は上から来ます。異なる答えを見つけるなら、異なるアプローチをすれば良かったのです。しかし、私はこの組織の文化をひっくり返そうとしていたのです」

ボトムアップ・プロセスを拒む暗黙の雇用契約

ここで話を一旦停止してみましょう。ブルズアルの話は、地区マネジャーたちに対して、かれらに大きな発言権や裁量を与えるＰＤプロセスに取り組むことへの躊躇を生み出しました。なぜでしょうか。企業は暗黙の雇用契約を行い、そこでは報酬やキャリアパス、雇用の安定性と引き換えに、従業員には貢献や権限への服従が求められるからです。

事実上、私たちは個人の裁量、自由、独立した行動の範囲を、企業のメンバーシップの代償として取引しているのです。ＤＭがイニシアチブをとることに消極的であることからもわかるように、この「契約」は深く根づいています。そしてそれを変えるには、経営者だけでなく従業員によるかなりの努力が必要です。

だからこそ、本当のボトムアップ・プロセス（ＰＤアプローチのようなもの）は、簡単には取引されないのです。従業員は、流れに乗り、指示に従うように条件づけられています。したがって、いまの契約を破棄し、海のものとも山のものともわからない新たな契約に合意し、不信感や報復の恐れを払拭するには、強い経営者の信念（および言行一致の行動）が必要です。

ボトムアップによる変革は、現場からリーダーシップを発揮することができるような権限構造になっていれば、はるかに容易になります。これは、ノードストロームのような高業績の小売業者や、オハイオ州マリスビルのホンダ、カリフォルニア州フリーモントのトヨタの合弁工場ヌーミのような日本の自動車メーカーの工場移転の事例からも明らかです。しかし、これは大部分の欧米企業ではあり得ないことで、メルクでは明らかに異端なものでした。

また、ブルズアルのように「参加型」マネジメントを選択する場合、政治的リスクに直面することにもなります。抵抗勢力による妨害は隠すことができません。それは、震源地から遠く離れた場所にまでおよぶ不均衡を生み出します。「アンドレがメキシコで何か変なことをやっている！」と噂になってしまうのです。そのようなゲリラのリーダーを守ることが決定的に重要です。

権限を持つマネジメント（この場合は、グレイ・ワーナー（ブルズアルの上司）とブルズアル自身）は、現場を支援し、抵抗勢力からイニシアチブを守り、かれらのコミットメントが本物であることを明確に示すことで部下の疑念を払拭する必要があります。マネジメントは現場介入を自制し、課題が重要なものであることを認め、それは自分たちでは解決できないことを説得しなければなりません。

ところで、このような行動は、多くのマネジャーにとっては、暗に自ら無能であることを告白しているようなものです（「あなたは上司であり、答えを持っているために多くの報酬を得ている」という暗黙の前提の下で）。ボトムアップ・プロセスは、伝統的な組織のなかでは不自然な行為で、均衡を乱すものです。そして、その成果は何ら保証されていないのです。

名誉挽回のチャンス

ワークショップの後、５人の地区マネジャーからなるコアチームが集まり、次のステップについて話し合いました。１人はこう回想しています。

「私たちはそこに座ってお互いを見つめ合っていました。私たちは何をしようとしているのでしょうか。確かに、私たちは、ＰＤがどのように機能するかについては理解しました。でも、それがここで機能するのでしょうか？　懐疑的な見方は、メルクに長い歴史のなかで根づいていたマネジメントの仕組みに由来するものです。これは今月の流行に過ぎないのではないでしょうか？」

信念体系は、変化の可能性を排除します。この障害との決定的な出会いは、マリで子どもたちの栄養失調や病気の発生率が高いという問題に取り組んでいる時でした（コラム「業績不振は魔術師の責任？」を参照）。

「私たちは気合が入っていました」と、あるチームメンバーは述べています。

「タイミング的には、私たちは危機的状況にありました。メキシコには名誉挽回のチャンスがあったのです。ＰＤは私たちのベスト・パフォーマーに焦点を合わせているので、魅力的でした。その奇妙なアイデアは、うまくいっていない人を非難するのではなく、うまくやっている人を称賛するということにありました。ＰＤの魅力は、それがベストプラクティス（上司が別の場所にいる他のだれかの成功を模倣するように皆を鞭打っているようなもの）ではないということです。ＰＤがアピールしたのは、私たちが自分たちのために解決策を見つけ出すことができるということです」

コラム

業績不振は魔術師の責任？

メルクとマリは、ほとんど共通点がないように見えるかもしれません。「魔術師」以外は。サハラ以南のマリでは、子どもの病気や乳児の死亡率が高いのは村の魔女のせいだとする信仰が広まっていました。「魔術師」の意志は不変であり、村人たちはこれを疑うことなく生活の事実として受け入れていました。いかなるものも魔術師の呪文に勝つことはできませんでした。変化は不可能と思われました。

広範囲に広がる栄養失調に取り組むセーブ・ザ・チルドレンの代表者は、ＰＤプロセスにコミュニティを巻き込みました。ベトナムと同様、このプロセスの出発点となったのは、反転質問でした。

「栄養の行き届いた子どもたちのいる家庭はありますか？」

村人たちは、村の数人の子どもたちが、実際にほとんど病気せず、無気力でもないことを認めていました。その後のプロセスのなかで、健康な子どもの両親は、病気の子どもの両親とは異なる行動をとっていることがわかりました。大部分の親たちは食べ物を薬として捉えていなかったのに対し、ＰＤの家族は両者の関連性を認識していたのです。

子どもたちには昼間のおやつが追加で与えられ、家庭内の全員が石鹸と水で手を洗っていました。また、健康な子どもの父親は食事の時間にも積極的にかかわり、子どもが診療所に行く必要があるかどうかを決めるのを手伝っていました。通常は、祖父だけがそのような判断を下していたのです。

栄養失調の子どもたちの親たちが、隣人たちの常識に反した行動を見習うようになると、自分たちの子どもたちも健康になっていきました。半年後に子どもの健康状態を再評価することで、コミュニティ全体にＰＤから得た啓示を定着させていきました。かれらは、カロリーやビタミン、細菌汚染物質を理解することで子どもたちの健康状態を回復したのではありません。むしろ、かれら自身の経験と文化を通して変化を内在化したのです。魔法をかけられていた祖母は勝利を宣言しました。

「我々は魔術師を退治したのです！」

マリの現場の状況は企業の世界でも類似しています。メルク・メキシコでは、フォサマックスの業績不振やその回復の責任を経営陣に押しつけた噂話を想像することができます。

「本社のせいで非生産的なことをやらされている」「気にするな、上司がすでに答えを持っている」といった迷信は、企業の魔術師を妄信する、マリの村人たちのディルバート版です（訳注：ディルバートは、スコット・アダムスの風刺漫画の登場人物である企業の技術者）。

メキシコシティでの転機は、非難のゲームと自責の念に駆られた無力感から、現場で起こっていることの学習へと道を譲った時に訪れたのです。

「私たちを担当させたことで、いつもの受動的な抵抗を回避することができました」と、もう１人のメンバーであるヘクター・ルイズは述べています。

「トップダウンの命令を受けた時、私たちはいつも、ブルズアルと交渉して他の仕事の負担を軽減することを求めます。しかし、この場合は私たちが主導権を握っていたので、余分な仕事量と引き換えに相殺を求めることはできませんでした。だれが何をするかは私たち次第なので、私たちは余分な仕事を予算とカレンダーに吸収していきました」

計画を策定し、スケジュールを決めた後、すぐに予定より遅れが生じました。本社では、淀んだ池のなかの藻のように懐疑的な意見が飛び交いました。「地区マネジャーは興味がない」と社内では囁かれていました。しかし、ブルズアルは平静を保ちました。

「もう少し冷静になってください」とかれは言いました。

「かれらの優先順位が混乱しているだけです」

5月までに、あるチームがフォーカスグループを実施しました。

「これが他のチームにも火をつけました」と語るのは、地区マネジャーのナカウマ・タケシです。

「私たちが第１段階を終えた時には、全国２２４人の営業担当者のうち4分の3に話を聞いていました。データからは、共通のプラクティスのベースラインが明確になりました。また、ＰＤの可能性があると思われるＭＲの話を何度も聞くようになりました」

優秀な営業担当者はルールブックを捨てていた

１カ月後、メキシコシティには全国から２００人の営業担当者が集まりました。改築したホテルのボールルームには、期待と懐疑が入り混じった雰囲気が漂っていました。ＰＤの概念とベトナムでの適用についての簡単な説明の後、フォサマックスの売上データをコード化した表が配布されました。表の営業担当者の氏名と地区番号の欄は空白のままでした。

「このデータは、良いことも悪いことも醜いことも示していました」と、その場にいたＤＭの１人は振り返ります。

「だれもどの営業担当者がどれに該当するのか見当がつきませんでした。地区マネジャーにもそのことはあらかじめ知らされていないことは、営業担当者にもすぐに明らかになりました。８人からなる自発的グループでは、営業担当者は、業績の高い地区を特定し、より良い結果につながるプラクティスを考えるように求められました。重要な気づきはポストイットに書き込まれ、クラスターごとに整理されました」

メルクは、従業員（すなわち、知性の個々のノード）の創意工夫と実践的な現場知識を活用したプロセスを展開していました。この種の取り組みが成立するのは、十分に野心的で緊急性の高い探索が行われ、人々が自分の参加が成功にとって決定的に重要であると信じているような場合です。

いったん取り組みが始まれば、社会システム（通常業務に適した硬直的なパターン）は、ＰＤプロセスを通して、そのエネルギーを活用し、通説に挑戦することができます。実質的には、グループは鏡に映った自分たちを見て、何が意味のあることかを決定し、それに対して何をすべきかを決定します。

変化が意味を持つためには、「変化が必要とされている」という知的な認識と、変化を可能にする新たな行動との間の橋渡しをしなければなりません。先に述べたように、後者の新たな行動の発見には社会的コンテクストの変革が必要です。ブルズアルは知らず知らずのうちに、ＤＭに主導権を握らせることで社会システムを再構成していたのです。

ＤＭはその後、その仕事を営業担当者に委託しました。その結果、「マネジメントは、袖のなかに答えを隠し持っていない。それは私たちにかかっている！」ということが明らかになったのです。営業担当者は、データを解釈するためには自分たちの助けが本当に必要だと考え始めました。

営業担当者がこのＰＤループのなかに加わったので、２回目の現地調査を実施する段階になりました。今回は、地区マネジャーが潜在的ＰＤを選定し、２人１組で地区マネジャーが各都市を訪問しました。かれらの任務は、例外的なプラクティスに焦点を合わせることでした。

コアグループのナカムラ・タケシは、こう振り返っています。

「ＰＤにインタビューするのは、パンくずの跡をたどるようなものでした。平均的な営業担当者がルール（マネジメントの営業生産性チェックリスト）を守っているのに対し、例外的な人たちはルールブックを捨てていたのです。驚くべきことです。かれらは臨機応変に医師とやり取りし、関係性を深めていたのです」

ここで裏話をしておきましょう。メルクの営業マネジャーは、地理的に分散した販売部隊を管理する上で、「十戒」として崇められている一連のルールを採用していました。そのなかでも次の2つの項目については、特に厳格にモニタリングされていました。すなわち、①医薬品カテゴリー別の販売量（営業担当者のパフォーマンスの指標）、②「7回ルール」（営業担当者は生産性指標の目標を達成するために、1日7回の営業電話をかけなければならない）です。

地区マネジャーは、このルールの執行者です（そのため、営業担当ではなく、地区マネジャーがPDプロセスの中心となり、インタビューを行ったのです。アンドレ・ブルズアルは、営業担当者自身よりも、地区マネジャーこそがマインドセットと行動を変える必要があると確信していました）。

インタビューでは、メキシコの各地には顕著な業績を上げている営業担当者が数人いることが確認されました。具体的には、生産性を向上させるための斬新で即効性の高い方法、想像力に富んだ製品ポジショニング手法、医師から高い信頼を獲得できる個人的な接触、などを実行している人たちです。

組織のなかでは無数の意思決定が行われ、その集合的な結果として組織の方向性が決定されます。これらの内在化された「真実」が描く弧は、形として目に見えるものではありませんが、決して消えないものです。

「上層部に面白いと思ってもらうためには、機会はどのくらい大きくないといけないか？」

「予算はどのように交渉すべきか？」

「分析はどのようにして財務予測に翻訳され、その予測は機会にどう影響するのか？」
「財務目標を達成できなかった場合、どのような結果になるのか？」
「失敗した場合は？」

これらの問いに対する解釈は、「ここでの仕事のやり方」に関する従来の常識を補強します。[*3] 状況に適応するため変化が必要になった場合、社会システムに埋め込まれた捉え難いこの底流は、必要な変化をじわじわと破滅へと追いやり、根絶します。企業、特に成功している既存企業は、過去に効率的に機能していた信念体系に囚われ、新たな現実に適応できていないことが多いと言えるでしょう。

コアチームのメンバーであるファ・レオはつけ加えます。

「当初、営業担当者たちは、私たちのインタビューは『上司を中傷する』ことを目的としたものだと感じていました。

メキシコシティに参加したことで、それが変わり始めました。かれらは、私たちの焦点が上司の行動ではなく、現場での行動にあることを理解し、声を上げ始めました。

『おい、これはありのままを言うチャンスだ』

私たちは、かれらのルールに反するような行動を聞くようになりました。かれらは、自分たちが実際にしていることは、マネジャーが考えていることとは違うと話してくれました。私たちは、地区マネジャーが現場をほとんどわかっていないことに気づきました。たとえば、営業担当者は携帯情報端末を使って売上を記録し、顧客のプロフィールを作成することになっています。これはメルクのルールです。しかし、かれらは次のようなことを語りました。

『私たちは使用していません。それはただの本社報告用のデバイスに過ぎません』

『携帯情報端末にデータを入力する時間は、医師との商談の時間を奪ってしまいます』

目から鱗が落ちました」

この第2ラウンドのどこかで、多くの地区マネジャーは啓示を受けました。創意工夫を凝らし、顕著な成果を上げている営業担当者が多くいたのです。その時、かれらの多くが信者へと変わりました。いままで見えていなかった有益な営業のコツを発見したのです。

ある地区マネジャーは、次のように驚きを表しました。

「とても面白い経験でした。最初はショックでした。『携帯は重要ではない！』。それは異端だ。『マーケティング資料は関係ないだって』。しかし、それらが腑に落ちてくると、私たちの生産性指標の非効率な副作用についての洞察が得られるようになってきたのです」

７回ルールが間違っている？

地区マネジャーは、15人のＰＤ候補者と面談した後、そのアプローチの再現性が最も高いと思われる12人のＰＤ候補者に絞り込みました。しかし、これらの「ベストプラクティス」を宣言する代わりに、すべての営業担当者を再招集しました。

会場はメキシコシティのロイヤルホテルのボールルームでした。２００人以上が小グループに分かれて出席しました。テーブルはなく、各グループにはフリップチャートが用意されていました。発見された共通のプラクティスと、そうでないものが議論されました。１日中、ＤＭは次のように強調しました。

「これはあなたたちのものです。やるかやらないかはあなたたち次第です」

営業担当者や地区マネジャーも含め、多くにとって最大の驚きだったのは、「7回ルール」が邪魔をしているということでした。１日に3回しか電話をしないＰＤは7回の電話をする営業担当者よりも常に成績が良かったのです。このルールは、実際にフォサマックスの成績を悪化させていました。

いくつかのサブグループには、その輪のなかにＰＤがいましたが、メンバーもＰＤもそれを知りませんでした。議論の話題が例外的なプラクティスの1つに移ると、知らないＰＤは「えっと、私はそれやっています。医師にプレゼントを渡しています。それって普通のことじゃないですか？」と言ったかもしれません。残りのグループメンバーは「いや、全然そんなことしていません」と答えるでしょう。

もう１人のＰＤは、顧客の教育に力を入れていました。メルクが主催する講演会の招待状を規則に従がって医師に送るのではなく、かれは、アジェンダが設定される前に医師に電話をかけ、トピックスのアイデアを募り、イベントの設計に参画してもらい、パネル討議に参加してもらうようにしていました。

多くの人が「すごい！」と感激したことでしょう。医師との関係を成功させる秘訣は、「ちょっとしたこと」を工夫することです。バースデーカードを送ったり、医師の息子の卒業式に出席したり、別の地域から好きな食べ物を持ってきたりといったことです。営業担当者はお互いに学び合っていました。多くのギブアンドテイクがありました。地区マネジャーはオブザーバーとして参加し、グループ討議の邪魔をすることはありませんでした。

このセッションの最後には、すべての営業担当者が、月曜日の営業から実行する行動計画を作成する時間が設けられました。

雨が降っていて、メキシコシティのラッシュアワーの交通渋滞（最高の日に似つかわしくない）を考慮して、スポンサーは午後3時に帰宅できるようにセッションを中止することを決定しました。しかし、ほとんどの人が5時半まで滞在し、個人的な行動計画を完成させました。会議は、２００人の個人が自分の状況に合った例外的な行動にコミットして終了しました。

結果は並外れたものでした。プロジェクトが開始された年の終わりには、すべての地区でノルマを達成しました。１年後には、同じ営業担当者たちが30％増のノルマを達成したという異例の成果がありました。

地区マネジャーは、義務やコンプライアンスからではなく、自発的にＰＤの行動を採用しているベテラン営業担当者の姿を目のあたりにしました。以前は「例外的」だった多くの行動が、それ以来、一般的なものに変わりました（ＰＤアプローチの属性の１つは例外的な行動が残り続けることです）。「７回ルール」はいまではガイドラインに過ぎないものになっています。その後、多くのＰＤが昇進しましたが、これはかれらの成績とプロセスを通じてかれらが可視化されたことによる副産物です。

積極的に参加した25人の地区マネジャーのほとんどが、自分たちの外見や経営哲学に変化があったと報告しています。

なぜ成功体験が広がらないのか？

このような素晴らしい印象的な結果にもかかわらず、メルクがＰＤを成功させたのは、メキシコのフォサマックスの営業部隊に限られていたというのは驚きかもしれません。

なぜでしょうか。ブルズアルが指摘するように、ＰＤを支援するには、権限を委譲し、解決策が発見されるまで現場に介入しない経営者が必要です。コミットメントを引き出すためには、ある朝起きて、ＰＤの実施を決定すればいいというものではありません。適応課題に取り組むという政治的な意志が必要です。

「ほんの一瞬だけアンドレはすべてをお膳立てしていました。グレイ・ワーナーや本社のかれのチームは支援者で、全員が賛同していました」とファ・レオは述べています。

「しかし、他の医薬品や地域を担当する事業部の責任者は、このアイデアを受け入れませんでした」

「その後のフォサマックスの売上が大きく増加したのは、１００％ＰＤのおかげだとは言えません」とブルズアルは述べています。

「私たちは同時により高い薬効があるフォサマックスプラスを発売していました。このため、指標が少し混乱しています。それでも、ＰＤ実施後は他の医薬品より良い結果を出し続けています。フォサマックスプラスよりもです。いずれにしても、ＰＤ実施以前の市場シェアは39％でした。ＰＤ実施後の市場シェアは45％で、これは世界で最も高いものでした」

今日でもメキシコのフォサマックスのシェアはトップ近くに位置しています。

政治的資本と組織の漂流

このように、得た利益も大きかったですが、それに伴いコストも同様に大きなものでした。

「このようなプロセスには、多くの雑音やニュース、注目度、熱意が必要です」とブルズアルは振り返っています。

「上層部のスポンサーが深くコミットしていなければ、このようなプロセスを維持することはできません。ほとんどの組織には、『いまあるもの』に対しては大きくて強力な支持基盤がありますが、

『将来の可能性』に対してはほとんど支持者がいません」

「これは非常にエネルギーを必要とします」とかれは続けました。

「直属の上司を説得して、地区マネジャーのためにホテルを用意したり、営業担当者がセッションに参加するための旅費を支払ったりするのに苦労しました。私たちは、現場の日常業務をハイジャックするチームを正当化しなければなりませんでした。メキシコは広大な国です。移動時間と旅費がかさみます。それに、41人の地区マネジャーと２００人以上の営業担当者という大人数です。これには8カ月かかりました。私たちは、人々に連絡を取り、私たちが学んだことを広めるために定期的に行われるミーティングをこなさなければなりませんでした。私のゼネラルマネジャーが賛同してくれなければ、このようなことは起こらなかったでしょう」

「このようなことをしようとすると」ブルズアルは結論づけます。

「お金、特に時間という貴重な資源を使うことになります。営業担当者が1日現場から外れることは、医師に電話をかけないことを意味します。不安にもなるでしょう。メルク（および製薬業界全体）は、非常に古いスタイルの伝統的な企業です。私たちは１５０年もの間、1つの方法で物事を進めてきました。最近まで、メルクは非常に成功していました。傲慢にもなります。自己点検の余地はほとんどありません。変化にも寛容でなくなります」

組織を伝統的なパターンに引き寄せる引き波に対応した言葉があります。それは「組織の漂流」(organizational drift) と呼ばれ、潜在的な次元で影響をおよぼします。既存の政治的な構造の下では、通常、新しいイニシアチブを法廷で公正に裁く日がくることはありません。現状維持のための武器として選ばれるのは、「幹部会前」の拒否権（大胆な新しいアイデアを排除するためのステルス装置）です。

これは、経済的な用語で説明されることがあります。実際に支出される金額は、失われる機会価値よりも定量化可能であるため（たとえば、営業担当者を１日現場から遠ざける機会費用は、それから得られる潜在的な利益よりも、少なくとも短期的には測定可能です）、後者の立証責任は変化の首謀者側にあります。当然のことながら、現状維持が優先されます。

トップにいる人たちは現在のシステムで成功してきたので、自分たちが知っていることや成功できることを変えることに個人的な価値を見出すことはできません。特に、ＰＤのように、歴史的な成功を支えてきた通説から切り離されたアイデアの場合、そのことが該当します。

権力者は一般的に、自らが現状維持に固執し、変化のリスクを回避しているとは考えていません。メルクでは、グローバルな大企業へと成長することができた基盤となっているオペレーティングシステムや組織文化を保護することが経営陣の仕事だと考えられていました。このような本質的な規律を崩すことは、容易ではありません。もちろん、自然界と同様、企業においても、変化する環境に適応して競争力を高めると同時に、環境に左右されない重要な組織能力を維持しなければなりません。

これらとは異なった権限の調整やその行使についてここで見ていくことにしましょう。ベトナム、エジプト、およびＶＡＰＨＳでは、現場の担当者との調整や少なくともその同意を得ることに注意が払われていました。そして、本書で記述した大半の事例では、権限は分散化されていました。ＰＤプロセスを立ち上げて実行に移すには、村落レベルでの協力で十分でした。ＰＤの有効性が実証されれば、ハノイ、カイロ、カンパラ、イスラマバードの大臣の権限が、成功の妨げになるような可能性はほとんどありません。病院では、ＭＲＳＡの高い感染率という由々しき事態が生じ、実際に患者が死亡していました。無視することのできない緊急を要する課題です。

それとは対照的に、メルクでは、グレイ・ワーナーは、自分より地位の高い上層部を巻き込まず、同じ職位にある他部署や他地域の同僚と協調してこのイニシアチブを推進しようともしませんでした。かれの管掌範囲では、部下の１人であるブルズアルだけが、ＰＤを志願し、他の者は辞退しました。さらに、イニシアチブが軌道に乗るなかでも、これを他の関係者に推奨しようとする努力は全くなされませんでした。それに加え、メルクの指揮統制の伝統は、村落や国家、さらには病院で見られるよりもはるかに組織内に浸透しており、厳格なものでした。新しい試みが抹殺されるのは当然のことです。

イノベーションの普及を阻む障壁

ブルズアルはメキシコでの成功に貢献しましたが、注目すべきは、チリに転属となった時、かれはそこでこのイニシアチブを繰り返さなかったということです。なぜでしょうか。「チリのカントリーマネジャーのサポートがなかったからです」とかれは説明します。

「メキシコの私の後任者は、言うなれば『違うタイプのマネジャー』で、フォサマックスの基礎ができていたのに、このアプローチを放置していました。メキシコの私の地区マネジャーも、他の地域でこのアプローチを適用することを躊躇していました」

促されて、ブルズアルはなぜＰＤがフォサマックスとメキシコを超えて普及しなかったのかについて詳しく説明しました。

「自前主義は常に組織の免疫防御システムに潜んでいます。私たちがロンドンタイムズ紙で大々的に取り上げられた後も（私たちがそれを広めました）、皆は『ええ、でもそれはメキシコの話です。私たちはメキシコではありません。それとは違うのです』と言いました。アルゼンチンのゼネラルマネジャーは、私たちの結果についての報告書を読んでいました。疑心暗鬼になり、『本当にそうなのですか？』と聞いてきました。かれに監査済みの成果報告書を送ったのですが、返事はありませんでした。他の国では何も結実しなかったのです。もちろん、いくつかの試みはあるにはありましたが、スポンサーがいないために頓挫しました」

ブルズアルの幹部チームのシニアスタッフであるデビッド・ガッサーは、絶え間ないジョブローテーションの希薄化効果について、次のように述べています。

「シニアリーダーの交代やチャンピオンの異動は、このようなプロセスの勢いを潰してしまいます。成功は、メルクのジャングルのなかに咲く、輝かしくも儚い花でした。それは長い期間の育成が必要でした。ジョブローテーションは、あなたが作った共生ネットワークを壊します。変化を促す脆弱な生態系は、永遠に存続するために必要な臨界点に達することはありません」

ガッサーはここで重要な点を指摘しています。ＰＤ実施以前のメルクでは、利害関係者の構成が比較的安定している保護されたコミュニティ（病院を含む）で成功を収めていました。もちろん、大企業におけるジョブローテーションは、人材を横断的に育成し、異なる視点を導入することで組織間の壁を打破するのに役立つという議論があります。

すべて真実です。しかし、新しい福音に献身するイエズス会の集団の規模を臨界量にまで引き上げることを目的とした取り組みには、絶対に有害です。絶え間ない人の異動は、個々の改宗した人たちの擁護につながらず、むしろ従来の制度に逆戻りすることを確実にします。

教訓：ＰＤは個人的な学びの経験である

「私は個人的に何を学習したでしょうか？」とブルズアルはやや誇張した表現で言いました。

「この業界では、あなたは何をすべきかを指示されます。私のレベルに昇進する頃には、部下にかれらがやるべきだと思うことを自由にやらせてみる、というのは不自然な行為になります。ところが、ＰＤは私のリーダーシップへのアプローチに影響を与えました。私は指示的であることから、任せることができるようになりました。これは個人的な学びの経験でした」

ブルズアルの部下たちは、かれのスタイルの変化に気づいていました（あまりにも非指示的であったため、当初は病気かと心配されていました）。

「今日、かれはより多くのことを聞き、より多くの質問をするようになった」とライモンドは言います。

「かれは軍隊を動員する方法を学びました。経験の痕跡がかれの行動に反映されています。しかし、かれはこの巨大企業のなかではごく少数派です。実際、メキシコのかれの同僚のなかでもユニークな存在でした」

すべてを始めた男、グレイ・ワーナーは、苦くもあり甘くもある結果を振り返っています。

「私はおそらく、これらのツールの多くを使ってだれよりも多くのことをしてきました。しかし、全体的には、それ以来、あまり多くのことは起こっていません。もちろん、私は、これにかかわった人たちがいままでとは異なる方法（ピア・ツー・ピア、ピア・ツー・ボス）でお互いに話しかけていることを確信しています。仕事へのアプローチの仕方も違うでしょう。メキシコシティでの最後の時には、部屋のなかを回って感想を聞いてみました。自身はＰＤではないある営業担当者は、『小さなことがいかに大きな違いを生むかを見てきました』と言いました。ＰＤは、個人の仕事へのかかわり方や仕事の進め方に現れています」

PDプロセスと資源の稀少性

メルクのフォサマックスの売上が持続的に好転したことで、ＰＤプロセスが企業でも機能することが確認されました。しかし、この余波は次の興味深い疑問を投げかけています。

なぜ他の場所では普及しないのでしょうか。メルクのように厳格な管理が行われている企業と、ＰＤの成功率とは逆相関の関係にあるのでしょうか。成功を孤立した橋頭堡に限定してしまうのは、企業経営に何か問題があるのでしょうか。

メルクは、緻密にデザインされたトップダウンによる権限駆動タイプという古典的な標準モデルを体現しています。第1章で簡単に述べたように、この世界観では、不確実性とリスクは、綿密な計画、指示、管理によって軽減できるものとしています。

この枠組みは、より高い予測可能性を約束し、マネジメントの業績への不安を軽減します。私たち著者は、各々、コンサルタント、マネジメント専門家ですが、何十年にもわたってこのアプローチの限界に異議を唱えてきました。

しかし、ほとんど進展はありませんでした。この点を掘り下げると、伝統的な組織ルーチンに絡み合い、行動に浸透している根底的なシステムを見出すことができます。この章ですでに述べたように、これらのなかでも特に重要なのは、従業員の企業への貢献を補強する心理的契約です。

この標準モデルは、多くのメリットがあります。たとえば、それは、ここからあそこに行くための最も効率的な方法であると思われます。「既知に対する知識」（たとえば、マーケティング・キャンペーンの立ち上げ）や「未知に対する知識」（たとえば、有望な新化合物の臨床試験プロトコール）を含む技術的な問題に対しては、それはまさに取るべき正しいアプローチです。

アルフレッド・ノース・ホワイトヘッドはかつてこう述べました。

「文明は、我々が考えずに遂行できる操作の数を増やすことで進歩する」[*4]

標準モデルの持つ多くの美徳の１つはまさにこれに該当します。生産的なルーチンを通して達成することができるものが増えれば、非計画的行動やわかりきったことをやり直す無駄が少なくなるのです。

ブルズアルのコメントは、大部分の企業と同様、メルクには、この無駄を最小限にする洗練されたプロトコールのセットが整備されていることを強調するものです。実績のあるトップダウン・アプローチ（たとえそれが限界を超えて適用される状況であったとしても）か、あるいは不確実かつ不定型で予測困難なボトムアップ・プロセスのいずれかを選択しなければならない時、慣れ親しんだものを選ぶほうが良い賭けのように思えます。時間も節約できます。どうして問題のあるものの代わりに実績のある選択肢を放棄するでしょうか。

全体として、企業は非常に効率的な有機体です（そして、市場は非効率な企業をすぐに処理します）。現代の企業で使用されている洗練されたツールは、上からの意思決定がその後の行動につながるという経営者の確信の合理的な根拠になっています。リアルタイムの情報、財務コントロール、業務ツール（シックスシグマ、ビジネスプロセスエンジニアリング、成果主義報酬、その他のインセンティブなど）は、全体として効率的で効果的なものです。

多くの企業と同様、メルクも資源の稀少性を前提とした経営を行っています。ほとんどの場合、稀少資源は本社で資源配分されます。それはトレードオフのなかで決定し、競合する優先順位上の対立を解消し、取引コストを削減するための効果的な方法です。

ブルズアルが必要とする投資額や人員数、営業時間などに敏感であったことを思い出してください。稀少性はメルクの遺伝子コードに組み込まれているのです。この前提を理解すれば、ＰＤのようなアプローチで実験することに対する阻害要因の多くは自明になるでしょう。豊富さではなく稀少性は、バビロン以来、王家の血統が君主制を築いてきたように、経営者のヒエラルキーには欠かせないものなのです。それは秩序を維持するのです。

リスクの軽減と失敗の回避

企業は失敗を嫌います。そして、素晴らしいことに、失敗の発生は一時的なものであり、例外的な状態であるといえます。万が一、失敗が発生すると、原因を分析し、対策を講じます（コラム「プロセスの標準化の範囲」を参照）。既存のマネジメントツールおよびプロセスを活用し、従業員は是正計画を着実に実行するものと想定されています。

経営者は、「舵を強く右に」と命令すれば、船は右舷に曲がるという根拠ある自信を持っています。現代マネジメントの勝利の１つは、このように強固に連結した（タイトカップリング）機能的なオペレーティングシステムの遺産です。

企業以外の組織では、失敗は例外ではないのかもしれません（むしろ標準であると主張する人もいるかもしれません）。企業は、合理的な分析と経営管理手法の厳格な適用により、低頻度の失敗を除去することができるという前提の下で機能しています。

緩やかに連結した（ルースカップリング）組織（たとえば、村落、ＮＧＯ、大学など）では、これらの企業のマネジメントツールに問題のあることが明らかになります。あらゆる困難を乗り越えた成功に焦点を合わせるＰＤは、組織がＡからＢへと直進できないような場合、魅力的なものになります。ＰＤプロセスは、成功を出発点とし、後退的に展開していくのです。

コラム

「プロセスの標準化の範囲」

プロセスの標準化は、インプットが比較的一貫しており、不測の事態に対処して信頼性の高い結果を生み出すオペレーションモデルの構築が可能な場合に最も有効に機能します。メルクで見たように、共通性よりも微妙な差異が重要で、因果関係が不明確な場合、標準化はより困難になります。

直線上の一方の端には企業、他方の端には市民社会、インフォーマルなコミュニティ、村落、難民キャンプなどがある場合を想像してみてください。NGO、政府機関、学校、病院はおそらくその中間に位置します。この直線上の位置は、構造や階層ではなく（実際、病院や開発途上国の多くのコミュニティでは、その両方で上位にランクされています）、権力者が因果関係に対して抱いている確信の程度によって決定されます。

現代の企業がこの直線の一端に位置しているのは、戦略的意図を強調し、その意図を仕組化し、適切な行動を導き、望ましい結果を出すことに非常に多くのエネルギーを割いているからです（そのためのメカニズムには、組織構造、社内移転価格、主要業績指標（KPI）、成果主義報酬などが含まれます）。正常な状態においては（以前に「技術的」問題と言及したもの）、企業のリーダーによるこれらの技術的ツールのトップダウンの活用は、環境変化を正確に評価し、適切な軌道修正を実施するのに十分です。

そこまで官僚的ではない組織、たとえば、大学、学校、コミュニティおよび病院（非常に独立した、結束した利害関係者のグループが少ない）、またはNGO（メンバーの忠誠および団結が、高次の価値へのサービスによって動機づけられている）は、一般にそれほどの応答性はありません。企業の標準からすれば、「担当者はだれもいない」状態です。

標準モデルの限界

アインシュタインはかつてこう言っています。

「ものごとはできるかぎりシンプルにすべきだ。しかし、シンプル過ぎてもいけない」

そして、そこに摩擦があります。そう、標準モデルに頼る理由はたくさんあります。しかし、アインシュタインの警告のごとく、シンプルな処方箋は、時にシンプル過ぎることがあります。標準モデルが機能しない状況があるのです。困ったことに、これらのケースを事前に見極めるのは難しいのです。

ボトムアップのプロセスでは、多様性が持ち込まれます。これは私たちが「解決空間」と呼んでいるものを拡大します。ある程度までは、多様性が高まれば、適応力が高まることを意味します。見落とされがちな、小さくて不明瞭な部分が重要になることもあります（私たちはこれをジェネンテックとメルクで目撃しました）。

細部に注意を払うことは重要ですが、より小さな細部に注意を払うことはもっと重要です。[*5] 自然界では、そのような細部は、遺伝子プールや小さな突然変異に表れています。組織における突然変異は、逆境や機会に対する小さな適応行動の近傍で生じます。ピラミッド組織の底辺（たとえば、サービス提供や製造の現場）に近い人たちは、毎日「実験」に参加しています。

しかし、標準モデルでは、このようなボトムアップのチャネルを通じた学習はおろか、その現場の声を聞くことにも全く適していません。すでに述べたように、メルク・メキシコは、ＰＤ調査の一環として、少数の例外的な営業担当者が実験を行い、学習し、成功への革新的な手法を確立していたことを発見しました。かれらは、メルクのグローバル営業部隊に対する体系的なガイドラインがあるにもかかわらず、メキシコの微気候に対する小さな適応行動をとっていました。

もちろん、このような機会が見逃されていたのは、各々の微気候のなかで効率的に競争するには、無数の小さな適応行動を必要としていたからです。標準モデルのトップからの声高な命令は、ボトムからの静かな発見をかき消してしまいました。当然のことながら、これらの発見はＰＤプロセスによって明るみに出るまで、マネジメントには見えないままでした。

標準モデルの最大の限界は、プロセスの標準化を過度に進めてしまうことにあります。それは現場の知識や信頼できる判断が要求される場合、その効力を失います。適応行動には多くの判断が必要で、スキルへの依存度が大きくなります。ある状況から次の状況への可変性が重要です。この場合、汎用的なプロトコールは失敗します。競合と差別化するため、メルクと医師との関係を野心的に再構築しようとしたグレイ・ワーナーは、これらすべての重要性を把握していました。

変革が必要なコミュニティの分散した知性を活用することは、それ自体が目的ではなく、「エンパワーメント」「従業員参加」「職場の民主主義」といったイデオロギーに触発されたものでもありません。メキシコでの成功は、より良い結果を出すための独創的な方法を発見することが多いため、現場の人間自身が関与する必要があることを示しています。それはまた、かれらが知っていることを把握するだけでなく、かれらの行動を変える最良の方法でもあるのです。

ＰＤは企業でも機能するのか？

このように振り返ると、営利企業においてＰＤアプローチの適用を困難にする多くの要因が明らかになります。しかし、それは不可能ではありません。次のセクションでは、ＰＤの適用に大きく成功したゴールドマン・サックスの事例について述べています。

その事例は、メルクとの興味深い対比を示しています。というのも、両社は、①何が一部の営業担当者をより生産的にしたかを理解しようとし、②１つの地域で培われた成功を他の地理的に分散した組織ユニットにも広めようとしていたからです。

営業部門は成果や変化に関する仮定をテストする場としては理想的です。一般に、営業担当者は組立ラインの作業者やオフィスの秘書よりも自由度が高く、日々の独立した行動が可能です。営業成績はバラツキが大きくなる傾向があるため、企業と個人の目標を一致させるために報酬は歩合制が採用されています。

このような自由度があると、ポジティブな逸脱者は生まれやすくなります。私たちはメルクでこれを観察しました。ゴールドマン・サックスは、それとは対照的な、勇気づけられる事例を提供しています。同社は、資産運用アドバイザーに社内のPDを特定し、かれらが何をしようとしているのかを学び、その教訓の適用に関するオプトイン、オプトアウトの決定権を与えました。この機会を拒否する者はほとんどいませんでした。そして、2年以内に、これらのアイデアは米国11の地域すべてに広がっていったのです。

解決課題

経営の方向転換に対する現場の抵抗

ゴールドマン・サックスの個人向け資産運用部門では、トップダウンの変革の取り組みが相次ぎ、物議を醸していました。[*6] 300人の資産運用アドバイザーからなる現場部隊は、ニューヨークの急速な政策転換とトップダウンの命令に振り回されていると感じていました。他方、本社は、市場変化に対応するために必要な変革のペースを達成できていないと考えていました。

この分野の投資専門家（IP）は、歴史的に個人または2～3人のチームとして活動していました。各ユニットは、富裕層を説得してチームに資金運用を任せてもらう業務に対して、非常に異なったアプローチを展開していました。

この仕事を成功させるには、運用実績はもちろんのこと、富裕層の顧客との深い信頼関係を築くことが重要であり、それはしばしば何十年にもわたって続くこともありました。これらの顧客は、子どもの結婚式やバルミツバー（訳注：ユダヤ教成人式）、卒業式などにＩＰを招待し、相続人である子どもとも関係を築いていきました。

このような理由から、ＩＰは会社自体から独立した存在であることが知られていました。かれらが別の会社に移った場合、そのクライアントは通常、それに従うことになります。伝統的な企業組織とは異なり、力関係は圧倒的に現場のほうが上でした。

この古くからある現場と本社との分裂のもう一方の側にいたのが、ゴールドマン・サックスのトップマネジメントで、業界が破壊的な変化を遂げつつあることを深く懸念していました。投資会社は、より高い透明性とコンプライアンスの監視を実現すると同時に、仲介手数料を引き下げなければならないというプレッシャーにさらされていました。

激動し、競争が激化する環境のなかで、ゴールドマン・サックスが既存の富裕層顧客を維持し、収益性を向上させ、運用資産を増やしていくにはどうすれば良いのでしょうか。経営陣の出した解決策は、仲介手数料収入に大きく依存していた業務プロセスから、助言報酬に重点を置いたものへと転換することでした。

しかし、IPはこの方針転換に抵抗し、経営陣を激怒させていたのです。パワーポイントに記されたこの変革のためのビジネスケースは説得力のあるものでした。なぜ現場部隊のSWOT分析の知識が、いまの業務を変革しようという意欲へと変換されなかったのでしょうか。

経営陣は、説明の仕方をマイナーチェンジし、改変しました。簡単なナレッジマネジメントの応用です。前提となったのは、正しいコミュニケーションの方式があれば、不信感というウイルスへの予防接種になるということでした。

ゴールドマン・サックスのPDレバレッジ

米国個人向け資産運用（PWM）部門の共同責任者であるデビッド・デックマンは、この行き詰まりの真っただなかにいました。2001年後半までには、PWM部門は利害関係者の間で膠着状態に陥っており、かれはその影響を痛感していました。

デックマンが選択した道は、自らの権限を放棄し、解決策としてのより優れた「ナレッジマネジメント」やより多くの「指示」に対する強い執着を手放すことでした。かれはリーダーシップを発揮し、個々のIPに次のような印象的な質問を投げかけました。

「同じようなテリトリーと見通しを持ったチームが、この厳しい状況のなかで生き残ることができるのでしょうか？」

要するに、デックマンは、各担当者に自分たちで知恵を出すように働きかけたのです。

デックマンは、ＰＤのことを聞いたことはありませんでした。しかし、かれは頑迷な問題に直面し、高い独立性を持つＩＰを相手にしていたため、知らず知らずのうちにすべての重要な点でＰＤと同一のプロセスを考えるに至ったのです。

影響力のある６人のＩＰからなる協議会が、「営業部門の有効性」調査の先頭に立ちました。この協議会の任務は、共通のプラクティスをカタログ化し、その後、例外的に成功したアプローチを特定することでした。

そのメンバーは、調査結果は重要性と拡大可能性（たとえば、ボストンの最高のチームで効果を発揮していたものがダラスにも適用できるかどうか）という厳密な基準で評価することを現場の関係者に約束しました。

第１段階では、２カ月間かけて組織のＩＰを含めたフォーカスグループが実施されました。同僚へのインタビューにより、共通のプラクティスのベースラインが確立され、時折、うまくいっていると思われる例外的な事例が浮かび上がってきました。

第２段階では、ＰＤの発見に焦点を合わせて、ＰＤ候補者に詳しいヒアリング調査が行われ、第３段階では、これらの発見事実がまとめられました。

いくつかのチーム（すでにプラクティスを活用している人と、途中でその提唱者となった人とで構成される）が、その勢いを後押ししました。特に重要性の高いものとして、５つのプラクティスが識別されました。その後、チームには、国内のすべてのチームがアイデアに触れ、議論し、自主的に実施できるようなアクションラーニングのデザインを考えることが課せられました。

その普及の際には、ＰＤ行動を特定したチームは、槍の先端のようになって進んでいきました。かれらは各オフィスを訪問し、自分たちのプラクティスがなぜ、どのように機能しているのかを説明しました。

チームには、各オフィスから１人のＩＰが参加していたので、メンバーはオフィスでの情報源としての役割を兼ねることができました。現地のオフィスで後に質問があった時、このメンバーに相談することができたのです。

このアプローチは驚くほどの話題性を生みました。というのも、高い成果を上げている、「私と同じような」同僚のプラクティスを目のあたりにすることができたからです。

プロセスの第３段階では、目標への進捗状況を測定し、長期的な傾向を追跡するシステムを構築しました。デックマンは、11の地域オフィスのそれぞれが５つのプラクティスを取り入れているかどうかをランクづけし、その結果を公表しました。

このプロセスは、透明性とピアレビューのみに依存していました。プラクティスを採用していなくても、制裁は科されませんでした。人々は自動的に、ランクの上位にいることを良いと感じ、下位にいることを悪いと感じるようになりました。これは、堕落しそうな時に注意喚起させる役割を果たしました。

ゴールドマン・サックスの経営陣は、教室で分析を駆使したようなブリーフィングを通して脅威となる市場の変化を伝えようとして失敗していました。場合によっては、この手法がうまくいくこともあります。しかし、いつものピザのように届けられた明示的な知識（概念、理論、ベストプラクティス、戦記などをトッピングしたきちんとした箱）は、脳で消費されますが、行動へと代謝されません。

私たちが直感、ノウハウ、常識と呼んでいる学習は、血流へと浸透していきます。それは社会的コンテクストによって形成されるのです。進化するためには、マネジメントはこれに取り組まなければならないのです。

この努力の過程で、それまで競合していたＩＰチーム間のライバル意識が薄れてきました。記憶するなかで初めて、「一緒に勝とう」という意識が新しい倫理観として生まれたのです。資産運用アドバイザーが自らの例外主義を克服したことで、懐疑が確信に変わりました。

18カ月にわたって実施されたＰＤアプローチは、行動、プラクティス、パフォーマンスを大きく変化させました。この事業部は、競合他社に先手を打ったのです。

3年後には、個人向け資産運用部門の規模が2倍に拡大し、本社や株主からは、最も積極的に成長させたい事業として高評価を得ています。資産運用アドバイザー１人あたりの平均生産性はほぼ倍増し、チームの規模は拡大し、報酬ベースのビジネスモデルはほぼ全員に受け入れられるようになりました。

なぜ標準モデルを否定できたのか？

メルクとは対照的なゴールドマン・サックスの事例は、営業部門が直面している課題と、ＰＤの取り組みを拡大させていくための努力を並行して説明しています。しかし、その結果は大きく異なっていました。どちらもマイナーな取り組みではありませんでした。

メルクは、メキシコの営業部門全体で、大型新薬、フォサマックスの売上ノルマが達成できていないという問題に対処するため、ＰＤを活用しました。ゴールドマン・サックスは、ＰＤと同様の手法を用いて、全米に分散している３００人の資産運用アドバイザーの生産性を向上させました。どちらの取り組みも非常に成功しており、劇的に向上した業績がその後も持続していることが証明されています。

それにもかかわらず、メルクがこのプロセスを新たに活用することはありませんでした。それとは対照的に、ゴールドマン・サックスではこのアプローチは経営手法として内部化されています。

ゴールドマン・サックスでのＰＤアプローチの成功により、企業で標準モデルが否定されるということにつながるでしょうか。おそらくそうはならないでしょう。というのも、ゴールドマン・サックスの個人向け資産運用部門は、伝統的な企業というよりも、ルースカップリングのコミュニティに近い存在だからです。

同社の資産運用アドバイザーは、ほぼ独立したフランチャイズであり、それぞれが多くのロイヤルカスタマーを持っています（このような独立性は、富裕層に公平で客観的な財務アドバイスを提供するために重要です）。したがって、上層部はこれらの起業家に「指令」することはできません。

ベトナムやエジプトの村落の利害関係者により類似していますが、マネジメントは、知性と起業家精神に満ちたエネルギーを社内に浸透させることが最善の道であると認識しています。ゴールドマン・サックスは、キツネの群れを放牧する戦略を採用し、ＰＤを独自に適用するための条件を満たしたのです。

訳者解説5　企業へのＰＤの適用

この章ではメルク・メキシコとゴールドマン・サックスが企業経営にＰＤを導入した事例が記述されています。ビジネスパーソンにとっては最も身近な事例になっていると思われます。ここでのポイントは、企業にＰＤは適用できるか否かという点にあります。

メルク・メキシコの事例はＰＤの成功例です。しかし、メキシコ以外のメルクの営業拠点では

ＰＤは普及しなかったため、それは限定的な成功といえるでしょう。それとは対照的に、ゴールドマン・サックスの事例はＰＤが幅広く普及しているという意味で、メルク以上に成功を収めた事例になっています。両者の相違はどこにあるのでしょうか。

本章で指摘されているように、一般論でいえば、ＰＤが企業で成功裡に適用されるためには、第1章で述べた標準モデルとは異なる分権的な組織構造が求められます。

ゴールドマン・サックスは、資産運用アドバイザーの独立性が高く、本社の権限で統制することが極めて難しい状況にありました。このように現場での独立性が高い組織ではＰＤは機能しやすいといえるでしょう。しかし、メルクのような標準モデルの企業では、局所的にＰＤを展開して成功することはあっても、それを全社的に拡張していくことは極めて難しいことが示唆されています。

ＰＤは既存の組織構造と併行して取り組まれる活動であり、原則として、トップダウンの標準モデルでもそれは機能するはずです。しかし、このような標準モデルの企業では、マネジャーが現場に意思決定、判断を委ねるということに多くの心理的抵抗があります。

かれらは部下よりも知識があり、より適切な意思決定ができるというのがその存在意義であり、そのために高い報酬が支払われていると考えています。そのため、自分には正解がなく、部下にそれを発見してもらいたいと明言し、部下の活動を支援することはかなり難しいのです。

また、標準モデルのマネジャーは、口先では現場に任せるといいつつ、実際には現場に介入し指示を出しまくるということが多いものです。このような場合、現場主導の自律的学習は阻害されてしまいます。

メルク・メキシコが成功したのは、経営陣であるグレイ・ワーナー、アンドレ・ブルズアルが全面的にＰＤを支援し、自らは現場に介入して指示を出すことを抑制したからです。トップダウンの標準モデル企業であっても、かれらのようなマネジャーに恵まれているのであれば、ＰＤを全社的に展開することは可能でしょう。しかし、そうでないかぎり、その展開は局所的なものに限定されます。

企業にこそＰＤをますます適用していくことが必要です。その一方、そのためのマネジメントのあり方について、根本的な反省がなければＰＤは普及しないということは、肝に銘じておく必要があります。

第6章

問題は解決されるまで本当に理解することができない

だれかが本でＰＤを学び、それを実践しようとするとどうなるでしょうか。一般的な誤解や間違いはどのようなものになるでしょうか。ジェリーとリチャードは、難民で溢れる北部ウガンダの難民キャンプへとランドローバーで向かうなか、埃っぽい道にある危険なくぼみを切り抜けたように、この問題について多くを学ぶことになりました。

私たちのホスト、パスカ・アバーは、ＰＤアプローチを説明した『ＣＯＲＥ ＰＤ／ハース栄養ハンドブック』を読んでおり、彼女の「ＰＤプロセス」はすでに進行中でした。リチャードは、このプロセスをその後どのように是正、修正したのかについて説明します。

解決課題

ゲリラに拉致された子どもたち

ウガンダのアチョリ族は、１９５０年代以降の政権交代のたびに反政権側におり、植民地時代以降の苦難の歴史をたどってきました。

１９８０年代後半に宗教的狂信者が反乱を起こしたことで、困難は災難へと変化しました。神の抵抗軍（ＬＲＡ）は、中央政府で覇権を握ることを最初に目論んでいました。数年にわたるささやかな軍事的成功の後、反乱軍は自身に反旗を翻し、その後に続く荒廃により、約２００万人の部族全体の人たちが、農村からわずかに安全であるに過ぎない難民キャンプへと追いやられることになりました。[*1]

アチョリ族が暮らすアチョリランドでは、成人の日常生活の約3分の2が農業に費やされています。この単純な統計が、ＬＲＡの支配がもたらす破壊的な影響を物語っています。農民が土地から追い出されることで、人々は生活の糧や故郷を失いました。今日、失業率は80％に達しています。無力感が蔓延し、アルコール依存症が横行しています。

２００５年に実施されたパダー地区の調査では、ＬＲＡの残虐行為の震源地である同地区のトラウマの大きさが明らかになっています。キャンプの人口の70％弱が拷問、40％が殺害を目撃し、70％の女性が身体的虐待を報告しました。そして、女性の半数近く（46％）がレイプされ、63％の女性が自殺を考えたことがあると回答しています。[*2]

ＬＲＡの小隊が真夜中に眠っている民家に襲いかかります。かれらは銃を持っていますが、騒音で隣人を起こさないように、また、弾丸を節約するために、弾丸は控えめに使用します。音を出さずに致命傷を与えるのは、バロンと呼ばれる鋭いナイフです。

ゲリラはドアを蹴破って武器を振り回します。眠っていた家族は、恐怖に怯えて服従します。ゲリラのポーターとしての任に堪える体の大きさがある少年少女たちが、懇願する親たちの手から離されていきます。ナイフで子どもたちのスカートやズボンに穴を開けます。この単純な方法で、誘拐犯は子どもたちを鎖につないで監禁し、茂みに引きずり込むことができます。

軍隊では腹ごしらえできますが、ゲリラにはこの俗世の必要性が保証されていません。拉致された子どもたちはポーターとして教化され、裸足で長距離を移動し、見張り番をさせられ、なかには戦うことを余儀なくされる子もいます。

初期の頃、ＬＲＡは誘拐した大人で実験した結果、大人は管理が難しく、より狡猾な逃亡能力を持っていることがわかりました。その点、子どものほうが簡単に制圧できます。数キロ離れた藪のなかで10歳児は家がどこにあるのか見当もつきません。無力で、脅され、定期的に殴られ、子どもたちはこの侵略者と一体感を持つようになります。新たな支配者の教義に服従するカモになっていくのです。

イニシエーションはすぐに開始されます。誘拐された翌日、子どもたちはそれぞれ10〜15キログラムの塩やヒヨコ豆の入った袋を背負うことを強制されます。強制行進では、人目につく道を避けるために、通常は10キロの山野を歩きます。足腰がむくんで逃げられなくなります。体が弱っていたり、荷物を落としたりした者は処刑されます。恐怖と生存本能が他のすべてに勝ります。弱い子ども、特に少女は将校の妻のベビーシッターになり、夜には下級兵士の性的欲求の対象として虐待を受けます。

子どもたちの一部は、その他大勢よりも丈夫です。心理的回復力が社会支配のための本能（仲間をいじめることによって表現される）と組み合わされた時、ポーターの残酷なルーチンを超えた道が開きます。戦闘員であることは、より高い地位とより良いライフスタイルをもたらします。新兵が逃亡を考えないようにするために、ゲリラはしばしばかれらを家族の家に連れて行きます。

そこで、親、兄弟、または隣人を処刑させ、訓練生としての通過儀礼を終えるのです。これにより、子どもは取り消しようのない追放者としての烙印が押されることになります。ＬＲＡが「家族」になり、社会化が完了するのです。

ウガンダの子ども兵士たちは、人間の理解を超えた悲惨な状況に耐えてきました。一部の拉致された少女たちは、数カ月から数年におよぶ性奴隷のトラウマを抱え、他に言いようのない悪事の目撃者となり、ウガンダの難民キャンプの「安全」な場所に逃げ込んでいました（コラム「少女と銃」を参照）。しかし、彼女たちはコミュニティから敬遠され、家族からは不信感を抱かれています。１人または複数の幼児（ＬＲＡのＤＮＡを持っている）を抱きかかえながら、彼女たちはスキルも教育もなく、自活しなければなりません。悪夢と罪悪感に苛まれ、彼女たちは精神的な孤児となります。皆が忘れたがっている部族の黒歴史の一部になっているのです。

この話を紹介するのは、ショックを与えたり落胆させたりすることを目的としているのではなく、この胸が痛む絶望の背景を明確にするためです。それでもあらゆる困難に抗して、少数の人が前進する道を見つけていました。これから見ていくように、何人かのＰＤ少女の回復力は、この追放者で溢れるコミュニティの希望の出発点となっているのです。

コラム

少女と銃

それはシンプルな機械です。重さはわずか９・５ポンド。国によっては生きた鶏よりも安く、簡単に取り外せる８つの部品に分かれていて、泥や砂だらけの状態、濡れた状態、凍結状態でも機能します。数字はその普遍性を物語っています。その使用数は１億個におよび、それは地球上の50人に１人の割合になります。

その目的は？　人間を殺すことです。年間25万人が死亡しているとされています（この文脈から考えると、これは２００４年のインド洋大津波の死者数に匹敵します）。この耐久性のある殺傷道具は、貧困層の大量破壊兵器と呼ばれています。ミレニアム前に実施された調査では、世界を変えた発明のトップ50にＡＫ－47がランクインしており、避妊ピルやアップルのマッキントッシュより上位にランクインしています。[*a]

兵器自体は、悪の計算式の半分を表しているに過ぎません。１９７０年代に始まった狡猾な「指導者」たち、すなわち、最初はカンボジア、次にアンゴラ、グアテマラ、リベリア、シエラレオネ、バルカンは、ＡＫ－47と、安価で取り換え可能、確実に配送できる、子どもたちを組み合わせ始めました。

10歳以上の少女や少年は９・５ポンドの武器を持ち運べるほど強く、規律正しく命令に従うことができます。かれらは容易に洗脳されます。アンフェタミンやコカインを摂取して「無敵になる」ように仕向けられたかれらは、雑草を刈る庭師の無関心さをもって人を殺します。世界中の50以上の暴力的な紛争において、子どもたちは好んで使われる武器になっています。

30万人以上の子どもたちが、この暗黒の天職（地球上で16番目に大きい現役軍人の軍隊としてランクづけされるであろう分散型歩兵）に従属しています。そして、必然的に起こるように、逃げ出したり、怪我をしたり、大義を放棄した指導者に従がったりすると、この追放された者たちは巻き添えになってしまうのです。

完全復帰への最大のハードルの1つは、贖罪です。少女兵士が他の人に何をしたかが（LRAが彼女に与えた虐待とは対照的に）、彼女たちを最も苦しめているのです。許しを請うたり拒絶したりする他人に対し、人はかれらに影響をおよぼすことができなくても、許すことはできます。

強制された加害者は、他人に加えた残虐行為の記憶に心の傷を負い、しばしば罪悪感に飲み込まれます。他人を殺すことで自分の命を救うということは、心に深い傷跡を残します。親族関係を中心としたアチョリ族の文化では、心理的な運命は、少女たちがコントロールできない思いやりによって大きく決定されるのです。

テキストから現場へ

パスカの大きな顔といつもの笑顔は、巡航ミサイルのような集中力と決意を表していました。先述のように、彼女とそのチームは、『ＣＯＲＥ ＰＤ／ハース栄養ハンドブック』を隅から隅まで読んで、ＰＤについて「知っている」状態でした。[*3]

ハンドブックはそれ自体が「間違っている」のではありません。むしろ、どのようなフィールドガイドブックであっても、文字通り台本のように受け取られることを意図したものではありません。その意味では、誤解を招きやすいものでした。ＰＤはフォーマルなモデルや、10段階のプロセスのようなものではなく、即興演劇に近いものです。逆説的ですが、それは自然発生的であり、かつ規律的なものなのです。

ＰＤのアイデアの説得力のある「仕掛け」は、グラスが半分空っぽの世界のなかで、グラスの半分が満たされていることに焦点を合わせて、成功する人を探すことです。元少女兵士の将来へのあきらめと宿命論が蔓延するウガンダのキャンプで、パスカはＰＤのメリットを理解するために、ほとんど説明を必要としませんでした。彼女は現在進行中のプロセスを「微調整」するために私たちを招待したのです。

私たちは話を聞いて学びました。パスカは明らかに重要な仕事をしていました。彼女のチームは少女たちにカウンセリングを行っていました（悪夢が消えるまで何度も何度もトラウマについて詳しく話してもらうようにしていました）。プログラムは生活の糧となる新たなスキルを学ぶ機会を提供していました。

しかし、このすべてのことは、これまでの章で述べてきたＰＤにわずかに似ているに過ぎませんでした（彼女たちはこの用語を使っていたけれども）。ＰＤプロセスをユニークなものにしている特徴を把握し、適用するためには、かなりの量のアンラーニングが必要だったのです。

私たちは、パスカや彼女のチームと互いに知り合う楽しい午後を過ごしました。パスカのアプローチとその多くの動き回るパーツをつかまえ、ジグソーパズルを少しずつ組み立てていきました。

良いニュースがありました。パスカは明確に例外が存在することを教えてくれました。すなわち、コアスキル（たとえばケータリング）を身につけ、小口融資を受けたりして、幼い子どもとともに自活する誘拐された少女が複数いたのです。

チームは危険にさらされている少女に焦点を合わせていました。資源が限られているため、パスカは、①子どもが１人以上いる、②親や親族の援助を受けていない、③小学校教育を修了していない独身の少女、だけを対象にしたいと考えていました。

不思議なことに、この基準は、イニシアチブを少女兵士だけに限定しないように、意図的に幅広く設定されていました。その理由は、キャンプには、拉致された少女たちに対する相当な恨みがあったからです。他の少女たちも弱い立場にある時に、このような追放された少女たちだけに貴重な資源を投資することは、摩擦を悪化させる可能性があったのです（これらは、善意の部外者が見落としがちな地雷です）。元少女兵士およびシングルマザーはすべて、このプロセスに含まれていました。

パスカは、成功したと思われる変化のプロセスの概要を説明しました。しかし、ＰＤとは対照的に、それは専門家（すなわち、パスカと彼女のチーム）に頼って、例外的な少女とそのメンター（ワヤ）を特定し、彼女たちのプラクティスを解読していました。パスカたちのアプローチはまた、ＰＤプロセスの明確に区別されたステップ（すなわち、コミュニティを巻き込む、問題を定義する、ベースラインの条件を確立する、共通のプラクティスを文書化する、ＰＤ戦略を発見する）を壊し、それを１つにまとめていました。

最後に、「解決策」を普及させるためのワークショップは、どちらもＮＧＯのトレーナーによって設計され、指導されたものであり、コミュニティや送還された少女たち自身によるものではありませんでした。これは些細な違いでは決してありません。それらは、ＰＤアプローチと他の方法とを分けているものの多くを浮き彫りにしています。

コミュニティ自身が発見の先頭に立たないかぎり、「答え」はコミュニティのものにはなりません。コミュニティが成功した戦略を実践するためにワークショップを設計し、スタッフを配置しないかぎり、参加者は「行動して考えを変える」ことはできないし、プラクティスは持続可能なものにはならないでしょう。

このように話すと、彼女たちにも意味がやっと通じました。パスカのグループは、少なくとも概念的には、ＰＤとは何が違うのか、なぜその違いが重要なのかを理解し始めているようでした。

現在進行中の良い仕事を評価した上で、私たちのジレンマは、これらをこのままにしておくかどうかということでした。チームは熱心で、私たちから学びたいと思っていました。そこで私たちは、かれらのテキストの理解がＰＤプロセスの本質と最も乖離している３つの分野に注目しました。

それは、①問題のリフレーミング、②行動を促すためのグループディスカッションのファシリテーション、③共通のプラクティスを確立し、ＰＤを発見するために、コミュニティ自らが汗を流す、ということです。

問題のリフレーミング

ウガンダでは、他の地域と同様に、スポンサー（例：ベトナム政府、エジプトの女性擁護団体、ＶＡＰＨＳの病院管理者、メルクの幹部）は、解決方法のわからない問題を抱えています。ベトナムでは栄養失調、エジプトでは割礼、ＶＡＰＨＳではＭＲＳＡの院内感染、メルクではメキシコでのフォサマックスの売上でした。

問題の最初のフレーミングは、多くの場合、プレースホルダーです。私たちの経験では、問題は通常、途中でリフレーミングされます。コミュニティが問題を自分のものとして認識するための最も確実な方法は、人々が自分の言葉で問題をフレーミングし、それを自分の現実に合わせることです。生まれたばかりの仔馬が牝馬を親だと学習するように、利害関係者は、問題を刷り込む必要があるのです。

ジェリーは、コネチカット州ウォーターベリーにある病院のＣＥＯがＭＲＳＡ感染を心配していたことなどを例にあげて、リフレーミングのアイデアについて話しました。

ＣＥＯは問題を「手洗い」と定義しました。

「いいえ」とスタッフは言いました。「本当の問題はコミュニケーションです」（手洗いプロトコールへの不遵守は、病院管理者、患者、医師、看護師とのコミュニケーション不足の一例です）

しかし、「コミュニケーション」は非常に幅広いテーマです。そこで、グループは具体的な問題を探しました。かれらは憂慮すべき統計に目を向けました。患者の70％が処方された治療コースを守らないか、あるいは完了していないのです。

いま、問題はかれらのものでした。グループはそれを自分たちのものにしていました。その後、ＰＤプロセスにより、コンプライアンス違反は20％にまで減少しました。

エジプトでは、割礼の規制が問題となっていました。しかし、女性擁護団体は、この問題を公共政策の問題として捉えていました。かれらは、メディアへの働きかけがうまく、政府省庁で効果的なロビー活動を行っているＰＤをコミュニティのなかで見つけようとしていました。事実上、かれらの問題意識は、世論形成における「コミュニケーションの不備」でした。

しかし、村のボランティアの最初のグループが修道院に集まった時、かれらはこの問題を全く異なる言葉でリフレーミングしました。かれらにとっての問題は、割礼に抵抗した母親、夫、妻を特定し、かれらの話を聞かせることとでした。

コラム「ジャカルタの前奏曲」は、ジャカルタのトランスヴェスタイト、ワリア（waria）との活動について説明しています。NGOのスポンサーが定義した問題は、ワリアとその客との間で安全な性行為を確保することによって、「このリスクの高いコミュニティ内でのHIV・エイズの感染を減少させること」でした。このフレーミングは、客とうまく交渉することでコンドームの使用を確実にするPDに焦点を合わせていました。

しかし、トランスヴェスタイトたちと午後の時間に行った会話から、劇的に異なる方法で問題はリフレーミングされました。かれらにとっての問題は、信頼できる思いやりのある医療従事者へのアクセスの欠如と、かれらがトランスヴェスタイトであることに関する一般的な汚名でした。新たに焦点を合わせたのは、「少女たち」を安全に保つことに成功したトランスヴェスタイト・コミュニティのPDとなるクリニック、医師、および非公式のリーダーたちでした。

ジェリーは、最初の「アンラーニング」セッションを穏やかな質問から始めました。

「拉致された少女の社会復帰という目的を考えると、具体的なPDトピックを選択する際にはどのような基準がありますか？」

回答は大まかで一般的なものでした。

「ポジティブな逸脱者が同じ資源を使って対処してきた難解な問題」とパスカは答えました。ベアトリスの答えは、「コミュニティに広く存在する重要な問題」でした。

パスカ：問題の解決策が女の子にミシンを持たせることだとしたらどうでしょうか？

ジェリー：(困惑した表情）それよりももっと複雑です。私たちは、彼女たちが自分自身についてどう考え、どう行動し、どう自尊心を持つかを変えなければなりません。そうしないと、お金を得るためにミシンを売るだけになってしまいます。

議論を続けるなかで、ＰＤプロセスが求められるのは、解決策が個人の行動の変化とコミュニティの社会的変化を必要とする場合に限られるという指摘がなされました。技術的な救済策で十分な場合には、このアプローチは不要です。

ＰＤは、根本原因が絡み合った厄介な問題に適しています。完璧な問題を選ぶためのチェックリストや間違いのない基準はありません。ただ、周囲の複雑なものに注意を払うようにと私たちはアドバイスしました。私たちはグループに対し、重要な問題を選ぶと同時に、国政の変化のようなコントロール不可能な出来事に大きく依存している問題は避けるように促しました。

コラム

ジャカルタの前奏曲

インドネシア語のワリア（wanitaとpriaの複合語で、女性と男性を意味する言葉）は、トランスヴェスタイト、つまり、解剖学的には男性であるが、女性として生活し、女性の格好をしている男性のことを指します。多くは娼婦として生計を立てており、驚くほど高いHIV・エイズの感染率になっています。

国際的な保健機関は、この問題に取り組むためにPDを使用してみたいと考えていました。しかし、かれらはすぐに、計画されたPDのワークショップには大きな障害があると指摘しました。「あなたのPDプロセスは、グループで作業していますが、ワリアは1人で仕事をしています。私たちの唯一の希望は、ワリアとクライアントとの1対1の関係に取り組むことです」

ワークショップを始める前に、最初に必要なことは、コミュニティと非公式に会うことです。これは、見知らぬ土地では特に重要なことです。どのような人たちがかかわっているのかについて何の感覚もなくワークショップを行うことは困難です（ほとんど無謀と言っていいでしょう）。40代前半の魅力的なワリアであるヤドは、午後の遅い時間に仲間たちとのミーティングを計画していました。疑い深いタクシーの運転手が探し出してくれたその下品な場所は、ジャカルタの下町のひっそりとしたみすぼらしいところでした。会合は、迷路のようなスラム街のなかにある

7つの部屋からなるごみごみした建物のなかで行われました。

18人のワリアが待っていました。このグループが住んでいた建物のなかで最も大きな部屋の床に詰め込まれ、3時間以上の間、かれらの特異な世界とのかかわりを持つことが課題でした。私たちの唯一のアジェンダは、理解することでした。

ワリアは、自分たちの生活（とても苦しい）や抱負（理想的な男性を見つけたい）、恐怖心（HIV・エイズで死ぬ。というのも同僚の多くがすでに感染していたのです）について語りました。かれらのライフスタイルや職業は、最初は私たちにとって奇異なものでしたが、だんだんと背景から消えていきました。すべての人間に共通する希望が、私たちの別々の人生経験の間の架け橋となったのです。

グロリアは、前夜、地元の警官によって警察署に連行された際、彼女の「マミ（mami）」がどのように助けてくれたのかについてユーモラスな物語を話し始めました。これをきっかけに「マミとは何なのか」という明白な疑問が生まれました。私たちが学んだのは、マミとはワリアのゆるやかなネットワークの非公式なリーダーたち、ということでした。「ジャカルタには18人のマミがいる」とグロリアは説明しました。

次の日のワークショップを期待して、他の質問を続けました。

「すべてのマミは同じですか？」

「そんなことはありません！」という答えがすぐに返ってきました。

「3人のマミは他のマミよりもずっと優れています！」

「どんなふうに？」

「かれらは自分の役割をより真剣に受け止めています。たとえば、最高のマミは、女の子にコンドームを使用するように主張します」

この習慣は、ほとんどのグループでは一般的ではなく、大半のマミが提唱しているわけでもないことが判明しました。また、例外的なマミたちは、性感染症の検査のために診療所に行くことも主張していました。

地方にある「彼女の」故郷から来たばかりの22歳のニーナは、文句を言わずにはいられませんでした。

「検査のために診療所には二度と行きません！」

「何があったのですか？」私たちは尋ねました。

「屈辱です！　診察を受けに行きました。先生は私にドレスを脱ぐように言いました。かれは私にペニスがあることを知った時、赤面して、失礼な冗談を言って、急いで私を診察室から追い出しました」

他のワリアは、「医者は犬です。だから診療所には行きたくない」という意見に同意しました。

別の質問をしました。

「それでは、ジャカルタの医者は皆同じですか？」

答えは「ノー」でした。経験豊富な２人のワリアは、親切で包容力のある医師がいる３つの診療所の名をあげました。しかし、大多数のワリアにとって、診療所を訪れることは、何としても避けなければならないことでした。

ワリアは化粧をし、仕事着（短いスカート、かろうじてシリコンの胸を覆っているキラキラしたタイトなタンクトップ）に着替えるために散り始め、夜の準備をしました。

数時間のヒアリングで、ＨＩＶ・エイズのリスク低減に取り組む上でのホストＮＧＯの問題のフレーミングがあまりにも狭過ぎることが明らかになりました（娼婦と客との間でコンドームの使用を交渉するためのＰＤ戦略に焦点を合わせるというスポンサーの主張は、正しい問題を取り上げるという基準をパスしていませんでした）。より実りある領域は、ワリアとその客ではなく、優れたマミや思いやりのある医師だったのです。

すべての関係者を包含するようにこの調査を拡大することで、画期的な成果が得られました。「問題」をよりよく理解した上で、このリスクの高いコミュニティ（「一緒に働くのが難し過ぎる」と分類されていました）は、ＰＤプロセスのための肥沃な土壌として注目されるようになりました。解決空間は、コミュニティの人たちのＨＩＶ・エイズの感染を抑制する新しい道を提案するために拡大したのです。

この午後の会話は前奏曲に過ぎませんでした。その後のワークショップでは、他のワリア、マミ、医師、診療所の管理者とのインタビューが行われました。これらのインタビューでは、ほとんどの診療所での経験（医師への嫌悪感や恥ずかしさ）や、多くのマミの放任主義的な態度が記録されました。このことは、特定のＰＤプラクティスに光をあて、普及のための舞台を設定することにつながりました。

ワリアとの最初の出会いのなかで、マミと診療所での屈辱についての偶然の言及は、ＰＤプロセスがなぜ、連続的な論理ではなく、有機的かつ逐次的な方法で進化しなければならないのか、その理由を明確にしています。

現実の生活は回り道だらけです。本に書かれているような展開にはなりません。物事の秩序は変化します。この例では、コミュニティがＰＤ調査への参加を選択する前に、プロセスは実際に始まっていたのです（ルーチンである「挨拶」セッションでは、その後に続くもっと多くのことが明らかになりました）。ここでもモラルは次のようなものです。任意の時点での正しい次のステップは、ハンドブックに記載されたステップではなく、グループダイナミクスによって形成されるということです。

この最初の会話のおかげで、客とのコンドーム使用が努力の焦点であるべきだというスポンサーの仮定が行き詰まるまで、それを追求するという愚を避けることができました。また、当初は問題に関連しているとは認識されていなかった主要な利害関係者（マミや医師など）の偶然の発見は、ワリアとの会話が（ファシリテーターが主導する、計画的で解決策主導型のものとは対照的に）オープンエンドで探索的な、ＰＤならではの方法で行われたからこそ可能になったものです。この点も注目に値します。

「フォーカスグループ」を忘れなさい

２つ目の大きなテーマは、ファシリテーション、グループ会話（group conversations）の目的、そしてそれらの実施方法の誤解をアンラーニングすることでした。ソーシャルワークの学校で学び、従来のフィールドメソッドに精通していたパスカのチームは、これらすべてを「フォーカスグループ」と同一視していました。

フォーカスグループは先進国では一般的で、１９５０年代に広告代理店によって普及したものです。インタビュワーは、事前に決められた質問を使って情報を引き出します。フォーカスグループのファシリテーターは、比較的狭い間口の質問しかしません。調査ツールには、多くの場合、評価尺度やイエス／ノーの回答を用いたアンケートが使われています。

ＰＤプロセスによって促進されるグループ会話は、これとはほぼ正反対のところにあります。グループ会話という言葉は、何か大きく異なるものが必要とされていることを示すために選ばれています。ある種の質問はグループがオーナーシップを持つきっかけになります。質問は、答えを求めるというよりも、変わるきっかけを与えるものです。強力な質問は情報を掘り起こすのではなく、回答者に考えさせるものです。それによりコミットメントと説明責任が喚起されるのです。

グループの会話をファシリテートする際に最も難しいのは、リーダーとしてではなく、触媒としての役割を果たすことです。ファシリテーターとフォーカスグループの参加者を含むジャズのコンボを想像してみてください。「会話」は音楽です。ＰＤファシリテーターは、ほぼ確実に「指揮者」ではありません。むしろ、参加者１人ひとりが他の参加者のアイデアをリフオフ（訳注：ジャズでは相手のフレーズを借用して独自に改良すること）する必要があり、聴衆のだれもがいつでも参加して音楽を作ることができます。もし全員が「指揮者」を見ているのであれば、何かが間違っているのです。

パスカたちはこれらの原則を熟考し、悔しそうな顔をしています。パスカは落胆の理由を説明します。

「前回のフォーカスグループの後、私たちは潜在的なＰＤに注目しました。私たちは事前に何を探しているのかを知っていました。拉致された少女のなかにはメンター（ワヤ）がいて、彼女たちのほうがうまくいっていました。そこで私たちはその女性たちの名前を控え、協力を求めました。また、成功している少女たちは、より自己主張が強く、積極的であることも観察しました。そこで私たちは、声を上げてノーと言うこと、つまらないものや不謹慎な男の約束に抵抗することを教えるためのワークショップを開催しました」

ジェリーは、ありきたりのフォーカスグループとＰＤアプローチとの間の最後の違いを強調します。

「いつストップするのですか？」とかれは尋ねます。パスカたちは答えます。

「もうこれ以上新しいことを学ばなくなった時、すべてのことをカバーした時です」

「理にかなっているようですが、それは間違っています」とジェリーは挑発的に返します。

「グループ会話はボーキサイトや石炭のような採掘業ではありません。会話を生み出し、意識を高め、人々を巻き込むことを目的としているのです。１万１０００人の人がいるこのようなキャンプで、１００のフォーカスグループはやり過ぎのように思います（最初の十数人の後に、収穫逓減が起こる可能性を考慮すると）。これは会話が情報収集についてのものであることを前提としています。ＰＤプロセスでは、本当の目的は単に「知識」や20：80の法則の理解を得ることではありません。何よりも優先される目的は、人々を巻き込み、話題を作り、行動を起こすために人々を動員することです」

必要な会話のタイプを導くためのマントラは、「決してやり過ぎない」ということです。聞き手が話し手を誘導し、発言を促し、話の途中で自分のアジェンダを差し挟んだ時にこのやり過ぎが生じます。「問題はXですか」とか「Yで解決できると思いますか」といった一見無害な質問は、主導権の所在をファシリテーター（いつもすぐに解決策にたどり着こうとしている人）に移してしまうことになります。

ファシリテーターが前に出てはいけません。目的はコミュニティに協調して探索してもらうことであり、最初に解決策を見つけようと競争することではありません（コラム「東ジャワの部屋のなかの象」を参照）。

コラム

東ジャワの部屋のなかの象

インドネシアでは、世間的な体裁と親の羞恥心から、人身売買業者に娘を売るといういつまでもなくならない行為に関して沈黙が強いられていました。

地元のＮＧＯは、東ジャワの村々の貧しい家庭の間でこの市場が拡大しつつあるのを憂慮していました。ガドゥンサリという小さな地域だけでも、何百人もの少女が都会の中心部へと売られていました。現地の人身売買ブローカーの供給ルートを妨害した場合、暴力的な報復が懸念されたため、このことを明るみに出すことの恐怖は大きなものになっていました。

知名度の低いＰＤのワークショップが開催されました。その表向きの目的は、学校の退学率という「安全な」問題を調査することでした。

村のリーダーであるパク・カスマディは、ＰＤがどのように機能するかを説明しました。参加者がさまざまな例を考えている時、ジャカルタやミャンマーでの性労働者のＨＩＶ・エイズのリスクの低減や、エジプトでの割礼の抑制など、より繊細な社会問題への応用が紹介されました。

これらの挑発的な例示によって促され、１人の率直なボランティアが、人身売買の婉曲表現である「外出」する少女の問題を表面化させました。間接的に言及することで、これまで議論することのできなかった話題に一片の光をあてることになったのです。パク・カスマディに促されて、参加者たちはすぐに貧困に苦しむ両親に「追い出された」少女たちの悲劇的な結末についての逸話を共有しました。

驚くべきことに、参加者はこの最もアンタッチャブルなテーマに対し、ＰＤを試してみることを決定しました。かれらは共通するプラクティスを文書にしました。住宅地図を使ったマッピング演習では、およそ１４０人が行方不明になり、そのうち78％が14～17歳の少女であることが判明しました。マッピングはまた、ガドゥンサリの12の村々の間でこの外出がどのように配分されていたかを浮き彫りにし、人身売買業者の影響力の強さを明らかにしました。その後、グループは人身売買の誘惑に抵抗していた貧しい家庭を訪問しました。ポジティブな例外を目のあたりにし、何かできることがあるはずだという確信を得たのです。

半年後に早送りします。コミュニティの監視グループは、人身売買のリスクの高い少女の家庭を特定していました。今日では、早期警告システムでボランティアを派遣し、村を出ようとしている少女の家族にカウンセリングを行っています。また、そのような家庭に対し、他の手段（たとえば、家庭菜園を作る、タバコの消費を減らすなど）で収入不足を補ってきたＰＤ家庭を紹介するサービスも提供しています。

イニシアチブの延長として、村の「ビッグシスター」が（携帯電話やプリペイドカードを使って）売春宿にいる少女たちと連絡を取り合い、カウンセリングを行い、脱出方法の助言をしています。これまで「渡航文書」の提出に関する規制に消極的だった地元の行政責任者は、規制を強化し始めました。

これらの結果、報告された人身売買の件数は劇的に減少しました。最も信頼できるベースライン調査によると、２００４年には33人の少女がガドゥンサリを出ていました。その数は２００８年だけで６人にまで減少しました。このイニシアチブは、さらに東ジャワの１００のコミュニティにまで拡大され、５０００の家族と１万９５００人の危機に瀕した子どもたちが対象となっています。[*b]

訓練を受けたフィールドワーカーにとって最も難しいのは、無知で、貧しく、教育を受けていない人々が、自分が思いもしなかった答えを持っているということを、心より信じることです。フィールドワーカーやファシリテーターはだれもが、外部が自分たちをどう評価するのかに対してある種の期待を持っています。そのため、自らの能力を証明する機会を放棄することは難しいものです。専門家は、解決すべき問題を探している「答え」のようなものです。

一方、ＰＤの実践者は、他の人たちへのエンパワーメントを触媒するコミュニティの動員者です。グループ会話は、これらの意図を行動に移すための手段になります。「問題解決」は、コミュニティのなかで分散された知性を活用し、そのなかにある潜在的な知恵を発見することに比べれば、優先順位は下なのです。

コミュニティのオーナーシップ

翌日、パスカたちはグループ会話のファシリテーションに挑戦します。３つのセッションが並行して行われ、それぞれのグループは古いアイアンウッドの木陰に集まっていました。かれらはいままでとは違うファシリテーションをしようと決意を固めています。踏みつけられた数ヘクタールの土地に詰め込まれた1万１０００人の魂の蜂の巣のような音が、場を満たしています。子どもたちは、隣接する広場で間に合わせの籐のボールを使ってサッカーをしています。

皺だらけの女性が、泥壁の小屋から不思議そうにちらりと見ています。彼女のいまにも倒れそうな扉は、再利用された亜鉛メッキ加工のオイルスズ缶に支えられています。まだ判読できるラベルには、「ＵＳＡＩＤ　転売禁止」と書かれています。

私たちは、鮮やかなギンガムチェックのブラウスとショールでスマートに身を包んだ女性たちの顔に注意を向けます。ファシリテーターたちは口をつぐみ、長い意味深長な沈黙を破るまいと必死になっています。曇り空からの最初の数滴の雨粒のように、だれかがようやく見解を述べます。他の人も加わります。会話は、私たちには理解できない方言で盛り上がり、流れていきます。参加が始まりました。オーナーシップが定着しつつあります。

会話には、拉致された少女や、キャンプで無傷の家族を持つティーンエイジャー、母親、父親、祖母、そして終始指示するそぶりを見せなかったキャンプの関係者が加わっていました。これにより、パスカとそのチームは、グループがどのようにして自分たちに最も身近な言葉で問題をリフレーミングしているかを目撃することができました。

かれらは、キャンプにいる拉致された少女の30%が、少なくとも1回は望まない妊娠をしていたことを発見しました（ゲリラの性欲を満たすために、多くの少女兵士たちが妊娠していたのです）。幼い子どもを連れてキャンプに到着した両親のいない彼女たちには、支援の手段がありませんでした。「傷のある商品」として、彼女たちは結婚には適さないと判断されていました。

すでに述べたように、親やその他の近親者を殺害しなければならないというＬＲＡの入隊儀式のおかげで、彼女たちは親族（アチョリ族の「社会保障制度」であり、個人のアイデンティティの基盤である）とも疎遠になっていました。

ＬＲＡでの経験から「私たちはセックスの道具でしかない」と考えるように洗脳された彼女たちは、収容所に逃げ込んだ当初は安堵していました。しかしその後、生活費を稼ぐためにセックスをするようになったため、しばしば絶望に襲われていました。

その結果は必然的に自滅的なものとなりました。彼女たちの性の乱れは、年齢を問わず、抑圧された男の欲望を煽っていると見られていました。少女たちは追放され、その後妊娠が発覚した場合、絶望と依存の負のスパイラルに巻き込まれていたのです。

彼女たちはどうやって生きていけばいいのでしょうか。普通の日常生活に戻ることはできるのでしょうか。彼女たちが社会の底辺へと落ちることを防ぐには、何が必要でしょうか。犯罪の要素はないでしょうか。

キャンプ内の多様なグループ会話は、意味のある具体的な問題として「望まない妊娠を防ぐこと」に収束していきました。[*4] 参加者たちは、ＰＤプロセスがこの問題に取り組むための興味深い方法になることに同意しました。

＊＊＊

翌日の報告会で、寡黙なメンバーのジミーが初めて発言します。

「私が『このキャンプにいる女の子はだれも……ができないのですか？』と質問したら、電球のスイッチが入るのを見ているようでした。１つのシンプルな質問からすべてが始まりました。グループは『もちろん例外もあります』という自分たちの反応に驚いているようでした。私は、彼女たちの口調の変化の早さと、潜在的なＰＤに簡単にズームインすることに驚きました」

ジミーは、反転質問がいかにあきらめから可能性の追求へと変えるかを理解しました。

「たくさんの参加と議論がありました」

パスカのチームの別のメンバーは、こうつけ加えます。

「しかし、女の子は最も発言するのが遅かったです。男の子のほうが自発的かつ率直に発言していました。当初、議論は簡単な説明（たとえば、混雑したキャンプでの生活のせいにするなど）に終始しました。それはそれでＯＫです。キャンプでの避けられない条件について多くの議論がなされました。子どもたちは両親と一緒に小さな小屋で寝ます。子どもたちの目や耳には、隣の性行為の声やシルエットが入ってきて、挑発的な教材を提供します。ティーンエイジャーたちは、キャンプ生活がいかにかれらをかつての祖国での日常から解放したかを語り合いました。多くの子どもたちは夜でも自由に歩き回ることができました。男の子たちは、規律の欠如が混乱を助長しているということで意見が一致しました」

オープンエンドな議論は、正直な発言を引き出し、グループの内省にもつながります。不快な洞察が表面化し始めます。タイトな三つ編みの髪をして、強烈なピンクのタンクトップを着た威厳のある女性が、キャンプ内の大人たちが元拉致された少女たちを貸し出していると自発的に話します。

ブローカーたちの間にはどうやら活発な市場があるようです。多くの人が頷いています。他の人は、少女は、学校でも教師から、そして不良少年グループから、危険にさらされていることをつけ加えます。

月経というタブー視されている話題を表面化させることで、相互の信頼関係という大きなハードルをクリアしたグループがあります。アチョリ族が性の他の側面をかなりオープンに扱っているのに対し、このテーマは全く話題にされることがありません。

元拉致された少女たちには、このようなデリケートな思春期の問題を相談できる相手である祖母がいません。伝統的に、少女たちは家のなかの祖母の小屋で寝泊まりをします。キャンプには、このような助言をしてくれる人が全くおらず、少女たちの多くは月経が始まる前に拉致されていました。何の準備もなく最初の月経が始まり、公の場で発見されると、恥ずかしさ、屈辱、そして当惑に苛まれます。このような出来事はトラウマとなり、数週間ほど噂話にもなります。それらは克服すべき別の汚点を生み出します。

「アチョリ族の文化ではセックスの話をしやすいんです」とベアトリスは話します。

「私たちには、女の子の成人を祝う特定のダンスがあります。準備ができたら求愛のダンスに参加します。でも、月経や妊娠初期の話は、私たちのレパートリーにはありません。キャンプ生活では、祖母が女の子にこれらのことについて教えてくれるという通常のやり方が壊されています」

思春期の問題やその衝動を助けてくれる祖母はここにはいないのです。

このような経験は、「アハ体験」の瞬間として結実しました。ファシリテーターとして一歩引き、誘導的な質問を控えることで、いままで認識されていなかった、望まない妊娠に影響を与える2つの要因が明らかになりました。①「迷子の少女」を搾取しようとするキャンプ内の暗黙の陰謀、②少女の成人に向けた準備における解決されていない不備、すなわち祖母との関係、です。

最初はシングルマザーや少女兵士の望まない妊娠に限定されていたこの問題は、いまでは他の利害関係者、すなわち、キャンプのリーダー、セックスブローカー、搾取的な親、キャンプを護衛する兵士、学校、教師、祖母を包むように拡大されたのです。

答えを見つけるために急いで前に進まない

パスカたちは、自分たちのポジティブな逸脱者を見極めるために、コミュニティに新たに働きかける準備ができていました。彼女らの行動は期待できるものであり、その熱意を抑えることは難しいものでした。

今回、彼女らは「答え」を見つけるために急いで前に進むことは、抑制しなければならない誘惑であることを認識していました。クリスマスでプレゼントを贈る者のように、「プレゼントを開ける」ことを控える必要がありました。コミュニティが自分たちでプレゼントを発見して開けることが決定的に重要なのです。というのも、第1にコミュニティがオーナーシップを持つため、そして第2に、自分たちで「発見」したものは、ファシリテーターがパッケージのなかで考えていたものとはかなり異なるかもしれないからです。

望まない妊娠をなくすためのイニシアチブでは、プロジェクトの期間中、190人の弱い立場にある少女（うち40%が拉致された少女でした）が登録されました。プロジェクト開始時には、以前に拉致された少女たちのうち、消費や販売のために農作物を栽培していたのはわずか35%でした。1年後には、73%の少女が農作物の栽培に従事し、47%が豚や山羊、そして牛さえも家畜として購入していました[*5]。3分の1以上が市場で行商人になっていました。そのうち1割が携帯電話やプリペイドカードを販売していました。半数以上の人が、最初の1年後に5万シリング（約31ドル）の貯金をしたと報告しています。

自尊心の向上、衛生面の改善、コミュニティのリーダー、メンター、仲間のなかのロールモデルとの関係構築、という点では、全員が90％以上のスコアを獲得しました。[*6]

「それはすべてＨｏｗにあります」とジミーは後に述べています。

「Ｗｈａｔにたどり着いたグループをファシリテートしたＨｏｗです。元少女兵士のＰＤ候補の何人かの収入源が何なのかというＷｈａｔだけでなく、どのようにして資金援助者や種、小さな土地にアクセスできたのかというＨｏｗです」

謙虚に耳を傾け、可能性を引き出す

パスカと彼女のチームにとっての最大の課題は、「問題解決者、専門家としてのフィールドワーカー」から「触媒としてのフィールドワーカー」へと移行することでした。ヘルパーであり専門家である彼女たちの本能を抑えるには、常に警戒が必要でした。フィールドワーカーは、自分たちの専門知識の価値によって動機づけられていることが多いものです。必然的に、私たちは支援しようとしている人たちにもそれを押しつけてしまいます。

一方、もし私たちの前提が、コミュニティはすでに答えを持っている、というものであれば、課題は自己発見を促進することになります。コミュニティが自らの問題についてオーナーシップを持ち、実証済みの処方箋を発見すると、一見遅いように見えるスタートは驚くほどの速さになります。

本能は多くの専門的職業の実践にとって、中心的なものになっています。専門家とその人の内面的な才能との間の微妙な緊張関係は、アナロジーで明らかにすることができます。

コンサートグランドピアノの不可思議な世界には、精鋭の魔法使いたちがいます。かれらは、ピアノの手入れのなかでも最も微妙で繊細な部分、すなわち楽器の音色にまでおよぶ仕事をする技術者です。超人的な音の感覚を持っているため、ミクロレベルでの微妙な音の違いを聞き分けることができます。新品のスタインウェイやヤマハピアノの良さを引き出し、長年使用されてきた楽器がコンサートでシンクロした輝きを持って歌えるようにするのがかれらの仕事です。[*7]

ピアノのボイシングは、ブリッジ、リブ、サウンドボード、プレート、弦、無数の小さな可動部など、すべての要素の複合化学的な最適化を目指し、木製ケースやレバーの水分量、ハンマーフェルトさえも考慮に入れています。チューニングのために弦のテンション、レスポンスのために可動部の位置、そしてソノリティのためにハンマーフェルトを調整することで、楽器の良さを最大限に引き出すことができます。高音部は豊かで丸みを帯びていて、はっきりとした響きを持ち、低音部は共鳴する力を持っています。

アクションは、プレイヤーとの親密なパートナーシップのために準備されています。これらの微妙な差異をマスターし、その性質に敏感になることで、魔法使いはそれぞれのピアノの個性を呼び覚まします。

ピアノのように、グループでの会話にはそれぞれ個性があります。課題は、各自が与えなければならないものをすべて引き出すことです。困ったことに、ピアノの調律師と違って、引っ張るべき弦はありません。このプロセスは機械的なものではなく、有機的なものです。ファシリテーターの役割は、謙虚に耳を傾け、この可能性を引き出すように促すことです。

解決策には賞味期限がある

ウガンダやその他の地域で目のあたりにしたように、問題の最初のフレーミングは、コミュニティが直接的な関連性のある具体的な問題に収束していくにつれて変化していきます。

最高裁判事のスチュワート・ポッターは、性的コンテンツに関する上告審判決を再検討し、ポルノを定義することはできないが、「見ればわかる」という名言を残しました。かれの知恵はここにもあてはまります。問題のフレーミングに関して不思議なのは、実際の利害関係者を巻き込むと、それはいつも変化するということ、さらには、解決策を得ないことには、問題を本当に理解したことにはならないということです。問題は何か他のものへと形を変えるのです。

ベトナムでは、最初の「問題」は子どもの栄養失調でした。調査が進むにしたがって、より深い問題が生じました。それは、子どもたちの食事にエビ、カニ、および青菜を入れることに対する親の抵抗を克服することでした。さらに「問題」は、乳児にいつ、どのくらいの頻度で食事を与えれば良いのかを規定する伝統を変えることへと変化していきました。

そこで村の人たちは、世話係による食事提供のルーチンの変更（たとえば、毎日の追加食材の採集、手洗い、頻繁な子どもたちの摂食）を促すため、社会規範に影響をおよぼそうと栄養「ワークショップ」を計画しました。

ＰＤの問題とは、「解決しようとする」課題の理解が常に進化しているような類のものです。今日の解決策は、それに続く処方箋に向かって前進するスパイラルのなかで、問題の深層に光をあてます。「解決策」には賞味期限があります。それは継続的な探求なのです。

訳者解説６　問題のリフレーミングによる解への接近

ウガンダ難民キャンプのパスカは、ＰＤに関するハンドブックを読み、そこで得た知識を元にＰＤプロセスを実際に展開した結果、多くの問題に直面することになりました。

ＰＤプロセスはボトムアップ・アプローチであるにもかかわらず、パスカのチームが行ったのは、専門家としてトップダウン・アプローチをとり、有効な問題解決に至ることができませんでした。ＰＤの専門家として、関係者のミーティングを主導し、ＰＤを自ら特定し、その普及のためのセミナーを実施していたのです。

この章のメッセージで特に重要なのは、「問題は解決されるまで本当に理解することができない」ということです。つまり、当初の問題に対する解決策が見つかったとしても、それを実行する際にいくつかの適応課題が新たに発生し、それらに対処するなかで、違う方向に展開していくことが多々あります。この場合、問題は、逐次的にリフレーミングされていかなければなりません。最終的な解に到達した時、初めて問題の全体像が理解できるのです。

これは企業経営でも同様です。トップダウンでの問題解決は、それがいかに外部の専門家（たとえば、コンサルタント）の緻密な分析によって推奨されたものであったとしても、多くの場合、それは技術的問題に対する解です。その解がそのまま実行できるのであれば問題ありません。しかし、それを実行していく際、現場での何らかの行動が障害となり、適応課題が発生すれば、袋小路に迷い込むことになります。

たとえば、よくあるのが現場の反発および面従腹背です。コンサルティング会社による「ゼロベースでの抜本的改革」を実行した結果、現場が混乱に次ぐ混乱となり、結局のところ、元の状態に戻さざるを得ないという経験をした企業は少なくないのではないでしょうか。

もし、このような改革を後戻りすることなく推進していくのであれば、現場主導のボトムアップでの学習がポイントとなります。この学習プロセスは、自発的に発生するものではなく、トップダウンの仕掛けがやはり必要です。というのも現場の人たちは日常業務に追われており、このようなＰＤプロセスに関与する時間的余裕はあまりないからです。

しかし、その仕掛けはあくまでも学習のための構造設計、コンテクストの設定に限定されます。そこで何をどのように学んでいくのかについては、現場の人たちに任せる必要があります。ＰＤファシリテーターが関与するにしても、自ら解を出したり、答えに誘導したりすることは厳禁です。そうではなく、関係者での問題解決を促すためのオープンクエスチョンや、議論を促すための話題提供にその役割を自己限定しなければなりません。

これが専門家やマネジャーにとっては非常に難しいことなのです。

出発点として課題の設定、問題の定義は絶対に必要です。しかし、それを現場で議論していくなかで課題、問題はリフレーミングされ、逐次的に変化していきます。最終的に問題が正しく定義されれば、解を得る確率は飛躍的に高まります。リフレーミングを通じて有効なＰＤに接近していくことが、ＰＤプロセスの重要なポイントになるのです。

第7章

漸進的な学習プロセスが意図しない結果をもたらす

パキスタン北西辺境州の遠く離れた山間部に住むパシュトー語圏の人々（パシュトゥーン人）は、乳児の死亡率が世界で最も高いという問題を抱えています。20人に1人の乳児が生後1年以内に死亡しています。自立心が旺盛な人々のコミュニティは、長い間、保健当局がこの問題に取り組むことを拒否してきました。ＰＤはこのような阻害要因に対しても有効であることが多く、セーブ・ザ・チルドレンは、このプロセスを試してみることに決定しました。チームが遭遇する困難な障壁に対し、これまでの経験はほとんど役に立ちませんでした。

乳児の命を救うという明白な意図の下で行った活動が、意図しない結果をも併せて生み出しました。モニークは、この旅について本章で説明します。

解決課題

世界で最も高い乳児死亡率

パシュトゥーン人は、チンギス・ハーン以来、何世紀にもわたって外部を寄せつけない免疫防御システムを進化させてきました。それは文化的・人類学的には万里の長城に相当するものですが、それよりもはるかに効果的であり続けました。この地域の地形は、孤立を助長するものです。地殻変動により、陸地は山、渓谷、急勾配の谷、アクセスできない窪地に分断され、迷路のようになっています。

本書が出版されると、これらの極めて独立した部族は毎晩のニュースで取り上げられるようになりました。パキスタンとアフガニスタンの国境にある、無人地帯を占拠しているかれらは、どの国にも属しておらず、古代から続く部族主義と名誉規範によって支配されています。ある飛び地はタリバン、他の飛び地はアルカイダ、そしておそらくオサマ・ビンラディン自身を隔離しています。

要するにこの地は、何世紀にもわたって、あえて孤立することで、伝統を守ってきました。私たちがそれを目のあたりにできる、世界でも数少ない場所なのです。そして、この地が私たちの物語の中心になります。

セーブ・ザ・チルドレンは、北西辺境州で乳児死亡率の課題にＰＤを試験的に適用するよう要請された時、かれらはこの困難な場所をあえて選択し、「あらゆる困難を乗り越える」このアプローチの力を証明するという戦略的な決断を下しました。

モニークは、非常にリスクの高いこの事業について、セーブ・ザ・チルドレンの現地スタッフに助言を求められました。ガラムソンと他の３つの村は、偏狭さ、孤立、部外者への猜疑心のモデルとなった村でした。

では、これまで問題として認識していなかった課題に取り組むようにコミュニティを説得するにはどうすれば良いのでしょうか。ほとんどの住民は、乳児の死亡率がパキスタンで最も高い水準にあることを認識していました（１０００人の出生に対して85人が死亡している）。しかし、リーダーや村の人々は、「アッラーの意志」として、このすべてを受け入れていました。

アッラーの意志

事前に村長との懇談を重ねてきたことで、この問題に取り組むリーダーたちの意欲は高まっていました。いてもたってもいられなくなり、議論の焦点は、コミュニティをいかにして巻き込んでいくのかという課題に向けられました。村人たちとの最初の出会いは、1週間後の木曜日の午後でした。村のリーダーは、セーブ・ザ・チルドレンの現地スタッフであるモハンマド・シャフィークとともに、地元の喫茶店の波板屋根の下で低い腰掛けに座っていた十数人の男たちにこの話題を持ちかけました。仮のテーブルを囲んで雑談を交わした後、リーダーは乳児の死を心配している人はいないかと尋ねました。沈黙の後、信じられない発言が出ました。

「乳児と俺たちに何の関係があるのですか？　赤ちゃんの世話や出産は女の仕事だ！」

シャフィークとの事前の打ち合せでそのような反応は予期していたため、リーダーは平静を装い不吉な始まりに耐えました。ひび割れた汚れたグラスにお茶を入れ飲み干しつつ、この髭面の男たちへの不安が大きくなっていきました。

「あなたの一族のなかで生まれたばかりの赤ちゃんが死んだことがある人はいますか？」

前年に村で生まれた多くの赤ちゃんが生後2カ月になる前に死んでしまったという話になり、その理由は、「アッラーの意志」と説明されました。

「しかし、なぜアッラーはガラムソンを選んだのでしょうか？」

リーダーはレトリカルクエスチョン（修辞疑問）を投げかけました。

「もしかしたら、このことを調べる時が来たのかもしれません」

「明日の祈りの後、私と一緒に来てください。友人も連れてきてください」

意味深長な沈黙が続きました。かすかに何人かが頷くのが見えます。１人は手をあげ同意し、若い男たちは納得できずに、肩をすくめて目をそらしました。

次の日の夜、その喫茶店には20人もの驚くべき数の人々が集まっていました。祈りと儀式の後、リーダーはパシュトーの諺でグループを和ませました。その後、シャフィークは他のコミュニティの難問にＰＤがどのように適用されてきたかを説明しました。

ティーカップを小道具にして（ほとんどが空、いくつかが満杯）、空になったカップに向かってジェスチャーをしながら、かれは言いました。

「１つひとつのカップが１つの家庭です。生後数週間で新生児を失った世帯はどれだけあるのでしょうか？」

次に、満杯のコップを指差しながら尋ねました。

「何人の赤ちゃんが生き残ったでしょうか？　何が起こっているのかを知るために、両方の家庭で話を聞くことに興味はないですか？」

会話が始まりました。それから数日の間に噂が広がり、モスクの横の広場に人々が集まりました。

ガラムソンの３０００人の住民のうち、１００人以上の男性が近くの谷や農場から歩いて来ていました。いまでは好奇心旺盛な男性活動家たちが、もっと学ぶことに賛成していたのです。

ベースラインのデータを得る

最初のステップとして、新生児の生存に関する最近の村の情報を示す信頼できる地図を作成することで合意しました。その日の夕方、この取り組みの第1号として、家、通り、モスク、市場を表す即席の材料を使ったものが出来上がりました。

地面に腰を下ろし、色つきのフェルトペンを使って石を分類（子のいない家庭、前回のラマダン以降に新生児を失った家庭など）し、疫学的な地図を作成しました。村の家の緑の点は、新生児が生き残ったことを示しています。黒の点は運のなかった家庭を示し、オレンジ、黄色、茶色、紫色の点は死因（臍帯感染、窒息、下痢、低体温症または超低出生体重）を表しています。

参加者は夢中になっていました。経験を共有することで、男性は伝統的に女性に任されてきたテーマに関与しました。無口だった男性たちが、活発な意見交換をしていました。死んだ子どもと全く同じ条件で生まれた新生児が、なぜ生き残って成長できているのでしょうか。これらの会話は、最終的には「アッラーの意志」の覆いを突き破ることになるでしょう。

パシュトゥーンの男性と女性は分離して生活しています。女性は家から出ることはほとんどなく、買い物やお金の扱いもしません。男女は完全に分離しており、人生経験に深い溝が生まれています。プライベートでの男女のコミュニケーションも非常に限られています。

ガラムソンの夫妻が、妊娠中に妻の体調について話し合ったとしても、夫はその事実を男友達に隠してしまうでしょう。「女性の問題」について話し合ったり、妻の出生前検査に同行したりした男には、称賛ではなく、むしろ、非難の声がつきまとうことになります。

数週間後、いくつかの村の男たちは、女性にもこのプロセスに参加することを認めると決定しました。かれらは別のセーブ・ザ・チルドレンのスタッフ、アママ・アンブリーンを招待して、女性ボランティアとのセッションを開催しました。

少し話を早送りします。隣人のベッドの上で女性たちが密接に身を寄せ合い、アママが他の場所のPDの成功の話をしているのを想像してみてください。彼女が説明した事例は、乳児の死亡率に対処する可能性を提起しました。女性たちは熱心に参加していました。多くの女性にとって、だれかに意見を求められたのは人生で初めてのことだったのです。

イスラマバード出身で教育のあるアママが何時間もかけて彼女たちの話を聞いてくれたことが、自信につながりました。新生児を失ったという彼女たちの話が心を痛めるものであるのは明らかでしたが、興味を持ってくれているのはそれと同じくらい明白なことでした。

男性が住民調査のデータを作成している間に、女性の間でも併行した作業が行われていました。彼女たちの場合、マッピングのために選んだのは豆でした。エスキモーの「雪」を表す23の言葉にたとえれば、パシュトゥーンの女性たちは毎日の食生活の主食である豆の通貨でやり取りをしていたのです。

豆の違いは素人目には微妙ですが、読み書きできる人にとっては辞書に載っている単語のように、彼女たちにははっきりとしています。女性たちの地図には、より深い描写がありました。彼女たちは、子どもが生まれてから最初の2～3週間に何が起こったのかを正確に理解していました。

これらの疫学地図の作成には、かなりの注意が払われました。だれが生まれたか、だれが死んだか、下痢、体重不足、呼吸困難、あるいは臍帯感染したけれども生き残った乳児などが描かれています。最終的には、男性と女性の努力による合成地図が出来上がりました。

今度は家庭への訪問の段階です。準備には数週間かかりました。まず、各グループが共通のプラクティスについてどのように聞けば良いのか決める必要がありました。次に、対象を妊娠第3期から出産、そして新生児誕生後1年までの期間に限定することで合意しました。調査対象から除外されたのは、産科的異常（逆子出産、早産など）と生命を脅かす先天性の欠陥を持つ新生児でした。

数週間で、母親、義母、およびダイス（伝統的な助産師）からなる多くのグループが生まれました。後にかれらは集まり、調査結果を共有することになります。

WhatからHowへ

その後のプロセスは「インタビュー」ではなく、ストーリーを通した情報収集になったのは驚くべきことではありません。パシュトゥーンの生活は口承の伝統のなかで営まれています。日記や市民の記録はありませんが、人々の記憶には驚くほど豊富な詳細が残っています。赤ちゃんが生まれると、近隣の女性たちが訪問し、議論し、観察し、何がどのようにして起こったのかを記憶に残します。

この伝統に対応すべく、手製のぬいぐるみのような手で扱えるものを用いて、人々が知っていることではなく、何をしているかを捉えました。これは、ＷｈａｔからＨｏｗへの古典的なシフトを促しました。

やってみると多くの家庭では、出産は厄介なものとみなされていたため、動物小屋で出産していたことが明らかになりました。いくつかのセッションでは、悲劇的な話がストイックに説明されました。たとえば、義母、新米の母親、ダイスが、冬の出産後に青くなって数時間後に死亡した乳児について詳しく話しました。臍帯や胎盤の代わりにボロ人形や粗末な素材を使って再現することで、赤ちゃんが生まれてすぐにダイスの関心が新生児から母親へと切り替わっていく様子が伝わってきました。

村の最高齢で、最も尊敬されているダイスの１人であるミリアムは、裸の新生児を泥の床の上に置き、その場にいる人々がその上から祈りを唱えるという一般的な慣習を実践しました。寒いハリプールの冬に、新生児と湿った土の間には熱源も断熱毛布もなく、意図せず低体温症が起こってしまいました。

PDプラクティスを明らかにする

共通のプラクティスを把握した後は、ＰＤ調査そのものであるＰＤの探索の段階です。これまでにマッピングを行っていたため、あらゆる困難にもかかわらず生存している、「リスクのある」新生児を持つ家庭を特定することができました。

男性ボランティアの小グループがシャフィークのチームに加わり、これらのＰＤ家庭の男性たちを訪問し、その家庭の行動を知るために話をしました。同様のプロセスが女性たちの間でも行われました。パシュトゥーンの伝統は、他人を犠牲にして、１人の者のみに社会的評価を与えることを嫌います。「英雄」を探し出すことではなく、発見は、個人ではなく成功したプラクティスを明らかにすることだというのは理解されていました。

ある義母は、ガデヤ（枕）を使っていることに言及しました。

「なぜですか？」と訪問者は尋ねます。

彼女は、「赤ちゃんが生まれる前に、床に敷いたり、赤ちゃんが生まれた時にかぶせたりするために、ボロ布で特別な枕を作っているのです」と答えました。

「私たちに見せてもらえませんか？」と訪問者がお願いしました。彼女はガデヤを使っているところを見せてくれました。自身も孫がいる訪問チームの１人が口を挟みました。

「私も同じようなことをしています。私はすぐに赤ちゃんをお母さんの胸に置き、その上に毛布をかけました」

ある男の親族に男性グループが面会しました。そこでは、清潔なカミソリを使って臍帯を切るというＰＤプラクティスが明らかになりました。あるＰＤの夫は「清潔な分娩キット」を作っていました。また、ある夫は妻をクリニックに連れて行き、出生前検査を受けていました。実用的で成功したプラクティスのリストは徐々に拡大していきました。

男性と女性の各グループは、併行してそれぞれの発見について話し合いました。時には、これが激しい議論の引き金になったこともありました。検証することで最も重要性の高い戦略を明らかにし、そのプラクティスの優先順位を上げることにつながります。

収束は必ずしも容易ではありませんでした。母乳の代わりに乳汁分泌前のグッティ（蜂蜜）を乳児に与えるという慣習について、意見の衝突が起きました。従来、母親は乳児の授乳を３日間遅らせ、代わりにグッティに頼っていました。

しかし、ほぼすべてのＰＤ世帯がこの慣習に従がっていませんでした。この慣習が新生児の命を危険にさらしているという証拠は非常に説得力があり、その遵守率は６カ月以内に45％も低下しました。[*1]

伝統を維持して広がる新しい秩序

これらの発見をより大きなコミュニティと共有する段階が来ました。男性と女性に分かれてのコミュニティ・ミーティングは、家庭訪問で得られた発見を共有するために、慎重な演出の工夫がなされました。熱心な村人たちは、新生児の命を救える秘訣のいくつかを聞くために集まりました。この段階のデザインは、村人の潜在的な創造性を証明するものです。コミュニティは、自らの問題に自ら関与する方法について最もよく知っているということを改めて確認できました。

ある女性チームは福袋を使用しました。見ている人が袋に手を入れ、なかにあるもの（たとえば、仮の枕やガデヤ）を取り出し、その用途を推測するのです。観客が戸惑っていると、チームのメンバーが説明してくれます。

男性グループは、「店主のテーブル」の上に商品を並べた「バザー」を作りました。エリキシル（塩化カリウム）、クリーム、漢方薬、宗教用品、カミソリの刃、ハサミなどのなかから「購入品」を選んでもらいました。参加者は購入の理由を説明しました。これにより、どの商品が実際に新生児の命を救うことになるのかについて、会話が弾みました。

あるロールプレイが特に印象に残っています。使い古したカミソリの刃を、感染症を象徴する黒いフェルトペンで塗ったのです。ボランティアには、ネギ（偽物の臍帯）を切り開いてもらいました。

切開すると、切断されたネギに「感染」の色が付着したままになります。

「もちろん、清潔な刃物を使わなければなりません」とグループの保守的な長老であるサフワットは助言しました。

「床屋では、私たちに触れる前にカミソリを変えてもらうようにしています。そうしないと、顔に感染症や腫れ物ができてしまう。男性は、出産のために清潔なカミソリを買うべきです。そして、助産師にも使うよう主張しなければなりません」とかれは締めくくりました。警告の言葉では説明できなかったことが、シミュレーションで明らかになったのです。

3日後、新生児が竹のナイフで義母にへその緒を切られるところでした。そこに集まった人たちが、夫が購入したきれいなカミソリを使うようにと主張し、激しい議論が繰り広げられた結果、多数派が勝ちました。その後、ほとんどの夫は、きれいな新しいカミソリを購入する責任を負うことになりました。何人かは、カミソリや臍帯を結ぶための清潔な紐を含む「分娩キット」を作りました。

この普及ワークショップには、ある一定の流れをたどる傾向が見られました。技術的なPDプラクティス（例：清潔なカミソリ）の紹介から始まり、その後、必然的に夫の関与と妻の支援の重要性に焦点が移っていったのです。

ある夫は、妊娠中の妻に特別な食べ物を与えることで文化的タブーを犯していました（義母の権限を侵害した）。そこから質問が始まりました。

「これをどう思いますか？」

「夫が妻を出生前検査に連れて行くのはどうですか？」

「どこで線引きをしますか？」

コミュニティ・ミーティングの終了時には、ボランティアが集まって、新生児の生存には成功したが、時には物議を醸すこともあった方法をコミュニティ全体で実践できるようにするための戦略を練りました。

男性は月に一度、喫茶店のモハラ（近所の会合）に集まり、最近の新生児の話を語り、何をすべきかを議論し、妊娠と出産について学び、おそらくいくつかの新しい行動を決定しました。女性たちは、毎月のモハラのセッションで、より精巧な新しい行動を検討したり、新しい行動を採用した出産の話をしたりして、同じような計画を立てました。[*2]

このPDの旅の間に、前例のないことが起こりました。夫と妻は、乳児の生存について併行して話し合うことで、共通の経験と関心を共有したのです。夫は妻がいつセッションを行っているかを知っており、時には女性が働いている畑で行われることもありました。

妻たちは男性が知らないことを学んだのでしょうか。妻は夫に挨拶をして、かれのグループが何を学んだのかを知りたがっているかもしれません。彼女はワークショップのために寸劇を作っているかもしれません。夫は新しい「産科救急基金」の作成にかかわっているかもしれません。

奇妙な新しい世界が生まれました。共通の関心を持つ夫婦、貴重なアイデアを持つ女性。夫と妻の話し合いは、教育、家計費、村の政治など、他の分野にも波及していきました。結婚して初めてパートナーになった人もいました。見えない橋が、ジェンダーの溝に架けられ始めていたのです。

もちろん、女性たちは基本的なタブーを破らないように細心の注意を払っていました。服装は控えめにし、夫以外の男性に見られないように気をつけていました。乳児が生存するために彼女たちが負う責任は、伝統的に割りあてられた家事に追加されたものでした。まとめると、パシュトゥーン文化の免疫防御反応が、伝統主義者を刺激するようなあからさまな挑発を生み出すことは外見上、ほとんどなかったのです。

６カ月早送りします。ガラムソンのフィナーレは「ヘルシーベビーフェア」として工夫を凝らした形で行われました。その日は暑くて乾燥していました。夜が明けると、巨大なテントの下に男性たちがマットを敷き始めました。遠くの町からマイクやアンプが運ばれてきて、若い男たちがセッティングとテストに奔走していました。

テント、マット、オーディオシステムが設置された後、いよいよコミュニティの男女分離の解決策を披露する時が来ました。それは、テントの中央に張られた20メートルのガーゼのカーテンで、男女を隔てる透けて見える仕切りです。それからの2時間に、５００人以上の男女、少年少女が同じ屋根の下に座り、成功した母子ケアと新生児ケアの実践に焦点を合わせたダイスと男女のチームリーダーの話に耳を傾けました。

それぞれの聴衆のために、ＰＤ行動をカラフルなイラストで描いたフリップチャートを複数用意して使用しました。短い旋律の歌が披露され、一般の人々を楽しませました。男性は、出生前検査と予防接種のために妻を診療所に連れて行くことの予防上の利点について、公の場で証言しました。

健康な赤ちゃんコンテストでは、３つの年齢区分（１歳未満、１〜２歳、２〜３歳）の子どもたちに焦点を合わせました。赤ちゃんの体重を測り、栄養状態を記録します。複数の賞を受賞した多くの母親や、場合によっては父親が表彰台に上がり、小さな賞品を受け取ることができました。

ポイントはもちろんＰＤ実践効果に注目を集め、かれらの子どもの生存と幸福にとって、母親および父親の両方の参加が重要であることを強調することにありました。

目に見えないところでこの新たな取り組みが拒絶されることなく、男女の生活の間にあった突き通せない壁は、会場で仕切られたガーゼのカーテンのような半透明なものに取って代わられました。その象徴的な存在は伝統を維持しています。透過性は新しい秩序への移行を象徴していたのです。

意図しない結果を事前に知ることはできない

もちろん、変化は簡単には起こりませんし、パシュトゥーンの免疫防御力が満足のいくものであったわけではありません。実際、この計画で見落としたことの１つが、十分な数の義母が含まれていなかったということです。義母の伝統的な役割は、新しいプラクティスによって取り残されてしまいました。

そのなかで憤慨した少数派は、反対の声を上げました。多くの人が大成功としてヘルシーベビーフェアを歓迎しながら、他の、特に年配の女性は、激怒していました。ある1人の祖母は、レトリックを駆使して不満を表明しました。

「このプロジェクトは、男性を巻き込み、妊婦や他のプライベートな女性の問題の写真を掲示することによって下品さを生み出しました。赤ちゃんのショーは下品だった。拡声器を使って皆の前で女性のプライベートな問題が議論されていました」

反対の声が上がるたびに、何十人もの人々が生じた変化を擁護し、支持しました。具体的な結果は決定的なものでした。乳児の死亡数が目に見えて減少したのです。「私と同じような」他の人々によって出生の結果が好転したという証拠を得たことで、社会と文化の均衡は元に戻れないところに崩れてしまいました。

このような創発的変化の紆余曲折は、当然のことながら、台本化されておらず、事前に知ることはできません。コミュニティの変化は複雑です。一見取るに足らないように見えるものが無限に存在するなかで、前例のない瞬間や目でほとんど捉えることのできない行動の微妙な変化のなかで、それは生じます。

脚注と思われていた展開が、プロット全体を定義することがあります。たとえば、夫婦間のより有意義な対話や母親とその義母の意見が一致するようになったことです。

具体的な活動とより良い結果に焦点を合わせることで、それを支える行動やネットワーク、役割が自然で目に見えない形で進化しました。変革が起きたのは、まさにそれが意図した目的ではなかったからに他なりません。

ガラムソンは、変化の統合についての物語です。それはまた、可能なすべてのものを保存し、必要なものだけを変更することの重要性を示す物語です。それが自然の摂理です。進化の歴史のなかで、種が突然、頭から尻尾まですべて変態したことはいまだかつて一度もありません。突然変異は漸進的なものです。小さな成功は、さらなる漸進的な適応を生み出します。ガラムソンでは、このことがすべて明らかになりました。

新生児の命を危険にさらすと判断された特定のプラクティスは、緊密に結びついた社会システムの器のなかにありました。後者における役割の定義は、新生児の命を救うことには逆行します。それらはともに進化するべきです。すべての人間の仕組みに言えることですが、情報（この場合、新生児の命を救う最善の方法）は社会的な状況のなかで生きています。

社会的なコンテクストを変えることによってのみ、「情報」の解釈やその内面化を変えることができます。パシュトゥーンの部族文化の極端な事例は、この相関関係をより明確にしたに過ぎません。学習の制度化は、必然的に文化、規範、信念、価値観にまでおよび、それらを変えてしまうのです。

訳者解説7　意図しない結果のマネジメント

本章では、乳児死亡率の低下という課題に取り組んだ結果、当初の目的になかった夫婦間のより有意義な対話や母親とその義母の意見が一致するようになったことなど、パシュトゥーン部族のなかでのコミュニケーションが円滑化したことが報告されています。

ＰＤプロセスでは、このような意図しない結果を伴うことが必然的に生じます。というのも、現場主導型の学習プロセスが進展することになるため、関与する人たちの間での一体感の醸成、コミュニケーションの活発化、階層を跨いだ協調などが結果として生じるからです。

もちろん、それは既存の構造を完全に否定するものではありません。ガラムソンではイスラムの伝統に従がい、男女間の壁は依然として残り続けています。しかし、ヘルシーベビーフェアで見られたように、男女に分かれた観客の間に下ろされた幕は半透明なガーゼのカーテンでした。つまり、両者の壁は残しつつも、その壁が半透明のものへと変えられたのです。

本章でも説明されているように、コミュニティや組織の変革は、多くの場合、ゼロベースの抜本的なものではなく、局所的、漸進的なもののほうが効率的になります。突然変異によって身体のすべてが急激に変化するのではなく、それは局所的なものであるのと同様です。このような漸進的な変異、すなわち学習プロセスは、いわば関係者の共同体化を促進する働きがあるのです。

そのことが意図しない結果として生じることになります。

もちろん、良い結果ばかりではありません。ＰＤ活動は、日常業務と並行して実施されることになるため、現場の当事者の負担はかなり大きなものになります。特に企業の場合、普段の仕事に追われている従業員に、さらに負荷をかけることになるため、ＰＤを実施すると、反発やクレームが出ることが多いと言えます。

その時、ＰＤの課題をうまくリフレーミングし、それに取り組むことが自分自身の仕事にとってもプラスになることを示さなければなりません。それができなければ、ＰＤプロセスは暗礁に乗り上げることになります。また、成果を測定し、早い段階で社会的証明を提示することができなければ、このような試みは潰されることになります。

ＰＤプロセスは、当事者がオーナーシップを持ち、軌道に乗れば、本章で示されたような意図しない結果が期待されます。しかしながら、課題のリフレーミング、成果の測定、社会的証明の提示などが十分でなければ、意図しない結果は、現場の反発、混乱、不信感というネガティブなものになってしまいます。

このような悪い意味での意図しない結果を避けるためにも、ＰＤプロセスの適切なデザイン、ファシリテーションが求められるのです。

第8章

学習する組織のマネジメント

なぜＰＤが注目されるようになったのか？

本書は、ＰＤプロセスが、難問に対処するための唯一の、あるいはベストのアプローチであると主張するものではありません。それどころか、ベトナムでの経験後、当初私たちが感じたのは、その妥当性や適用範囲は限定的であるということでした。

しかし、その後20年以上にわたるこのプロセスの発展を観察することで、少し畏敬の念を抱くようになりました。このアイデアが有名になったのは、ほとんど口コミ（メディアで時折取り上げられたのを除くと）によるものでした。

マーケティング・キャンペーンもブランディングへの投資も、組織的な宣伝もありませんでした。ボストンのタフツ大学でウェブサイトを立ち上げ、ＰＤイニシアチブを設立したのは、世界中から毎月のように問い合わせが殺到したため、その防衛策でした（今後の展望については、コラム「バーチャルＰＤ？」を参照）。

なぜ大騒ぎとなったのでしょうか。最もシンプルな答えは、世間（そしてメディア）が「何が悪いのか」「何が足りないのか」という話題に夢中になっているなかで、「あらゆる困難にもかかわらず何がうまくいっているのか」という常識とは逆の強調が、新鮮な風になったということです。

このアプローチは変化疲れの強壮剤になります。その主な特徴は、非常に困難ななかで成功した例外に注意を向けるということにあります（このプロセスはボトムアップのイニシアチブに依拠していますが、それ自体はそのユニークな属性ではありません。他の参加型アプローチもこの点では同様です）。

もう1つの説明は、ＰＤは、参加型方法論と（現場の機能している例外を活用する）ベストプラクティスを足し合わせたもの以上であるということです。それは、両者のなかでベストなものを強力に統合しているという点では乗法的です。

第3に、より深いレベルでの説明は、これまで各章で一貫して何度も繰り返し触れられてきたものです。ＰＤプロセスは、進化生物学が自然界でそうであるように、社会システムのなかで機能します。それは長期的には急進的なものですが、短期的には漸進的です。対象を狭く絞った問題に関しては破壊的ですが、全体的には保守的です。つまり、それはゲノムの大部分はそのままにしておき、適応を成功させるために必要不可欠な要素だけを変更するのです。[*1]

コラム

バーチャルＰＤ？

ＰＤプロセスの適用例が増加し続け、私たちを驚かせ続けるなかで、その地平線の先には何があるのでしょうか。1つの刺激的な応用は、バーチャルな領域で起こるかもしれません。いままで私たちは、コミュニティの構築や、問題が埋め込まれた社会システムを解凍し、行動を変えることを強調してきました。そのことを考えると、それはあり得ないと思われるかもしれません。一般に、電子媒体は、視覚、嗅覚、触覚、および人間が互いに触れ合う感覚を収縮させ、劣化させます。

Linuxは、20世紀の社会アーキテクチャのなかでおそらく最も重要なイノベーションです。それは、生産性の高いソフトウェア開発「工場」で、多くの人々の知性を極めて効率よく利用しています。それは中心のないビジネスプラットフォームです。相互作用を同期化し、協調を促進し、高いレベルの信頼を実現しながらも、業績管理を最小限に抑えています。

「ポジティブな逸脱者」は日常的に従来のプログラミングの常識を覆し、ソフトウェアの厄介な課題を解決する優れたプラクティスや戦略を導入しています。Linuxの「コミュニティ」は、優秀な逸脱者のためのバーチャル市場として機能しています。この市場では、ＰＤモジュールを動作させ、その実行可能性をストレステストしています。[*a]

Linuxのモデルは、その社会的コンテクストに注目すれば、本書で提示している考え方と互換性があります。この点で、Linuxの際立った特徴は技術的なものではなく、社会的なものです。*The Cathedral and the Bazaar*（邦訳『伽藍とバザール』）の著者であるエリック・レイモンドは、Linuxは、複雑なソフトウェアは毎週のマイルストーンに縛られたプログラマーのグループによって書かれなければならない、という思い込みを払拭したと述べています。むしろ、Linuxはインターネットを介して調整された膨大な数のボランティアによって気軽にハッキングされるよう

に提供されています。[*b]

　これがどうしてカオスにならないのでしょうか。その理由は、調整が独裁的にではなく、ピアレビューを介して達成されるからです。Linuxは、大規模で多領域にわたるタスクに従事することのできる適切な社会アーキテクチャが整備されていれば、プログラマーやアイデアワーカーは自己管理することができるという見本となっています。

　これは逆説的に機能します。Linuxは、人々を生産に駆り立てないことで、逆に人々の生産性を高めているのです。むしろ、アメリカンアイドル（訳注：米国のテレビ番組）のように運営されています（つまり、仲間が認め、勝利したソリューションに貢献した満足感が成功の通貨となります）。継続的なネットワークの鍵は、他の人がより成功するのを助ける方法を見つけることです。互恵関係はネットワークに足を与えます。Linuxのマントラは次のようなものになるでしょう。「得た以上のものを与えなさい」（これは、契約と裁定に依存した標準モデルの教義とは大きく異なることに注意してください。つまり、望ましい行為と報酬との交換[*c]）。

　Linuxの評判ゲームでは、成功した新しいイニシアチブを開発することでも、他の人と協力することでも勝つことができます。本書ではそのような例を見てきました。Linuxのバーチャルなアイデアランドのパイオニアは、PDと似たような点を持っています。かれらは既知のフロンティアを超えますが、そう遠くまでは行きません。

　プログラマーは尻振りダンスをするハチです。ダーウィン的な選択が、最終的にどのPDモジユールが選ばれるかを決定します。Linuxは、互恵、信頼、社会的裁定にもとづいてパワーを再分配します。ステータスは、貢献度に比例して実力主義にもとづいて与えられます。ＰＤによく似ています。

市場はイノベーションの促進と資金調達という点で企業よりも優れています。というのも、①アイデアの限界効用は、そのメリット（政治や権力の気まぐれではない）にもとづいて公平な競争の場で評価され、②傲慢な強制が不在である、からです。

しかし、オープンマーケットのように運営されているコミュニティや組織はほとんどありません。ＰＤアプローチは、コミュニティをボトムアップで関与させ、メンバーが意味のあるＰＤプラクティスに賛成票を投じることができるようにすることで、変化に対する慢性的な障害を解消します。Linuxはバーチャルな世界でも同じことをします。ソーシャルキャピタルは、貢献度という通貨、互恵の規範、信頼性を通じて、人々のネットワークのなかから形成されます。

モジュール化：小さな変化vs.抜本的変革

この最後のポイントは、さらなる説明が必要です。自然界で生じる変異には選択が生じ、自然は漸進的に進化します。脳腔の大きさを変える突然変異に、手足や胴体の変化が伴うことはありません。コンピュータはこの概念を利用しています。マイクロプロセッサー、サーバー、およびユーザーインターフェイスを再設計することなく、ハードディスクドライブをアップグレードすることができます。PDは、このモジュール化の進化パターンを活用しています。[*2]

これとは対照的に、変化を目指した人間の試みの大部分はこの原理を無視しています。組織は初期設定として、大規模な再編成や新たな戦略的イニシアチブを伴うビッグバン・アプローチをとる傾向にあります。米国の医療制度改革をめぐる議論はその一例です。全米を跨ぐ制度全体の抜本的な改革が議論を支配してきました。

自然界の方法はそれとは異なります。数多くの小さな実験を通して適応的な変化の要請に対応します。連邦政府と提携している州は、いくつかの妥当な解決策をテストすることが可能です。ある州ではキャデラックプログラム（訳注：高額医療保険に対する税金、高級車キャデラックの名をとったキャデラック税のこと）を廃止し、別の州では税額控除を廃止し、保険会社が州の境界を越えて競争できるようにする多州コンソーシアムを設立することで個人や中小企業のプールを統合しています。

その結果、このプールには十分な多様性が確保されるため、保険リスクを分散させることができます。時間の経過とともに、おそらく5〜7年の間に、より優れたスキームが普及するでしょう。意図しない結果が生じた場合でも、実験は小規模であるため十分に対応可能であり、すぐに認識されて改善されるでしょう。

PDは、2つの重要な点でモジュール化されます。第1に、それはコミュニティが掻きむしりたい特定のかゆみに焦点を合わせています。PDはベトナムの村における貧困の根絶、パキスタンのジェンダーの役割の変革、または病院組織のフラット化といった壮大な目的を避けます。

第2に、個々の社会的実体は、それ自体がモジュールになります。解決策は、決してそのままの形で移転することはできません。コミュニティ、NGO、企業内のビジネスユニットの解決方法は、それぞれがユニークなものとみなされます。

選択的変異：小さな環境適応が種を繁栄させる

PDは、多様性と変異の上に成り立っています。自然界では、有性生殖がこの役割を果たしています。自然淘汰は、継続性よりも多様性を生み出すプロセスを好みます。結局のところ、有性生殖がベストなのです。[*3]

代替的な単為生殖（少数の植物、アリ、およびミミズなどが、同一の遺伝物質を自己導入して組み合わせて子孫を作るまれなプロセス）は、単一の親と同一の子孫を産み出します。クローンと同様、それは「欠陥」がほとんどない子孫を大量に誕生させる上で非常に効率的です。

クローンの問題は、「フリーサイズ」、すなわち1つのサイズですべてに対応することにその一族の運命を賭けることにあります。新しいニッチな環境で繁栄する変異を生み出す可能性ははるかに低くなります。組織のコンテクストでは、ベストプラクティスがクローンに相当します。

異なるＤＮＡを持つ親からの染色体の組み合わせにより、子孫に多様性が生まれます。有性生殖は自然のリスク軽減機能であり、多様性は種が病気や環境の急激な変化に直面しても生き延びる方法を見つける確率を高めます。自然は多産ですが、変異に対しては消極的です。標準から離れ過ぎた突然変異（通常、一度に多くの大きな変化が起こった結果として）は流産となります。[*4] 胚があまりにも過激過ぎて生き残れないために、妊娠した3分の1が受精後数週間以内に自然流産してしまうのです。[*5]

選択性と多様性というこの2つの交差する性質は、自然に効力を与え、ＰＤプロセスに力を与えます。どちらも、適度に多様性を育むメカニズムの上に成り立っています（ＰＤプロセスに着手する際には、通常の容疑者以外にも手を伸ばすことが重要なのはそのためです）。

あまり明白ではないかもしれませんが、変異は局所的な条件に極めて敏感です（このことは、ジャカルタのトランスヴェスタイトとの会合、ジェネンテックやメルク・メキシコでの営業活動、病院の時間的制約へのＰＤプロセスの重要な適応において観察されています）。

変異体（ポジティブな逸脱者）が成功するか失敗するかは、生態系のなかの細部が大きく関係しています。時には、目でほとんど捉えることのできない周辺部の発達が主要なポイントになることもあります。特定の環境で小さな変化が生じると、種がその環境で繁栄するためには、並行して小さな適応を必要とするため、汎用的な解決策は失敗してしまいます。

大規模なトップダウンの変革プログラムや、リエンジニアリングまたはシックスシグマのような紋切り型の一般的手法は、多くの場合、これらの本質的な真実を無視しているため、失敗の確率は高くなります。ＰＤプロセスはそうではありません。

新しい解決策は、無数の小さな適応によって普及します。それは自然界の方法であり、そして、あらゆる種類の村落、企業およびコミュニティでそのように作用するのです。

文化的・生物学的ＤＮＡの保存

社会システムは、ヒトゲノムの自然な延長線上にあります。自然科学の観点から見ると、ホモ・サピエンス（および他の高度な種）は、同じ資源をめぐってライバルに対抗するために、社会的レパートリーを進化させてきました。

約１万２０００年前、狩猟採集民は、植物を探す遊牧生活に耐えるよりも、植物を育てるほうが簡単であることを発見しました。１つの場所に留まることは、動物の家畜化を促進しました。その結果、より大きい恒久的なコミュニティが形成され、さらに進化した文化を生み出し、それには統治機構が必要とされました。[*6]

したがって、社会的な仕組みは、繁栄するか絶滅するかを決定する重要な要素となったのです。私たちが「文化」と呼んでいるものは、これらの固有の特性、すなわち、コミュニティの成功にとって重要であり、保存する価値のある社会的ＤＮＡに与えられた名前に他なりません。遺伝的ＤＮＡと同じように、変異は文化的ＤＮＡを修正する役割を果たします。成功した種は、もはや役に立たないものを捨て、残りを保存するのです。

ＰＤプロセスは、変異と保存のバランスに注意を払います。これは、パキスタンでの乳児死亡率削減の進展において決定的に重要でした。第1に、それは、専門家、当局、または外部資源の注入ではなく、ありのままのコミュニティに目を向けます。第2に、人間の深層学習の中心として社会システムを受け入れることです。

生物学的認知と社会的学習は別個のものではありません。ＰＤプロセスのマントラは、できるだけ多くの文化的ＤＮＡをそのままにしておくことです。

変化の段階と4つの自然法則

本書で展開したそれぞれの物語は、「こういうものだ」とみなされている手に負えない問題から始まります。3歳未満のベトナムの村の子どもの63％が栄養失調であること、ボリビアのアルティプラーノでは成長障害が普通であること、米国人の1万9000人が毎年ＭＲＳＡ感染で死亡すること、アルゼンチンのミシオネス州では子どもの半数近くが6年生を修了する前に中退していること、などが均衡状態として受け入れられていました。自然界では、このような状況と同様に、長期的な均衡は、比喩的ではなく文字通りの意味で失敗の前兆です。

進化システムのなかには、変化の自然な進行があります。[*7] これらは、ＰＤアプローチに組み込まれています。

変化の段階1

「長期におよぶ均衡」は死や停滞の前兆です。生きているシステムが均衡状態にある時、周囲で発生している変化への反応は鈍くなります（たとえば、自己満足、あきらめ、成功した変異の無視または抑圧）。変化はこの均衡に攪乱をもたらします（たとえば、ＰＤのコンテクストでは、「こういうものだ」という運命論的な仮定に疑問を呈することは、現状を揺さぶります）。

変化の段階2

カオスの極限に至るその近傍のどこかにスイートスポットがあります。その極限に向かっての（しかし、そこを踏み越えない）動きは、脅威によって扇動されたり、魅力的な機会によって誘引されたりします。ＰＤプロセスの開始時の「招待」は、グループに快適な場所から動き出す選択肢を提供します。反転質問は通説に挑戦することによって動揺を呼び起こし、外れ値の常識に反する成功に注意を向けます。これは実験とイノベーションに対し、心を開かせます。

変化の段階3

本書のすべての例に見られるように、「自己組織化」は、この動揺が起こる時に発生します。多くの場合、新たな形と解決策が混乱のなかから浮かび上がります。これらの2つの現象の最も劇的な例は、ピッツバーグおよびパキスタンで生じました。ＶＡＰＨＳでは、患者、用務員、看護師がヒエラルキーに挑戦し、医師に手を洗うように働きかけた時にそれが明らかになりました。パキスタンでは、それは妻と夫の間の関係を変えました。

世界の都市の大半は永遠に生きているというのは経験的事実です[*8]。一方、企業の寿命は人間の平均寿命の半分です。その理由は、企業とは対照的な都市の自己組織化と創発性に関係しています。確かに、都市は衰退と上昇のサイクルを繰り返すかもしれません。しかし、都市の異質な要素が複雑に絡み合うことで、継続的な変化と適応が促進されます。

企業は効率性の名の下に、「万全の準備をする」ことで変化を抑圧しています。生産性を最適化するために、企業は高度に洗練された内的一貫性のあるオペレーティングシステムを進化させています。音楽が続くかぎり、それは利益をもたらします。しかし、従来とは異なる競合他社や非連続な環境変化に直面した場合、合理化とリエンジニアリングのすべてが多様性を制限し、破壊的な変化に直接さらされている領域における自己組織化や、有効性の高いボトムアップの創発的な反応を抑圧します。私たちはジェネンテックとメルクでこれを目のあたりにしました。成功すればするほど失敗に至るのです。過剰適応した組織には柔軟性が欠落します。破壊的な変化に直面すると、座礁鯨のような無力な状態に陥るのです。

変化の段階4

「意図しない結果」は、人生の避けられない特徴です。生命システムは直線的な道をたどっているわけではありません。望ましい結果を得るため、そこから外れることもできます。しかし、決してそれを完全にコントロールすることはできません。ＶＡＰＨＳでの組織のフラット化、アルゼンチンでの教師と親との間のパートナーシップの強化、パキスタンでのジェンダー格差の橋渡しは、もともと求められていたものや予見されていたものをはるかに超えた結果を例示しています。

ＰＤプロセスは、この4つのフェーズすべてを通過します。不適合な変異体は、均衡状態を不満足なものとして経験し、勝利の方程式を見出すための、新たな可能性を表現します。そして、ＰＤアプローチへのキックオフが行われます。

そこでは、利害関係者に「望ましくない」ことが「避けられない」ことであるかどうかを再考させ、コミュニティの通説を揺さぶるだけでなく（たとえば、均衡を揺るがす）、コミュニティのなかにいる変異体を探し出すようにメンバーに働きかけます。

かれらは共通のプラクティスと成功した例外を発見するために自己組織化します。すでに存在しているが（ＶＡＰＨＳの場合のように）まだ発見されていない解決策が顕在化します。解決策の出現は、予測不可能な、時には本当に驚くべき前進をもたらします。イノベーションはカオスの近くで加速し、その実現は意図しない結果を生み出すのです。

カオスという用語を詳しく取り上げてみましょう。パンデミック、１９３２年の株式市場の暴落、流星雨の出現、間違った政党による大統領選挙の勝利など、あらゆる意味でそれは嫌なイメージを連想させます。[*9]

しかし、「カオス」の意味合いは、人それぞれです。ある人の冠動脈停止を引き起こす出来事は、別の人の興奮状態を刺激します。私たちが不均衡への触媒となり、ＰＤプロセスでそこに切り込もうとする時、常に生じる問題は、どれだけ進めば十分なのかということです。

開放的で学習が進展しているグループは、カオスの近傍にある効果的な閾値を決定するのに最も適しています。上方の閾値を超えたところにカオス自体があります。この境界を踏み越えると、グループは瓦解するかもしれません。学習はシャットダウンします（ウガンダとインドネシアのグループが、月経と少女の人身売買の敏感なトピックにどのように接近したのか思い出してください）。

生きているシステムに手を加えれば、意図しない結果を招く可能性は常に存在します。パキスタンでは、乳児の生存率を向上させるという限定された取り組みが、男女間の格差を埋め、夫婦間のコミユニケーションを活発化させる意図しない結果をもたらしたのです。メルクとジェネンテックでは、企業の免疫防御反応がコンサルティング営業のさらなる侵入を阻止するという意図しない結果が生じました。

なぜ適応的問題は、それが解決されるまで真に理解することができないのか、意図しない結果は、その核心的な理由を明らかにします。問題は変化し、「解決策」はしばしばより深い問題を指し示します。社会では、自然界と同じように、私たちはトランポリンの上を歩いています。踏み込むたびに、私たちが踏んだ環境を再構成していくのです。

リーダーの重要な役割

自然の方法——モジュール化、選択的変異、文化的・生物学的ＤＮＡの保存、そして変化の自然な進行——を理解することは、権限を持つ立場の人々にとって明確な意味を持っています。専門家が学習者となり、教師が生徒となり、権力者がボトムアップの変革の触媒となるような役割の逆転が求められているのです。

これは簡単なことではありません。リーダーは自分のエゴや習慣的なアイデンティティ（頼りになり、何をすべきかを知っている決裁権者）を脇に置いておく必要があります。では、その後、リーダーはどうあるべきでしょうか。

自然界のミニマリスト的なアプローチとはいえ、リーダーの重要な仕事はまだ残されています。具体的には、「注意力の管理」「部下の発見を促進する」「探索の勢いを維持する」「目標に向かっての進捗状況の把握」という4つの主要な仕事があります。

リーダーは、ＣＥＯ（Chief Expert Officer：最高専門家責任者）の代わりに、ＣＦＯ（Chief Facilitation Officer：最高ファシリテーション責任者）となります。

リーダーの仕事は、ＰＤプロセスの展開に応じて現場を支援していくことです。これは、ＰＤプロセスが標準モデルと乖離しているのと同様、従来のリーダーシップモデルとは根本的に相違している点になります。

リーダーシップは、代替的な未来を生み出すために、多くの人を巻き込むように説得力のある形で課題をフレーミングすることから始まります。

次の課題は、社会構造に注意を払いながら、通常の容疑者以外にも対象を広げた人たちの会話の触媒となり、グループがその探索でオーナーシップを確実に持つようにすることです。

最も困難なのは、耳を傾け、注意を払い、プロセスと「群衆の智慧」を信頼し、顕在化したコミュニティの潜在的ＰＤに対し、自ら声を上げることを可能にすることです。

中国の西安にある風化した大理石の石刻は、タオイストの賢者、老子の知恵を讃えています。「中国語ガイドの最善の努力と著者の解釈を反映した」不正確な翻訳は、ＰＤのコンテクストにおけるリーダーシップの本質を雄弁かつシンプルに捉えています。

人から学び
人とともに計画し
人が持っているものから始め
人が知っていることから構築せよ
最高のリーダーたるもの
事が成れば
皆語るだろう
私たちがそれを成し遂げたのだと

PDアプローチを成功させる7つのステップ

これまでの章では、ＰＤアプローチの成功にとって決定的に重要ないくつかのステップを強調してきました。これらには次のようなものがあります。

①適応課題に対処するための実証済みのアプローチとしてＰＤを紹介する。

②何が間違っているのか、何が欠けているのかではなく、あらゆる困難を克服してうまくいっていること（ポジティブな逸脱者）に焦点を合わせる。

③コミュニティのメンバーがオプトイン、オプトアウトできるような信頼できる招待でプロセスを開始する。

④重要性、具体性、測定可能性を確保するために、コミュニティに問題をリフレーミングするように促す。

⑤共通のプラクティスが確立され、その後ＰＤが特定されるようなグループ会話を実施するために、（通常の容疑者以外の）より大きなコミュニティを巻き込む。

⑥アクションラーニングを通じて新しい発見を普及させるためのデザインに関し、コミュニティがオーナーシップを確実に持つようにする。実践は、伝達される情報の詳細「について知っている（knowing about）」ことよりも優先される。

⑦スポンサー、外部の専門家、ファシリテーターがプロセスを乗っ取ることがないように常に警戒し続ける。かれらの唯一の役割は、（コミュニティのリーダーとの）共同開催者、または触媒としての役割です。グループ会話でのかれらの貢献は、オーケストラの指揮者としてではなく、ジャズコンボのミュージシャンとしてあるべきです。

訳者解説8　権限のピラミッドと学習のピラミッド

ＰＤプロセスとは結局のところ現場主導の学習プロセスのことです。これを企業の現場に適用する場合、メルクやジェネンテックのように限定的な成功にとどまる理由は、権限のピラミッドと学習のピラミッドが逆転しているからだといえます。

権限のピラミッドとは、トップマネジメントを頂点とした通常のレポートラインを指します。それに対し、学習のピラミッドとは、ＰＤプロセスに実際に関与する当事者を頂点とした学習の流れを意味します。学習は現場で起こり、それがレポートラインを通じて権限のピラミッドの上位へと伝えられて行きます。しかし、その過程で学習成果は拒絶され、妨害されることも珍しくありません。権限のピラミッドが、トップダウンから現場を支援する立場、いわゆるサーバントリーダーに転換した時、現場を頂点とした学習のピラミッドは機能することになります。

本章では、自然界のプロセスと同様、このＰＤプロセスも、均衡、撹乱、自己組織化、意図しない結果、という4つのステップを踏んで進化していくことが指摘されています。このプロセスは決して抜本的変革といったものではなく、部分的実験と漸進的改善を積み重ねたものです。本章の言葉を使えば、「モジュール化した変化」になります。

その際ポイントとなるのが、権限のピラミッドが学習のピラミッドを邪魔しないということです。日常業務のレポートラインと併行して、この学習のピラミッドに関しては、トップがサーバントリーダーとなり、現場を尊重し、その学習を支援していくことが決定的に重要になります。一方では命令者、他方ではサーバント、という二重人格をいかに演じられるかが問われているのです。

ＰＤプロセスのマネジメントにとって重要なのは、マネジャーがこの二重人格の役割に徹するということです。日常業務の権限関係を学習プロセスに持ち込むことなく、そこでは対等ないしは下位の立場として現場の人たちを支援していくことが必要です。本章の言葉を使うと、ＣＥＯ（最高専門家責任者）ではなく、ＣＦＯ（最高ファシリテーション責任者）の役割に徹することです。逆に、日常業務では現場の人たちに支援されて業務を遂行していくことになります。

このような逆方向の役割を臨機応変に使い分けることができるマネジャーこそが、ＰＤプロセスのみならず、学習する組織をマネジメントしていく上で最も重要であると思われます。

［注］

＊ここにあげているＵＲＬは、現在は見られないものもある。

原書序文

1　この序文は、２００９年6月にシカゴ大学医学部の卒業式でアトゥル・ガワンデが演説した内容にもとづいています。アトゥル・ガワンデは、ボストンのブリガム・アンド・ウィメンズ・ホスピタルの一般外科医で、『ニューヨーカー』のスタッフ・ライター、ハーバード大学医学部とハーバード大学公衆衛生大学院の助教授を務めています。

第１章

1　パスカルは２００９年12月10日、ミゲル・エンジェル・ピネドーバスクにインタビューした。かれは農業でのポジティブな逸脱者、かれの言うところの「例外的な専門家」を研究していた。Levine, K., "Farming the Amazon with a Machete and Mulch," Morning Edition, National Public Radio, February 4, 2008 を参照のこと。

2　Kamber, M., "In Niger, Trees and Crops Turn Back the Desert," *New York Times*, February 11, 2007, A1 (New York Edition).

3　「８億人が十分な食事を得られない」という記述は"Global Governance Initiative, Executive Summary," World Economic Forum, Davos, January 2009, 7–9より。また、「３００万人が死亡する」という記述は、国際エイズワクチンイニシアチブ（ＩＡＶＩ）の創設者、セス・バークレー・Ｍ・Ｄの、ブラウン大学メディカルスクールの卒業式（２００３年5月26日）の演説による。

4　"Global Governance Initiative," pp.11–12.

5　Skinner, E. B., *A Crime So Monstrous: Face-to-Face with Modern-Day Slavery*, New York: Free Press, 2008, p.265.

6　Gertner, J., "8th Annual Year in Ideas: Positive Deviance," New York Times Magazine, December 14, 2008, pp.68–69.

7　世界中でのＰＤ適用のアップデートされたリストについては、ＰＤＩのウェブサイト（http://www.positivedeviance.org）

を参照のこと。このパラグラフで引用されているデータは、２００９年３月時点のものである。

8　ロックフェラー財団の資金提供を受け、ＰＤＩは２００８年に設立された。そのミッションは、ＰＤの概念を世界中に広め、２０１５年までに１５００万人の生活に触れることである。その手段として、以下のようなものがある。①コミュニティや企業におけるさまざまな困難な問題に対処するための実証プロジェクトの開発、②現場での実践者のトレーニング、③世界各地でのコミュニティ・ネットワークの構築、④健康、ビジネス、栄養、開発、行動心理学の大学院のカリキュラムに、ＰＤの方法論をコミュニティ変革のツールキットの主役として取り入れる。

9　Pyle, D., and T. Tibbetts, “Assessment of Active Experiential Training on Program Expansion: Living University in Positive Deviance/Hearth Program in Vietnam,” 2002. Published by the Basic Support for Institutionalizing Child Survival Project（BASICS II）for the United States Agency for International Development, Arlington, VA, March 2003.

10　“CORE Benefit Survey: List of PD/Hearth Program Implementation Sites 5/4/04,” 2007.

11　Ellingson, K., N. Iversen, J. M. Zuckerman, D. Borton, K. Lloyd, P. Chang, J. Stelling, A. Kallen, M. Sternin, C. Lindberg, J. C. Lloyd, M. Toth, and J. A. Jernigan, “A Successful Multi-Center Intervention to Prevent Transmission of Methicillin-resistant Staphylococcus Aureus（MRSA）,” press release for the Positive Deviance MRSA Prevention Partnership, March 2009.

12　この推定は、２００１～04年のモニーク・スターニンのフィールド調査ノートやセーブ・ザ・チルドレンのスタッフ、モハンマド・シャフィーク、アママ・アンブリーンとの会話にもとづく。死亡率と罹患率のデータはコミュニティによって文書化されていない。代替統計は以下の通りである。２回以上の妊婦検診を受けた母親は44％から62・５％へ増加。妻が必要とした場合に緊急搬送を手配した男性の数が22・３％から48・１％へ増加。分娩時に清潔な刃物を使って臍帯を切った人が19％から33％へ増加。Save the Children, “Positive Deviance: A Strength-Based Approach to Behavior Change and Social Mobilization,” 2005（http://www.positivedeviance.org/projects/Brief_PD_Pakistan. pdf, 2005）を参照のこと。

13　Save the Children, “Final Project Document Under USDOL and Save the Children, Inc. Cooperative Arrrangement,” Washington, DC: Save the Children, January 20, 2006.

14　Ibid.

15　Minarto, B., Community Nutrition Department, Indonesian Ministry of Health, “ADB Nutrition Improvement Through

Community Empowerment," presentation, 2009.

16 McCloud, P. M., S. Aly, and S. Goltz, "Promoting FGM Abandonment in Egypt: Introduction of Positive Deviance," Washington, DC: Centre for Development and Population Activities, 2003, 5.

17 Heifetz, R. A. Leadership Without Easy Answers, Cambridge, MA: Harvard University Press, 1995（幸田シャーミン訳『リーダーシップとは何か！』産能大学出版部、１９９６年）; Heifetz, R., A. Grashow, and M. Linsky, *The Practice of Adaptive Leadership : Tools and Tactics for Changing Your Organization and the World*, Boston: Harvard Business Press, 2009（水上雅人訳『最難関のリーダーシップ 変革をやり遂げる意志とスキル』英治出版、２０１７年）を参照のこと。

18 ジェリー・スターニン、２００２年ボリビア、アルティプラーノでのフィールド調査ノート。

19 カササギとコマドリの詳細については以下を参照のこと。"Health Risk, Ornithological," *Pharmaceutical Journal* 280, no. 7487, February 2, 2008: 132.; Prior, H., A. Schwarz, and O. Gunturkun, "Mirror-Induced Behavior in the Magpie (Pica pica): Evidence of Self Recognition," *PLoS Biology* 6, no. 8, 2008: p.202.; Kaplan, G., *Australian Magpie: Biology and Behaviour of an Unusual Songbird*, Melbourne: CSIRO Publishing, 2004; Arie de Geus, "The Living Company," *Harvard Business Review*, March-April 1997, pp.51–59; B. Bower, "Songbirds Show Signs of Recognizing Their Own Bodies in Mirror," *Science News* 174, no. 6, September 13, 2008.

20 標準モデルの議論については、Petzinger, T. Jr., *The New Pioneers: The Men And Women Who Are Transforming The Workplace And The Marketplace*, New York: Simon & Schuster, 1999, pp.91–93; Pascale, R. T., M. Milleman, and L. Gioja, *Surfing the Edge of Chaos: The Laws of Nature and the New Laws of Business*, New York: Random House, 2000, pp.12–15 を参照のこと。

コラム

a リチャード・パスカルが２００４年３月９日にジェネンテック社でゾレアの営業部隊とマネジメントチーム（マーティン・バブラーを含む）にインタビューを実施した。ボブ・マッキーには２００５年５月18日にインタビューを行った。

第2章

1 Zeitlin, M., H. Ghassemi, and M. Mansour, *Positive Deviance in Child Nutrition with Emphasis on Psychosocial and Behavioral*

Aspects and Implications for Development, Tokyo: United Nations University, 1990 を参照のこと。

2 Sternin, M. J. Sternin, and D. Marsh, "Scaling Up a Poverty Alleviation and Nutrition Program in Vietnam," in *Scaling Up, Scaling Down: Overcoming Malnutrition in Developing Countries*, ed. T. J. Marchione, Amsterdam: Gordon and Breach Publishers, 1999, p.105.

3 Mackintosh, U. A. T., D. R. Marsh, and D. G. Schroeder, "Sustained Positive Deviant Child Care Practices and Their Effects on Child Growth in Viet Nam," *Food and Nutrition Bulletin* 23, no. 4, 2002: pp.16–25.

4 Pyle and Tibbetts, "Assessment of Active, Experiential Training on Program Expansion," p.1.

5 Cialdini, R. B., *Influence: The Psychology of Persuasion*, New York: Harper Collins, 1984, pp.57–69（岩田佳代子訳『影響力の正体 説得のカラクリを心理学があばく』ＳＢクリエイティブ、２０１３年).

6 Ibid., p.89.

7 Ibid., p.70.

8 Ibid., p.71.

9 Ibid., pp.75–76. また次も参照せよ。Schein, E., "The Chinese Indoctrination Program for Prisoners of War: A Study of Attempted Brainwashing," *Psychiatry* 19, 1956: pp.149–172, Segal, H. A., "Initial Psychiatric Findings of Recently Repatriated Prisoners of War," *American Journal of Psychiatry* 61, 1959: pp.358–363.

10 このような注意にもかかわらず、ベトナムの栄養不良に関するプロジェクトは、リビングユニバーシティを通じ、２００の村で拡大された。ＭＲＳＡのイニシアチブは、３つの病院で試験的に運用され、40の病院にまで拡大した。

第３章

1 Lewnes, A., ed., "Changing a Harmful Social Convention: Female Genital Mutilation/Cutting UNICEF, Innocenti Research Centre," 2005, p.3（http://www.unicef irc.org/publications/pdf/fgm_eng.pdf).

2 EI-Zanaty, F., E. Hussein, G. Shawky et al., "Egypt Demographic and Health Survey 1995," Calverton, MD: National Population Council, Egypt, and Macro International, Inc., 1996.

3　Ragui, A., "Genital Mutilation Abandonment Programme in Egypt: Evaluation Summary Report," Population Council, April 24, 2008.

4　Bruner, J., *The Culture of Education*, Cambridge, MA: Harvard University Press, 1996（岡本夏木ほか訳『教育という文化』岩波書店、２００４年）.

5　Winstein, K. J., "Ability to Quit Smoking Is Affected by Friendship," *New York Times*, May 22, 2008, A22, A29, D6; Thompson, C., "Is Happiness Catching?" *New York Times*, September 13, 2009, MM28, (New York edition); Christakis, N., and J. Fowler, "The Collective Dynamics of Smoking in a Large Social Network," *New England Journal of Medicine* 358, no. 21, May 22, 2008, pp.2249–2258.

6　Surowiecki, J., *The Wisdom of Crowds*, New York: Doubleday, 2004, pp.43, 116（小高尚子訳『群衆の智慧』ＫＡＤＯＫＡＷＡ、２０１４年）; Gilovich,T., *How We Know What Isn't So*, New York: Free Press, 1999, p.115（守一雄ほか訳『人間この信じやすきもの　迷信・誤信はどうして生まれるか』新曜社、１９９３年）; Block, P., *Community: The Structure of Belonging*, San Francisco: Barrett-Koehler, 2008, pp.371–378; Cialdini, R. B., *Influence: The Psychology of Persuasion*, New York: Harper Collins, 1984, p.116（岩田佳代子訳『影響力の正体　説得のカラクリを心理学があばく』ＳＢクリエイティブ、２０１３年）.

7　Cialdini, *Influence*, pp.114–115.

第４章

1　ＰＤ・ＭＲＳＡ予防パートナーシップの主な資金は、将来の健康や医療のブレイクスルーにつながる革新的なアイデアを支援している、ロバート・ウッド・ジョンソン財団パイオニア・ポートフォリオから提供された。プレクサスＰＤ・ＭＲＳＡ予防パートナーシップに参加している医療機関は、アルバート・アインシュタイン・メディカルセンター（ペンシルベニア州）、ビリングス・クリニック（モンタナ州）、フランクリン・スクエア・ホスピタルセンター（メリーランド州）、ルイビル大学病院（ケンタッキー州）、ジョン・ホプキンス病院（メリーランド州）、ＶＡＰＨＳである。２００９年３月23日、ロバート・ウッド・ジョンソン財団とプレクサス研究所は、ＣＤＣチームが実施した分析結果を発表した。その結果、アルバート・アインシュタイン・メディカルセンター、ビリングス・クリニック、ルイビル大学病院の３つの参加病院で、ＭＲＳＡの発生率が26～62％減少したことが明らかになった。これらの参加病院は、この研究に必要な電子データを持っていた。ＣＤＣの分析結果は、３月21日に開催された米国ヘルスケア疫学学会の第19回年次学術集会で発表された。ＣＤＣチームは、ＰＤを用いた多面的なＭＲＳＡ予防プログラムの実施が成功したことで、ＭＲＳＡが大幅に減少し、時間の経過とともに持続的に減少していることが示されたと結論づけた。

2　Lesky, E., *The Vienna Medical School of the 19th Century*, Baltimore: Johns Hopkins University Press, 1976, pp.184–186.

3　ＭＲＳＡの脅威に関する恐ろしい統計には大きなばらつきがあり、最も信頼性が高いのは、疾病予防管理センターによる２００５年の研究である。以下を参照せよ。Klevens, R. M. et al., “Invasive Methicillin-Resistant Staphylococcus Aureus Infections in the United States,” *Journal of the American Medical Association* 298, no. 15, 2007, pp.1763–1774; Schwaber, M. J., and Y. Carmeli, “Don't Forget the Bacterial Threat,” *Wall Street Journal*, August 12, 2009, A15.

4　“Invasion of the Killer Bugs: The MRSA Issue,” Emerging, newsletter of the Plexus Institute, Winter 2006, p.8.

5　Ibid., p.5.

6　Singhal, A., and K. Greiner, “Do What You Can, with What You Have, Where You Are,” Plexus Institute, Deeper Learning l, no. 4, 2007.

7　Pascale, R. T., and A. Athos, *The Art of Japanese Management*, New York: Simon & Schuster, 1980（深田祐介訳『ジャパニーズ・マネジメント』講談社、１９８１年）.

8　この問題についての優れた議論は、以下を参照せよ。Hall, J. M., and M. E. Johnson, “When Should a Process Be Art, Not Science?” *Harvard Business Review*, March 2009, pp.58–65.

9　１つを除いたすべてのベータサイトで、キックオフミーティングに来たスタッフの30～35％が翌日にはボランティアとして戻ってくるという興味深くも不可解な統計が得られた。３分の１の歩留まり率の意味はまだ判明していないが、14の施設のうち13の施設で同じことが繰り返されていた。

10　“Invasion of the Killer Bugs,” p.4.

11　Sack, K., “Swabs in Hand, Hospitals Cut Deadly Infections,” *New York Times*, July 27, 2007, A1, 16. にあるＶＡＰＨＳチーフスタッフ、ラジーヴ・ジェイン博士へのインタビュー記事を参照。また以下も参照せよ。Engemann, J. J., Y. Carmeli, S. E.

Cosgrove et al., "Adverse Clinical and Economic Outcomes Attributable to Methicillin Resistance Among Patients with Staphylococcus Aureus Surgical Site Infection," *Clinical Infectious Diseases* 36, no. 5, 2003: pp.592–598.

12 Singhal and Greiner, "Do What You Can," p.11.

13 このトピックを扱った優れた文献としては以下を参照せよ。Brown, J. S., and P. Duguid, *The Social Life of Information*, Boston, MA: Harvard Business School Press, 2000（宮本喜一訳『なぜＩＴは社会を変えないのか』日本経済新聞出版社、２００２年).

コラム

a Dura, L., and A. Singhal, "Will Ramon Finish Sixth Grade? Positive Deviance for Student Retention in Rural Argentina," Positive Deviance Wisdom Series, Boston: Tufts University Positive Deviance Initiative, 2009, pp.1–8; Dabas, E., and D. Yanco, "Enfoque de Desviación Positiva en el Ámbito Educativo: Misiones, Argentina," 2002–2003, unpublished report prepared for the World Bank.

b Dabas and Yanco, *Enfoque de Desviacion Positiva*, pp.64–68. ＰＤアプローチは、試験的に実施された地区で定着率の向上に成功した。問題は、ベータテストの後、なぜこのイニシアチブが停滞したのかという点にある。現場の関係者は２つの答えを提示している。第１に、このイニシアチブを支援した世界銀行は、この２万ドルのプロジェクトに要した管理費が、２００万ドルの補助金と同程度の額になったと主張している。スタッフの生産性は、１人当たりの間接費として測定されていた。これにもとづくと、（実際の影響とは無関係に）ＰＤの費用対効果は低い水準となった。第２の説明は、アルゼンチン教育省の内部の論理に由来する。最初から中途半端な態度で、世界銀行の熱意に応えるためだけに、教育省はこの事業を進めようとしていたのである。「役人には何の得にもならない」とある教育省職員は夕食の席で打ち明け、「教師には半年間給料が支払われていないが、役人には給料が支払われているので安心してほしい」と話し「役人は利益収受に関心がある」と続けた。２００万～１０００万ドルの大規模な世界銀行の補助金には、設備投資や建設プロジェクトが含まれている。必然的に、プロジェクトでの仕事と引き換えに、直接、あるいは「ブローカーの手数料」として資金が流用される。２万ドルのＰＤプロジェクトでは、これらをすべて排除することができる。資金の大半は、教師と保護者の交通費に使われる。利益収受に慣れている役人たちは、ＰＤが世界銀行の伝統的なビジネスのやり方に取って代わるという見通しに怯えたのである。

第5章

1 Merck corporate web site fact sheet, (http://www.merck.com/about/New_Merck_ Fact_Sheet_Nov_09.pdf, 2009) data from 2007; Fotus, P. and J. Miller, "Merck Profit Jumps as Sales Inch Up," *Wall Street Journal*, October 23, 2009, 34.

2 Patsner, B., "The Vioxx Settlement: Salvation or Sell-Out?" *Health Law Perspectives*, University of Houston Health Law and Policy Institute, February 26, 2008.

3 Christensen, C. M., and M. E. Raynor, *The Innovator's Solution: Creating and Sustaining Successful Growth*, Boston, MA: Harvard Business School Press, 2003, pp.10–11（櫻井祐子ほか訳『イノベーションへの解 利益ある成長に向けて』翔泳社、２００３年）.

4 Whitehead, A. N., *An Introduction to Mathematics*, rev. ed. New York: Oxford University Press, 1948（大出晁訳『ホワイトヘッド著作集 数学入門』松籟社、１９８３年）; Cialdini, R. B., *Influence: The Psychology of Persuasion*, New York: Harper Collins, 1984, p.7にて引用。

5 Block, P., *Community: The Structure of Belonging*, San Francisco: Barrett Koehler, 2008, p.74.

6 パスカルによる、ゴールドマン・サックスの営業部隊の有効性イニシアチブに関する２００３年９月13日、２００４年３月２日、２００４年５月11日のフィールド調査ノート。

第6章

1 Mushemeza, E. D.,"Issues of Violence in the Democratization Process of Uganda," *Africa Development* ZZVI, nos. 1 and 2, 2001; Ward, K., "The Armies of the Lord: Christianity, Rebels and the State in Northern Uganda, 1986–1999," *Journal of Religion in Africa* XXXI, no. 2, 2001; Southall, A., "Social Disorganization in Uganda: Before, During and After Amin," *Journal of Modern African Studies* 18, no. 4, 1980: pp. 627–656.

2 Singhal, A., and L. Dura, "A Positive Deviance Approach to Child Protection," Final Report, University of Texas Sam Donaldson Center for Communication Studies. Social Justice and Publication Series, El Paso, TX, October 23, 2008.

3　CORE Group, "Positive Deviance/Hearth: A Resource Guide for Sustainably Rehabilitating Malnourished Children," Washington, DC: CORE, February 2003.

4　グループのメンバーが自分たちの生活のコンテクストのなかで問題をより具体的にリフレーミングすると、常により良いものになる。選択された問題は、最も重要ではないかもしれないし、困難な問題であるかもしれない。あるいは、人生を変えるような場合もある。しかし、かれらが気になることを取り上げることで、プロセスは良いスタートを切ることができる。時には、グループは変化する部分が多過ぎる問題を選択することもある。コミットメントすれば、時間とエネルギーが失われてしまうことにもなるだろう。

5　Singhal, A., and L. Dura, "Protecting Children from Exploitation and Trafficking," monograph, Jakarta, Indonesia: Save the Children, 2009, pp.39–43.

6　Ibid., p.22.

7　Knize, P., *Grand Obsession, A Piano Odyssey*, New York Scribner, 2008, chapter 12; Constance E. Barrett, "Interview with Marc Wienert," Zenph Studios（http ://zenph.com/mwienert.html）, September 1, 2006.

コラム

a　Kahoner, L., "Weapons of Mass Destruction," *Washington Post*, November 26, 2006, B1; C. J. Chivers, "Russia's Trademark Gun, But Others Grab Profits," *New York Times*, July 15, 2007.

b　Singhal, A., and L. Dura, "Protecting Children from Exploitation and Trafficking," monograph, Jakarta, Indonesia: Save the Children, 2009, pp.44–48.

第7章

1　Save the Children, "Positive Deviance: A Strength Based Approach to Behavior Change and Social Mobilization," Islamabad, Pakistan: Saving Newborn Lives Initiative, 2005, 12.

2　データをどう利用するかが鍵になった。統計や証言も重要だが、モハラのセッションでは、図解的なチェックリストが導入され、出産前から産後までのケアサイクルは、40の個別の行動としてマッピングされた。新生児の命を救うためにその各々がどの程度有効なのかが記載されている。

第8章

1 このトピックに関する優れた議論は、以下を参照せよ。Heifetz, Grashow, and Linsky, *The Practice of Adaptive Leadership*, pp.13–17; Kirschner, M. W., and J. C. Gerhart, *The Plausibility of Life : Resolving Darwin's Dilemma*, New Haven, CT: Yale University Press, 2005.

2 ２００９年８月10日、ロナルド・ハイフェッツと著者との会話による。

3 Pascale, Milleman, and Gioja, *Surfing the Edge of Chaos*, pp.28–30.

4 Ibid., p.29.

5 Heifetz, Grashow, and Linsky, *The Practice of Adaptive Leadership*, p.15; Kirschner and Gerhart, *The Plausibility of Life*.

6 Diamond, J., *Guns, Germs, and Steel: The Fate of Human Societies*, New York: Norton, 1997（倉骨彰訳『銃・病原菌・鉄　一万三〇〇〇年にわたる人類史の謎　上・下』草思社文庫、２０１２年）.

7 Pascale, Milleman, and Gioja, *Surfing the Edge of Chaos*, pp.19–170.

8 Jacobs, J., *The Death and Life of Great American Cities*, New York: Random House, 1961（山形浩生訳『アメリカ大都市の死と生』鹿島出版会、２０１０年）.

9 Pascale, Milleman, and Gioja, *Surfing the Edge of Chaos*, pp.61–65.

コラム

a Eric S. Raymond, *The Cathedral and the Bazaar, : Musings on Linux and Open Source by an Accidental Revolutionary*, Sebastopol, CA: O'Reilly, 1999, pp.15–16, 21–63（山形浩生訳『伽藍とバザール』ＵＳＰ研究所、２０１０年）; Putnam, R. D., *Bowling Along: Revised and Updated: The Collapse and Revival of American Community*, New York: Simon & Schuster, 2007, pp.19–23（柴内康文訳『孤独なボウリング　米国コミュニティの崩壊と再生』柏書房、２００６年）.

b Raymond, *The Cathedral and the Bazaar*, pp.16–17.

c Ibid., pp.81–99.

著者について

３人の著者は、編み込んだ束のように時間を通して各々の才能が補完的に絡み合ってきました。私たちの関係は、この20年間の共同作業の間に、人生を形作り、結婚に貢献し、キャリアを変えてきました。

ジェリー（２００８年12月11日没）は、１９６２年にフィリピンのミンダナオ島で平和部隊のボランティアとしてそのキャリアをスタートしました。そこでマラウィの小さな村にある狭い木の橋の上で、米国海軍で現役だったリチャード・パスカルと出会い、生涯のつき合いが始まりました。

ジェリーはネパールの平和部隊のアソシエイト平和部隊長となり、リチャードはハーバードビジネススクール（ＨＢＳ）で大学院教育を受け始めました。ジェリーの海外視察が終了すると、リチャードの紹介でＨＢＳの学長補佐に就任しました。多才なジェリーは、４年後にＨＢＳを退職し、興味のある多くのことの１つ、料理に専念しました。その後、ネパール語で「休息所」を意味する「チャウタラ」というレストランをマサチューセッツ州ペンブロークにオープンしました。チャウタラは、ボストン・グローブ紙で５つ星の評価を得ています。

ジェリーのハーバード大学とのかかわりは、かれの人生を大きく変えました。そこでかれは修士号取得を目指していたフランス国籍のモニークと出会います。２人は結婚し、モーリタニアで平和部隊のディレクターとして「新婚旅行」をしました。ジェリーは１９８１年にハーバード大学に戻り、アジア研究の大学院で北京語を専攻しました。研究の過程で、２人は周辺的な研究領域の概念、「ＰＤ」という用語に出会います。それはフィールドワークでたまに遭遇する異常な人々（規範に反して、他の者が失敗すると成功するような人々）を分類する用語でした。その時には、この構成概念は特に何の啓示も与えず、頭の片隅にインプットされました。

一方、リチャードは、ＨＢＳで博士号を取得し、スタンフォード大学経営大学院の教授としてキャリアを開始しました。かれの関心は、戦略的意図と個人と組織の変革を促進する要因との相互作用にありました。１９８０年代後半には、かれは尊敬される教師であり、ベストセラー作家になっていました。その専門知識はコンサルティングの仕事にもつながり、そのうちの１つが、新たにブリティッシュ・ペトロリアムの探鉱部門責任者に就任したジョン・ブラウンとの仕事でした。

いまや幼い息子を抱えたスターニン夫妻は、ハーバード大学を離れた後、バングラデシュとフィリピンでセーブ・ザ・チルドレンのディレクターを歴任しました。１９８９年、セーブ・ザ・チルドレンは断りづらいオファーを提示します。すなわち、ベトナムで最初の現地オフィスを開設するということです。最初のハードルは、開業資金が必要だったにもかかわらず、ベトナムのデリケートな事情から、米国からの資金調達が不可能であったということです。

リチャードはまだＢＰ（英国の石油大手）のコンサルティングをしていましたが、ベトナム領海で沖合地震テストを行うという同社の計画を知ります。かれはジョン・ブラウンにスターニン夫妻の仕事を紹介し、同社は、25万ドルの開業資金援助を申し出ました。ＢＰの支援はプロジェクト期間中も継続されました。

次のハードルが浮上したのは、その後まもなく１９９０年のことでした。ベトナムで知られる「米国戦争」の傷跡は、身体的にも心理的にも顕在化していたのです。保健省は、ベトナムの農村部に蔓延している子どもの栄養失調に注目したいと考えていました。第2章で述べたように、ごく最近まで敵同士であったなかでの協力関係は一筋縄ではいきませんでした。

このプロジェクトに着手する前の予備訪問では、受け入れは暫定的なものであり、人々へのアクセスが制限されていること、そして、スターニン夫妻は短い期間内に成果を上げなければならないことが明らかになりました。その後続いたのは、以後30年間、ＰＤアプローチを用いて数多くの成功を収めることになる最初の一歩でした。

賢者、世話役、学者。自ら解決策を発見することができる人々の能力の深い理解を伴って、相互に補完的な才能が交差していきました。

ジェリーは、深い知恵と、あらゆる考え方の人々とつながる不思議な能力を兼ね備えていました。長年にわたって多くのＰＤワークショップのマエストロを務めてきたかれは、カリスマ性があり、面白く、自虐的で、魅力的でした。かれの温かさと思いやりは、かれに触れた多くの人たちに変革をもたらしました。

モニークは、パリ大学で米国文学と文明の修士号を取得しています。１９７５年にインドとネパールを旅し、異文化コミュニケーションに興味を持ちます。パリでの教職経験を経て留学のため渡米し、１９７８年にハーバード大学教育学大学院で修士号を取得します。

モニークは、フィールドワークに厳密さをもたらしました。彼女は、芸術的な衝動を再現可能なプロセスに変換する学習の申し子でした。何がうまくいくのか？　何がうまくいかないのか？　検証可能な進歩があったかどうかを判断するためには、どのような実証的基礎が築かれなければならないのか？　冷静な実証主義者のアンチテーゼであるモニークは、対象となるコミュニティに溶け込み、かれらの足元に耳を傾け、一緒に仕事をする人々の目を通して世界を見るという驚くべき能力を持っています。

これらの感性の結果として、ＰＤプロセスの「尻尾」は、変化の問題の「犬」を一度たりとも振り回すことがなかったのです。ＰＤは教義ではありません。それは、ディシプリンでありながら、非常に順応性のある方法論として進化してきたのです。

多くの本の著者、教師、コンサルタントでもあるリチャードは、大規模な変革という課題に焦点を合わせてきました。本書で紹介したフィールドワークでは、かれはバックグラウンドの役割を果たし、プロセスを文書化し、時にはワークショップを共同で開催しました。

かれは、ベトナム、バングラデシュ、インドネシア、ミャンマー、ウガンダ、アルゼンチン、そしてVAPHSでのスターニン夫妻の行動を観察しました。かれの貢献は、不可解な部分、特にPDが明確に新しいものを構成しているかどうかについて懐疑的な質問を投げかけることにまでおよびました。

かれは、民間企業でのPDを適用しようとする試みに関与してきました。最後に、チームのなかで最も経験豊富なライターとして、リチャードは共同執筆者の物語を編集し、説明資料を作成し、責任を持って本書を首尾一貫したものにまとめてくれました。

付録

ＰＤアプローチの基本的なフィールドガイド

フィールドガイドの目的

この基本ガイドは、ＰＤアプローチを初めて学ぶ人に向けて、それを開始するために必要なツールを提供することを目的としています。

ここでは、基本的な定義、指針となる原則、ステップ、プロセスの特徴について簡単に説明します。また、このガイドには、ＰＤアプローチを使うタイミングについての提案、ファシリテーションのヒント、起こりうる課題の概要も記載しています。これらは、ＰＤプロジェクトを成功させるのに役立つものです。

ＰＤアプローチを始めるためのリソースとして、このガイドをご活用ください。その簡潔性とシンプルさは、行動や社会の変化を必要とする複雑な問題に直面している好奇心旺盛で勇敢な実務家をターゲットにすることを意図しています。これは、コミュニティにすでに存在している解決策を模索している人に適しており、コミュニティのすべてのメンバーの利益のためにそれらの解決策を活用することが可能です。

ＰＤは行動することで最もよく理解することができます。そして、実践を通してその有効性が最大限発揮されます。

役に立つ定義

PDコンセプト：あらゆるコミュニティや組織において、同じ課題や障害に直面し、同じような資源の制約下にある隣人よりも優れた問題解決を可能にする、例外的であるけれども成功した行動や戦略をとる少数の個人やグループが存在するという観察にもとづいています。

PDアプローチ：コミュニティには自分たちが手をつけていない資産や資源があるという事実にもとづいた問題解決型、資産ベースのアプローチです。これにより、コミュニティや組織は、成功する可能性の低いコミュニティのメンバーによって発見された例外的な行動や戦略（ポジティブな逸脱者）を拡張し、これらの発見にもとづいた活動やイニシアチブを開発し、その成果を測定することができるようになります。ＰＤアプローチは、システムのなかにすでに存在する解決策を特定することで、持続可能な行動や社会の変化をもたらします。

PDである個人またはグループ：特別な資源がなくても問題を克服することができるような、特別または例外的な行動や戦略を実行しています。しかし、具体的な問題のコンテクストにおいてのみ、個人はＰＤとして定義されます。

PD方法論：定義（define）、決定（determine）、発見（discover）、デザイン（design）の4Dと、4Dを通して行われるモニタリング（monitor）の5つの基本的なステップで構成されています。これらは、プロセスのための逐次的なロードマップを構成します。

PD調査：コミュニティがメンバーのなかで明確に成功した行動や戦略を発見しようとするプロセスの段階を指します。

PDプロセス：PDデザインの4つのステップに適用される経験学習の手法と熟練したファシリテーションの巧みな活用を含む行程全体を指します。それは、コミュニティの動員とオーナーシップ、既存の解決策の発見、コミュニティの取り組みの結果としての新しい解決策の創出をもたらします。

PDアプローチの指針となる原則

コミュニティでPDプロセスを開始する際には、以下の基本原則を覚えておいてください。

・コミュニティはプロセス全体を自分のものにしなければならない。

・問題の一部であるすべての個人やグループもまた解決策の一部であり、それゆえにＰＤプロセスは、問題に影響を与えるすべての関係者を含む。「私なしで私のことは何もしないで」。

・コミュニティは、既存の一般的ではない成功した行動や戦略を発見する（ＰＤ調査）。

・コミュニティは、成功した行動や戦略を実践し、拡張する方法をデザインし、イノベーションを普及させる。

・コミュニティのメンバーは、「私と同じような人」が最悪のケースのなかでも結果を出すことができることを認識する（社会的証明）。

・ＰＤは知識よりも実践、ＷｈａｔやＷｈｙよりもＨｏｗを重視する。ＰＤマントラは次のようなものになる。「考え方を変えて行動を変えるよりも、行動を変えて考え方を変えるほうが簡単だ」。

・コミュニティは独自のベンチマークを作成し、進捗状況をモニタリングする。

・ＰＤプロセスのファシリテーションは、コミュニティ、そのメンバー、文化に対する深い敬意にもとづき、相互作用的な関与や、コミュニティが主導していく能力に焦点を合わせる。

・ＰＤプロセスは、既存のネットワークを拡大し、新しいネットワークを創造する。

PDを活用するタイミング

具体的な問題が以下の基準を満たしている場合には、ＰＤアプローチを検討すべきです。

・問題は、完全に技術的なものではなく、関係的であり、行動や社会的な変化を必要とする。
・問題は複雑で、手に負えないように見え、他の解決策はうまくいっていない。
・ポジティブな逸脱者である個人やグループが存在し、解決は可能である。
・問題に対処するためのスポンサーと現場でのリーダーシップのコミットメントがある。

予備的なステップ：招待

ステップ１：リーダーの関与

リーダーとの初対面の会話の10のポイント

1　スポンサーや組織内の関心のあるリーダーにPDのアプローチ&コンセプト、デザイン&プロセスを紹介する。事例を共有する。

2　PDアプローチが他の資産ベースのアプローチとどのように異なるかを説明する：自己発見&社会的証拠、すべての利害関係者のオーナーシップと関与、最悪の場合のシナリオでの特定の問題への着目、専門家は現場の人々。

3　問題に関するハードデータの利用可能性を確保する。

4　2次データを用いて、組織またはコミュニティ（学校、病院、村落、地域、地区、部局など）内にPDの可能性のある個人、グループ（家族、部族、組合、スタッフ、またはより大きな組織）が存在するかどうかを検証する。

5　組織的状況に関する情報を得る。

6　リーダーに、可能性のある初期のステップの概要を説明する（大まかな説明）。潜在的な利害関係者へと拡大して招待することの重要性を強調する。リーダーは、まず、PDが最も適切に適用できる課題（スキルや技術にもとづく問題ではなく、個人の行動や組織の変化を必要とする適応課題）を探ることで、それに関連するメンバーを広く認識し、招待することができる。

7　他にだれが参加すべきか？　参加者と利害関係者：政策レベルから第一線の現場スタッフまでを含むべき。

8　成功を確実にするためにどこから手をつけるべきかを議論する（実験的またはパイロット的なイ

ニシアチブが成功する必要がある)。必要な基準:現場のチャンピオンやコミットメントの高い個人、強力なリーダーの支援など。

9　初日から主要な利害関係者のオーナーシップを強調する:スタッフ自らが問題を特定し、定義する必要があり、スタッフの参加は初日からの前提条件になる。

10　結果を出す(行動と社会の変化)までの可能な時間枠について話し合う。喜んで、時には熱心に関与する人たちを招待する。1人ひとりがプロセスにとって価値のある存在である。

＊参加者または関係者:可能性のある参加者を集め、事例を通してPDコンセプトを説明した後、現場リーダーは「これは意味がありますか? もしそうなら、だれか参加したい人はいませんか?」と尋ねることで選別される。

ステップ2:現場リーダーだけでなく、コミュニティのメンバーも含めた多様なボランティアからなるリソースチームの構築

注:このグループは、より多くの人が参加したり、他の人がドロップアウトしたりすることで、PDプロセスを通して人数が変化する可能性がある。

コミュニティ・リソースチームが実施する基本的なステップ

先に定義したように、ＰＤの方法論は、コミュニティのメンバーが行う5つの基本的なステップから構成されます。

1　**定義**（define）：問題、現在認識されている原因、課題と制約、共通のプラクティス、望ましい結果を定義する。

2　**決定**（determine）：ＰＤの個人またはグループの存在を特定する。

3　**発見**（discover）：調査および観察を通して、例外的であるが成功している行動や戦略を発見する。

4　**デザイン**（design）：コミュニティのメンバーが発見された行動を実践できるための活動をデザインする。

5　**モニタリング**（monitor）：プロジェクトやイニシアチブの結果をモニタリング・評価し、改善点を記録して共有することで、さらなる変化を促進し、コミュニティがイニシアチブの有効性を見極める一助とする。

ステップ1：コミュニティは、以下の方法で問題を定義し、リフレーミングする

・問題の大きさを測定するデータの見直しや作成に全員を招待する。
・現在とは異なる望ましい（量的・質的）結果を明確にする。
・問題に影響を与えている論点および現在の行動規範を探索する。問題に関連する既存の概念的なフレームワークを作成または利用する。
・コミュニティのさまざまなグループとのディスカッションを実施し、共通のプラクティスや規範的な行動について学ぶ。コミュニティの意識とオーナーシップを強化するために、このディスカッションの周りにコミュニティのすべての人を巻き込むことが重要である。
・問題に関連する共通の障壁や課題をリストアップする。
・関与すべきすべての利害関係者を特定する。
・コミュニティにすでに存在する人的・文化的資源（公式・非公式）を特定する。
・コミュニティにおけるストーリーを通して問題を共有し、目標を設定し、ＰＤコンセプトをコミュニティに知ってもらうために、コミュニティ全体の会議を開催する。

ツールと活動の例

・マッピング、視覚的なスコアボードを作成し、ベースラインデータを作成または使用する。
・簡単な時間軸を作成し、全員に周知し同意を得る。
・コミュニティのさまざまなグループと話し合い、規範的な行動、共通の課題や障害について学ぶ（創造的な対話と状況に応じた対話）。
・PLA（Participatory Learning and Action：参加型学習・行動）を活用する。たとえば、マッピングの即興、ベン図、トランセクト、優先順位づけ、所得ランキング、トレンドなど、直面している問題に最も適したものを使用する。
・参加型の写真撮影や製図、その他の文化的に許容されるメディア。
・DAD（発見とアクションのための対話）の活用。
・問題を説明する文化的に受け入れられるビジュアルの作成。
・上記の活動をコミュニティと共有することを目的とし、それらを文書化するためのさまざまなメディアの利用（ビジュアル、写真ギャラリー、寸劇、詩、歌など）。
・問題の大きさを測定するデータの作成や見直しにコミュニティのメンバーを参加させる。
・コミュニティのさまざまなメンバーを巻き込むために、マッピングの即興、ベン図、トランセクト、優先順位づけ、DADなどのPLAを利用する。

ステップ2：コミュニティは、次の方法でポジティブな逸脱者の存在を特定する

・問題に影響を与える現在の共通のプラクティスとデータを要約する。
・ステップ1で収集したデータと情報から、すでに成功した行動や望ましい結果を示しているコミュニティの個人、家族、または主体を特定する。
・除外基準の設定：他の人と同じかそれよりも困難な課題や障壁に直面している個人や主体のみを選択する。
・PD調査を実施するチームを作る。

ツールと活動の例（これまでの活動で得られたデータや情報を分析して、PDを特定する）
・コミュニティメンバーと除外基準のリストを作る。

ステップ3：PDが問題を回避したり解決したりすることができる特定の例外的なプラクティスを、次の方法で発見する

・仲間やコミュニティのメンバーがPD調査のためのツールを設計できるようにする。

・自ら手をあげた個人を対象に、ＰＤ調査を行う。
・調査結果をまとめ、文書化する。
・発見された行動や戦略に除外基準を適用し、他の人と同じかそれ以上に困難な課題や障壁に直面していて、余分な資源を持っていない個人や主体だけを選択する（ＴＢＵ（True, But Useless：真だが役に立たない）を分離する）。
・ＰＤのプラクティス、戦略、行動を特定する。
・コミュニティ全体で結果を検証する。

注：このステップは、プロジェクト期間中に何度でも繰り返すことができる。また、このステップは、他の問題についてコミュニティで調査する場合にも踏襲されるかもしれない。

ツールと活動の例（できるだけ非公式なもの）

・インデプス・インタビューで質問すべきポイント（アンケートではない）を作成するためのグループワーク。
・設定された観察場面において観察すべきチェックリストの作成。
・現場訪問のための手配。
・発見とアクションのための対話。

・コミュニティ・フィードバック・セッション（PD調査ツールの例については、www.positivedeviance.org を参照のこと）。
・PDの行動や戦略の創造的でインタラクティブな例示（寸劇、フォトモンタージュ、演劇、ディスプレイ、即興など）。

ステップ4：コミュニティは、PDの解決策を普及させるための活動を次の方法でデザインし、開発する

・PD調査の結果にもとづいて、次の項目を含んだ行動計画を作成する：What（何を）、Whom（だれに対して）、With whom（だれとともに）、How（どのように）、For how long（どのくらいの期間で）、Where（どこで）など。
・PD調査で明らかになりコミュニティによって吟味された行動や戦略を実践できるような活動をデザインする。これらの活動のターゲットは複数で、あらゆるレベルにおよぶことがある。
・仲間の支援を受けながら、安全な環境のなかで実践し、「行動して学ぶ」機会を作る。
・想像力豊かなアプローチを用いて対象となるコミュニティを参加させる（たとえば、ベトナムでのワークショップ、パキスタンでのヘルシーベビーフェアなど）。

コミュニティのメンバーが発見された行動や戦略を実践する機会をデザインするためのツールと活動の例

・ＰＤ調査結果を共有し、情報を吟味し、リーダーが関与していることを確認しながら問題解決に向けてやる気を高めるコミュニティ・ミーティング。
・プロセスに参加したリソースチームと自分で手をあげたボランティアを含むアクションチームの作成。
・行動計画の策定、役割や責任の明確化。
・すでにコミュニティで利用されている既存の資源や活動と新たな活動を統合する。

ステップ５：コミュニティは、ＰＤ調査結果にもとづいて、次の方法でイニシアチブの有効性を測定し、モニタリングし、評価する

・イニシアチブの進捗状況をモニタリングする方法を開発する。
・進捗状況をモニタリングするための独自の指標（行動や社会の変化に関する定量的・定性的な指標）の作成にコミュニティを参加させ、データをリアルなものにする。
・コミュニティ全体にデータを伝えるための文化的に適切な方法を作成する。
・定期的かつ頻繁な間隔でイニシアチブを評価する。

・イニシアチブの影響を他の人々と共有する。

PDプロジェクトが発展し、成功した結果がコミュニティに現れると、他のコミュニティやグループがそれを聞き、このアプローチを適用したいと思うようになる（サクセス・ドリブン）。

普及のための提案としては、次のようなものが考えられる

・結果を文書化し、評価し、共有する。
・ストーリーテリングによってサクセスストーリーを称え、増幅する。
・コミュニティのメンバーが自分たちのストーリーを語り、ネットワーク内で他のメンバーをコーチすることを可能にする。
・他のコミュニティが同じ問題を解決するために、PDプロセスがどのように役立つかを発見できるように、リビングユニバーシティを作る。
・何が一番うまくいったかを振り返る。

PDプロセスの特徴

ＰＤプロセスは行動および社会の変化を促進します。その特徴には次のようなものがあります。

・コミュニティに由来し、コミュニティのメンバーが生み出したイノベーションを活用する。
・発見された既存のＰＤ行動と戦略を適用するために、複数の利害関係者を巻き込む。
・成功を実証するために小さなことから始める。
・いままでつながっていなかった人やグループをつなぐ。
・最も広い範囲の適切なコミュニティのメンバーを対象とする。
・安全な環境のなかで仲間の支援を受けながら実践し、「行動して学ぶ」機会を作る。
・既存の資源や資産を意図的かつ広範囲に活用する。
・複数のチャネルを通して複数のターゲットに対し、文化的に適切なコミュニケーション戦略を活用する。

PDファシリテーターのためのヒント

・グループ内の専門知識を活用する（繰り返しになりますが、コミュニティの人たちが専門家です）。
・参加者があなたよりも多く話すようにする。参加者同士で話や情報を交換するように促す。
・提案をしたり、アドバイスをしたりするのは控える（何度も聞かれないかぎり）。
・オープンエンドの質問をする（たとえば、何を、どのように、もしもの場合は?）。イエスかノーの答えを引き出すような質問は避ける。
・コントロールしようとしてはいけない。グループの人たちが自ら会話できるよう誘導を心がける。
・参加者に自分の話をしたり、身近な問題についての経験を共有するように促したりする。感情に働きかける。
・プロセスを個人的で楽しいものにする。
・関連する個人的な経験を参加者と共有して、参加者が心地良く感じられるように配慮する。自分の弱さを認めることで信頼関係を築く。
・沈黙を許容する（質問をした後、20秒ほど間を置く。ハッピーバースデーを歌うのに十分な長さ）。
・質問にとどめる。早急な解決を求めてはいけない。洞察は多くの場合、それを期待していない時に来る。

・真実を話すことで、ファシリテーターや参加者が愚かに映ったり、混乱したり、準備ができていないように見えてしまうかもしれない場合でも、真実を話しても良いという雰囲気作りをする。
・十分な時間があると信じる。「ゆっくり行くことによって速く行く」
・学ぶこと、影響を受けること、経験によって個人的に変わることにコミットする。

質問の仕方

最も思慮深く、明快な回答を得るためには、何を、どのように、なぜ、なぜいまなのかを尋ねるオープンエンドな質問を使用します。ここでは、議論を促進したり、焦点を変えたりするために、特定の状況での質問や発言の例をいくつかあげてみます。

グループ内で継続的な反省や思考を促すために、次のような質問をすることができる

・あなたの質問に答えるために、私に質問をさせてください。
・あなたの質問に対して質問していいですか？
・あなたに質問があります。

グループ内でよりインタラクティブな議論を生み出すために尋ねる

・だれがこの質問に答えられますか？
・だれがこの質問に答えたいですか？
・これについて何か考えのある人はいますか？
・ここにいる皆さんは、この質問にどのように答えるでしょうか？

より多くの利害関係者を巻き込むために尋ねる

・それはだれの問題なのですか？
・他にだれが関与すべきですか？
・どのようにかれらを関与させることができるでしょうか？

ＰＤの個人やグループを明らかにしたり、特定したりする

・問題を克服した（あるいは阻止した）個人のグループは存在するでしょうか？

グループに問いを投げ返す（反転質問を使う）

・では、私の理解が正しければ、ここにはXを達成している（または達成した）人はだれもいないということでしょうか？

・では、あなたのコミュニティには、この問題を克服した人はいないのですか？

PDが自分たちのコミュニティに実際に存在していることにグループが気づいたら、次のような直接的な質問をしてフォローアップする

・どのようにしてかれらから学ぶことができるのでしょうか？
・かれらと会うのに適した時期はいつですか？

PDの行動や戦略を発見するためには、詳細な質問をする

・あなたはXをしたと言いましたが、どうやってXをすることができましたか？
・他のほとんどの人がXとYの問題を抱えていますが、それをどのように克服してきましたか？
・多くの人が、多忙なスケジュール、高いコスト、コミュニティの慣習や伝統とのコンフリクトなどの理由で、Xを行うことがいかに難しいかを説明してくれました。あなたのコミュニティの他の人が直面しているこれらの障壁や課題を克服するために、あなたは何をしているのでしょうか？
・あなたはどのようにしてこれらの共通の課題や障壁を克服していますか？
・その方法を教えていただけますか？
・Xの問題が起きたり、Yの課題に直面したりした時、あなたは何をしますか？

・参加者には、聞いたことや理解したことを繰り返してもらい、具体化してもらうように促す。
「私の理解が正しければ、あなたは日中だけXをしていて、昼も夜もYは全くしないのですか?」
・あなたのような人を他に知っていますか?

取るべき行動を定義したり、ターゲットにしたりするために質問する

・次のステップは何ですか?
・だれが何をするのですか?
・これを達成するためには何が必要ですか?

提案をすることを許可してもらう

・提案をしてもいいですか?
・あなたは専門家ですが、それはもし~なら意味があるのでしょうか?

PDプロジェクトに分類するための最低限の仕様

PDプロジェクトは、コミュニティのオーナーシップを促進し、持続的な行動と社会の変化を促進します。以下の10個の基準を満たしていれば、プロジェクトは「PDプロジェクト」とみなされます。

1　すべての利害関係者／多様なコミュニティメンバーのグループが5つのステップに参加している。

・定義（define）：問題、現在認識されている原因、課題と制約、共通のプラクティス、望ましい結果を定義する。

・決定（determine）：コミュニティにおけるポジティブな逸脱者である個人またはグループの存在を特定する。

・発見（discover）：調査および観察を通して、例外的であるが成功しているプラクティスや戦略を発見する。

・デザイン（design）：コミュニティのメンバーが発見された行動を実践できるための活動をデザインする。

・モニタリング（monitor）：プロジェクトやイニシアチブの結果をモニタリング・評価し、改善点を記録して共有することで、さらなる変化を促進し、コミュニティがイニシアチブの有効性を見極める一助とする。

2　コミュニティはこの5つの逐次的ステップ（前記参照）を実行する。

3　ファシリテーターは、調査結果を自ら発見したり、プロセスをコントロールしたりしない。

4 ＰＤ調査はコミュニティのメンバーによって実施され、コミュニティのメンバーによって吟味される。

5 調査結果は明確で、行動にもとづいたものである（価値観にもとづいたものではなく、ポジティブな逸脱者の個人的属性に依存したものでもない）。調査結果は、ポジティブな逸脱者のプラクティスのＷｈａｔに焦点を合わせるのではなく、ポジティブな逸脱者（個人またはグループ）の行動が、どのようにして目の前の問題を克服したり阻止したりすることを可能にするのかというＨｏｗに焦点を合わせるべきである。

6 行動計画は、コミュニティによって調査結果にもとづいて作成される。

7 イニシアチブは、プラクティスを重視したものであり、複数のチャネルを持ち、複数のターゲットを対象としたものであり、既存の人的資源やネットワークを活用している。

8 コミュニティは、独自のツールを作成することも含め、独自のモニタリングと評価計画を策定している。

9 コミュニティに情報を提供し続け、メンバーが参加して革新的な活動を行えるように、フィードバックループが整備されている。

10 コミュニティのメンバーが、どのようにして問題を解決できたかを説明でき、ＰＤ調査やその調査結果を受けたイニシアチブに起因する、行動や社会の変化の具体的な例を提供できる。

＊＊＊

ＰＤＩは、あなたのプロジェクトについての情報をお待ちしています。**組織名／連絡先情報／プロジェクト名／プロジェクトの場所／問題のステートメント／発見された行動・戦略／プロジェクトのインパクト／プロジェクトのインパクトを受ける人々／特別なターゲットグループ／あなたのプロジェクトが上記の10個の最低仕様をどのように満たしているかを説明してください／私たちのウェブサイトで共有される可能性のあるすべてのドキュメント（ストーリー、ビデオ、写真、レポート、記事など）**の情報を以下のところにお送りください。

contact@positivedeviance.org

または

Positive Deviance Initiative

Tufts University Friedman School of Nutrition Science and Policy

150 Harrison Avenue, Boston, MA 02111, USA

ＰＤＩは、ＰＤアプローチが世界中で実施されている方法を文書化するプロジェクトにあなたが参加していただけることを大いに感謝しています。

このガイドはＰＤＩによって作成されました。詳細については、私たちのウェブサイト http://www.positivedeviance.org にアクセスしてください。

訳者解説

ＰＤのビジネスへの応用

ポジティブデビアンス（ＰＤ）は世界中のあらゆる領域で普及しているにもかかわらず、日本ではごく一部で知られているに過ぎません。実際に実践している人となると、その数はかなり限られてきます。セーブ・ザ・チルドレンなどＮＧＯや開発途上国での開発援助の領域ではＰＤは非常に有名ですが、ビジネスの世界ではこの名前を知っている人はほとんどいないのではないでしょうか。

本書は２０１０年に出版されてから海外では話題になっていたものの、日本ではほとんど紹介されておらず翻訳もありませんでした。原書を手に取るとわかりますが、持って回った表現ややたら修飾語の多い長文が多く、普段見たこともないような特殊な専門用語のオンパレードです。

多忙なビジネスパーソンが通勤途中や仕事の合間に通読するのは、おそらく困難でしょう。しかし、その内容は非常に優れたものであり、たとえ事例がビジネスのものでなかったとしても、ビジネス上のヒントがちりばめられています。

著名な経営学者でありベストセラー作家であるリチャード・パスカルが原著者の１人であり、ＰＤを企業に応用することに並々ならぬ関心を抱いていることからもうかがえるように、このＰＤアプローチは企業にこそ積極的に適用し、経営改革・改善につなげていくべきものです。この点で米国企業と比べて日本企業は遅れていると言えます。

この遅れを取り戻すためにも、原書が出版されて10年の月日が経過していますが、ここに翻訳することにしました。本書は、ＳＤＧｓなどに関与されているＮＧＯの方々のみならず、ビジネスパーソンにこそ精読していただきたいと思っています。トップダウンのコンサルティングや問題解決アプローチがうまくいかない場合、本書でも示されているように、その最後の手段となるのがこのＰＤだからです。このＰＤは、コンサルティング会社に支払う多額のフィーは不要でほとんどコストはかかりません。これを活用できないのは大きな機会損失となります。以下、本書の解説を行いつつ、ビジネスへの応用について考えていきたいと思います。

いま、なぜPDなのか?

かつて、ある中間管理職の相談を受けて、部下から信頼を得るための方法について調査したことがあります。その方は口下手で気難しい顔をしていることが多く、気軽に話しかける雰囲気ではなく、どうしても部下とのコミュニケーションがうまく取れないと悩んでいました。

そこでＰＤアプローチを適用し、社内でこの方と同じように寄りつき難い雰囲気だけれども部下から信頼されている管理職を探すという簡単な調査を実施しました。そこで数人の該当者が識別され、かれらを観察したところ、部下との会議でＰＤ行動が発見されました。

それは、会議が終わるとすぐに席を立つのではなく、５分ほど静かにその場に座っているということでした。上司が座っていると、部下としては会議後に話しかけやすくなります。そのようにしてかれらは部下とコミュニケーションをとっていたのです。

もしこの管理職の方が、部下の信頼を得るために外部のリーダーシップセミナーに参加し、そこで学んだことを実行しようとしたらどうなったでしょうか。おそらく、ほとんど成果にはつながらなかったのではないかと思います。しかし、ただ会議の後にしばらく席に座っているだけであれば、簡単に模倣することができます。それには特別の才能も資源も不要です。そのようなＰＤ行動を学び実行していくことがＰＤのポイントとなります。

ベストプラクティス、ベンチマーキングと呼ばれるものは、自社の外部で成功した事例にもとづくものです。しかし、その外部の場は自社とは著しく異なっている可能性があります。環境や状況があまりにも異なれば、そのベストプラクティスが自社でもうまくいくという保証はありません。むしろ、それらを押しつけられた現場の反発を招き、たとえ反対の声が出しにくい状況であっても、面従腹背、ベストプラクティスの形骸化というお決まりのコースをたどることになるでしょう。

それに対し、ＰＤの場合、このような言い訳は成立しません。というのも、その成功事例は、同じような環境、資源、場合によってはより困難な状況の下で「私と同じような人たち」によって実践されているプラクティスだからです。したがって、それを受け入れ、実践するのに大きな抵抗は生じにくいと言えます。PDは、外部から得られた解を押しつけるのではなく、身近な参考例を探索し、実践を通じてその普及を図るという点で大きく異なっているのです。

論理的な原因追求の弊害

いわゆるロジカルシンキングやピラミッドストラクチャー、MECEなど問題を論理的に分解し、そこから真の原因を特定していくという考え方がビジネス書などでよく喧伝されています。本書ではこのような問題を技術的問題と呼びます。これは、たとえばポリオウイルスという問題に対し、ソークワクチンを用意することで解決されるような問題のことを指します。ここに人間の行動や社会の変化を必要とする事項はあまりありません。

しかし、ワクチン接種やその普及に関して何らかの障害が生じる場合があります。たとえば、宗教的理由によりワクチン接種を拒否するという問題が新たに発生する可能性があります。たとえ技術的問題であったとしても、そこに人間の行動が介在する場合、それらが変化しなければ解決されない可能性があります。これを適応課題といいます。適応課題は、ロジカルシンキングだけでは対応することができないのです。

離職率の引き下げ

たとえば、離職率の低下という課題があったとしましょう。その時、離職する人やその周りの人になぜ離職するのか、何が問題なのかというＷｈｙを問い詰めても有効な解決策に至ることは少ないでしょう。まず調査する時点でいますぐに辞めそうな人にインタビューすることはできないし、すでに辞めてしまった人にアプローチしても協力してもらえる可能性は低いでしょう。

では辞めた人の同僚はどうかといえば、おそらく辞めた人のことなんかわからない、なぜそんなことを自分に聞くのか、と反発されるでしょう。特に、感情的な問題がそこにある場合、下手に原因追求すれば、相手の感情を害し、調査はそこでストップすることになります。このような場合、原因追求で問題が解決できることはあまり多くありません。人間の感情は論理では割り切れないからです。

このような適応課題に直面した場合、問題の原因を追求するのではなく、問題を克服した事例を身近なところから探し出すのがＰＤアプローチです。離職率の例でいえば、辞めた原因を追求するのではなく、辞めた人と同じような条件のなかで辞めずに従業員満足度も比較的高いＰＤを探し、その行動や周りの環境を観察することが考えられます。この場合、ＰＤは実は本人ではなくその直属の上司や家族であることも考えられます。

いわゆる「通常の容疑者」に限定することなく、幅広い利害関係者を見ていく必要があります。その結果、離職率の低下につながるＰＤ行動が明らかになる可能性があります。

ロジカルシンキングはこのような人間の行動や感情にかかわる適応課題に対してはあまり有効なア

プローチではありません。もちろん、問題を整理する上でその構成要素を網羅的に把握することは大切でしょう。しかし、因果関係をどこまで追求するかという点が問題になります。問題領域を絞る上で原因追求はある程度までは必要でしょう。しかし、問題が技術的なものではなく適応課題であることが判明した場合、原因や悪者探しはストップすべきです。

私たちの行動はすべてが論理的であるわけではなく、感情的であり無意識的、習慣的であるからです。そのなかでたとえ問題の原因となることがあったとしても、それをカバーするもの（たとえば、話を聞いてくれる人や助言してもらえる人）があれば、それが顕在化することはありません。いたずらに原因を追求するのではなく、このカバーするものを明らかにするのがＰＤアプローチなのです。

ＷｈａｔからＨｏｗへのリフレーミング

このような適応課題を追求する上で重要なのは、ＷｈａｔからＨｏｗへのリフレーミングです。ＰＤアプローチはＷｈａｔよりもＨｏｗを重視する点は本書で繰り返し指摘されています。

しかし、そのことはＷｈａｔが重要でないことを意味するのではありません。Ｗｈａｔはやはり重要です。問題は、そのＷｈａｔにとどまり続け、Ｈｏｗへと展開していかない点にあります。つまり、ＷｈａｔがＨｏｗの問題へと翻訳されていかなければ、いかにＷｈａｔが正しく定義されていたとしても、それは実行されることがありません。

私たちは多くの場合、やるべきこと、正しい行動というのを明確に認識しています。受験生であれば、やるべき課題や取り組むべきテキスト、問題集などは明確かもしれません。しかし、何らかの理由でその正しい方向へと努力していくことができない。だからこそ、私たちは悩み苦しむのです。

経営コンサルティングの世界でも、ＷｈａｔだけではなくＨｏｗを追求したり、あるいは適応課題に取り組んだりするためにＰＤアプローチに類似したもの、すなわち、社内ベストプラクティスの調査を実施し、そこで発見したものを提案するということも珍しくないでしょう。

しかし、そこにはコンサルタントという外部の専門家が関与し、分析結果をトップに提言し、トップダウンによる実行を推奨することになります。その結果、提言はそのまま実行されることなく現場で黙殺されるか、あるいはそれを押しつけることで現場を混乱に陥れることになるのです。

営業の売上高改善

一昔前によく言われたように、売上改善という課題に対し、トップ営業担当者の営業活動に同行し、たとえば、訪問回数が一定水準以上になることが重要であることが発見されたとしましょう。それをトップに提言し、顧客１人あたりの訪問回数のノルマを課すとどうなるでしょうか。

おそらく、それで営業成績が改善されるのは一部でしょう。というのも訪問回数を上げることが目的と化し、営業活動の質が低下するからです。顧客の立場からすると、単なるパンフレットの紹介、雑談、質問を受けるだけで有益な情報提供がないという営業担当者の訪問は迷惑以外の何ものでもありません。したがって、企業によっては「１日３件以上回るな」「宝物は先にはない」と指示されているところもあります。

トップ営業担当者で訪問回数が多いのは、回数が多いから営業成績が良くなっているというよりも、顧客との質の高いコミュニケーションが取れているからこそ、結果として訪問回数が増えているに過ぎません。その結果だけをまねても営業活動の質的改善が伴わなければ売上は逆に低下する危険性が高くなるのです。

そこで重要なのは、顧客とのコミュニケーションの質を高めるには何が必要なのかというＨｏｗになります。そのＨｏｗを調査する時、実はトップ営業担当者というのはあまり参考になりません。というのも、トップ営業担当者は長年の経験を通じて多様なノウハウを身につけていたり、あるいはすでに多くの規模の大きな得意先を持ち、強固な顧客との信頼関係を築いていたりするからです。新人営業担当者がそれを模倣しようとしても模倣できないのが実情でしょう。

このような場合、ＰＤアプローチではトップ営業担当者をベンチマーキングの対象とするのではなく、むしろ平均よりもやや成績の良い営業担当者であり、そんなに営業トークに優れておらず、経験も積んでいない中堅ないしは若手営業担当者がターゲットになります。「私と同じような人」です。

そのＰＤの行動を観察し、そこから学習するのがポイントとなります。もちろん、平均よりも上の営業担当者の成績をさらに高めるのが目的であれば、トップ営業担当者もＰＤ候補となります。しかし、営業全体の底上げを図るのが目的であるならば、下位の営業担当者にとって「私と同じような人」である必要があります。

このように売上を高めるというＷｈａｔから、営業の質を高めるというＨｏｗへとリフレーミングされ、そこからＰＤを特定し、ＰＤ行動を識別していくことが求められます。このＷｈａｔからＨｏｗへのリフレーミングがＰＤアプローチの重要なステップになります。

経営とは連歌のようなもの

ピーター・ドラッカーはマネジメントとリーダーシップとの違いについて「マネジメントは事を正しく行うことで、リーダーシップとは正しい事をすることである」と指摘したと言われています。[＊1]「事を正しく行う」とは、決められた枠組みのなかで行動し、所定の成果を出していくことです。それに対して、「正しい事をする」とは、「事」自体を適切に決定していくことです。単純化すれば、戦

＊1　しかしドラッカー自身はこのようなことを主張しておらず、もともとは「効率性は事を正しく行うことで、有効性とは正しい事をすることである」というものでした。その後、ウォレン・ベニスとバート・ナナスが、ドラッカーのこの文章のうち効率性をマネジメント、有効性をリーダーシップに置き換えることで、この定義は有名になったのです。Bennis, W., and B. Nanus, *Leaders: The Strategies for Taking Charge*, Harper & Row, New York,1985を参照のこと。

うべき「正しい場所」を設定するのがリーダーシップであり、その「正しい場所」で効率的に戦うのがマネジメントということになるでしょう。

この「正しい事をする」はＷｈａｔ、「事を正しく行う」はＨｏｗに該当します。ＰＤアプローチではＨｏｗを重視するといっても、Ｗｈａｔを無視するわけでもなければ、それが不要だというわけでもありません。そもそも「正しい事」が明確に定義されていなければ、いかにＨｏｗが優れていたとしてもそれは有効ではないでしょう。

本書で強調されるＨｏｗは、Ｗｈａｔがあるからこそ意味があるということに注意する必要があります。つまり、ＷｈａｔとＨｏｗは連動しているのであり、通常の専門家アプローチはＷｈａｔだけにとどまるところが問題なのであり、そこからＨｏｗへとリフレーミングしていく必要があるという意味で、Ｈｏｗが大切なのです。

リーダーの役割がＷｈａｔの設定であり、マネジャーの役割はそれを受けてＨｏｗを特定していくことだとすれば、重要なのは両者の連携をいかに取るかという点にあります。これは連歌のようなものです。連歌とは、上の句と下の句を違う人が詠み、その当意即妙のやり取りを楽しむものです。上の句を担当するのがリーダーであり、そこではＷｈａｔが詠まれます。それを受けて、Ｈｏｗに翻訳した下の句をマネジャーが詠むことになります。

ポイントは、ＷｈａｔとＨｏｗが連動しているということであり、本書で批判されるようなＷｈａｔだけで終わりＨｏｗがない場合や、ＨｏｗだけでＷｈａｔがない場合が問題なのです。

ＰＤアプローチでは、これがリフレーミングと呼ばれるものです。ＷｈａｔからＨｏｗへのリフレーミング、しかもそれは1回で終わるものではなく、Ｈｏｗがリフレームされたとしても、さらに適応課題に直面するなかでそれを再びリフレーミングしていくことが求められます。そのため、問題は解決されて初めて理解できる、ということになるのです。

実行することによって考えを変える

しかし、ＰＤ行動というＨｏｗが識別できたとしても、ジェネンテックのようにトップダウンでその普及を図ろうとすれば失敗する可能性が高くなります。いかにそれが社内版ベストプラクティスであったとしても、それを押しつけられたら現場は反発するからです。

それが普及するためには、それを実践し、実際に成果が出ることを実感する必要があります。そのためには、まずはスモールサクセスという社会的証明が必要です。たとえば、営業成績のよくない営業担当者にＰＤ行動を模倣してもらい、それで営業改善が見られるのであれば、その営業担当者に自らの体験を語ってもらうという工夫が必要になります。

これは有効な社会的証明になります。それに加え、そのＰＤ行動を実践しやすいような環境を整えることが必要でしょう。

したがって、ＷｈａｔからＰＤ行動というＨｏｗへと展開してもそこで終わりなのではなく、そこからそれをいかに普及させるかという新たなＨｏｗが発生します。ベトナムの例では、カニや青菜を食材として使用することや1日に摂食する回数を増やすというＨｏｗがＰＤ行動として特定されても、それだけでは十分ではなく、関係者を集めた摂食セミナーやリビングユニバーシティが必要でした。Ｈｏｗが特定されても、今度はそれを普及させるためのＨｏｗがさらに要求されることになるのです。

ＰＤ行動の普及に際しては、本書で繰り返し指摘されているように、考え方を変えるよりも、行動を変えることによって考え方を変えることのほうが容易です。まずは新たなＰＤ行動を実行してもらうための仕掛け、本書の事例でいえば、リビングユニバーシティのようなものが必要です。

それは決してトップダウンによる押しつけではなく、ＰＤ行動を自発的に実践し、その効果を実感することが重要です。営業担当者の場合、ＰＤ行動をとることで実際に売上が上がるのであれば、それを反対する人はだれもいないでしょう。まずは行動し、それによって成果が実感できるという機会を提供することが大事だといえます。

自律的学習と学習のピラミッド

このようなＷｈａｔからＨｏｗへのリフレーミングの連続のなかで、ＰＤ行動を特定し、その普及を図っていくという現場での自律的学習がＰＤプロセスの本質です。ここがトップダウン主導のコンサルティングやベストプラクティスとの大きな違いです。コンサルティングの場合は典型的な専門家アプローチです。本書の言葉を借りれば、ＣＥＯに依拠したアプローチです。その専門家は外部の人たちであり、そこでいかに優れた分析が示され、それにトップが感銘を受けたとしても、現場で文字通り受け入れられるかどうかはかなり怪しくなります。

一方、ＰＤアプローチはＣＦＯとなります。付録のフィールドガイドで詳しく述べられているようにＰＤファシリテーターは、自ら答えを示したり、意見を述べたりするのではなく、あくまでも現場の担当者同士の議論を促進することがその役割です。自律的学習の主体はあくまでも現場の人たちであり、外部の専門家ではありません。

もちろん、ファシリテーターを外部の専門家と呼ぶこともできます。しかし、その専門性は問題解決に直接関連する知識にもとづくものではなく、自律的学習を促進する方法論に関する専門家であるに過ぎません。実際、本書の第３章では、モニークはＰＤの専門家であるけれども、宗教的にも文化的にも部外者であったため、ＰＤチームのテクニカルアドバイザーに専念し、可能なかぎり、判断を下したり、意見を述べたり、提案することを控えていたと述べています。エジプト人だけが解決できるエジプトの問題だったため、彼女は自らが主導して問題解決にあたるということは控えていたのです。

外部の専門家が主導的な役割を果たすようになれば、現場での自律的学習プロセスは阻害されることになります。その専門家が外部ではなく社内の人間であったとしても、それが上司やトップマネジメントにあたる人たちであれば、その弊害は外部の専門家以上にひどくなります。現場の人たちは立場上、上からの命令、指示に反対したり、ボイコットしたりすることはできません。かれらは指示を受ければ受けるだけ、自らの創意工夫で問題解決にあたることがなくなっていきます。トップダウンの指示は現場での学習の機会を奪うことになるのです。

ＰＤプロセスやトヨタの生産システムのような現場での自律的学習をコアとしたアプローチでは、学習のピラミッドの頂点に立つのはあくまでも現場の人たちです。

上司やトップマネジメントは、その現場での学習を支援するサーバントリーダーに徹する必要があります。通常の業務では権限のピラミッドは温存しつつも、それと併用して学習のピラミッドでは、トップマネジメントは支援者に変貌しなければなりません。自分が解を主導したり、現場での問題解決活動の方向性に介入することがあったりしてはならないのです。

ブランドマネジャー

このような支援者としての役割に徹しつつ、プロジェクトを円滑に遂行することに特化した代表的な職位が、ブランドマネジャーと呼ばれるものです。ブランドマネジャーは、特定のブランドの製品開発から生産、広告宣伝、マーケティング活動までのすべての活動に対し、一貫した責任を負います。

しかし、その責任の重さにもかかわらず、かれらには公式な権限は与えられていません。命令によって職務を遂行するのではなく、あくまでも依頼ベースで仕事を進め、関係者の間を調整していくことが求められます。

このブランドマネジャーに権限が与えられていない一番大きな理由は、その担当領域の広さにあります。カバーすべき担当領域が広いからこそ、それとは反比例して、逆説的ですが権限が少なくなっているのです。というのも、担当範囲が広くなればなるほど、細部に精通することができなくなるからです。

ただし、担当する業務が反復的であり、そこに学習があまり必要とされていないのでしたら、その担当領域に見合った権限を持つべきでしょう。しかし、ブランドマネジャーが担当するのは、通常のオペレーションというよりも、製品開発、新たなマーケティング・キャンペーンのように、市場に積極的に働きかけ、新たなイノベーションを遂行していくことです。

イノベーションの本質は現場での学習にあります。その自律的な学習を促進するためには、現場での専門家にこそその学習を委ねるべきであり、ブランドマネジャーの仕事はその学習のミッション、環境、コンテクストを設定し、その上で現場を支援していくことです。ＣＥＯとして学習内容を主導するのではなく、ＣＦＯとして促進することがその職務になります。

このようにブランドマネジャーとは現場の支援者であり、まさにサーバントリーダーです。権限を持つものが学習ピラミッド上ではサーバントに徹することができるかどうかが、ＰＤアプローチのみならず、あらゆるボトムアップ型学習モデルの試金石になるでしょう。

OODAループとPD

私自身のここ数年の関心は、チェット・リチャーズの『OODA LOOP（ウーダループ）』（東洋経済新報社）の翻訳や拙著『OODA Management（ウーダ・マネジメント）』（東洋経済新報社）を通じて、OODAループをいかにして現場で適用し、イノベーションの確率を高めていくのかという点にあります。

OODAループとは、観察（Observe）、情勢判断（Orient）、意思決定（Decide）、行動（Act）から構成される反復的ループのことであり、なかでも観察、情勢判断、行動を逐次的なサイクルとしてではなく、同時並行的に進行するループとして回していくことが求められます。たとえば、テニスの試合で相手の返すボールを見て、判断し、意思決定をしてから初めて体が反応するのでは遅過ぎます。むしろ、ボールを見た瞬間に直観的に判断し、すでに体が動いていなければ間に合いません。これらは同時に進行していくのです。

おそらく個人レベルでは、このようなOODAループはそれと意識することなく実践できている場合が多いでしょう。しかし、これを組織的に運用するとなれば、これはそんなに簡単なことではありません。何を観察すべきか、どのように情勢判断をし、いかにして実行していくのかを組織として仕組化していくことが必要となります。

しかしながら、日本企業ではPDCAサイクルはかなり現場で普及しているのに対し、OODAループはほとんど知られていません。デルコンピュータやグーグルなどの欧米企業では、OODAループはそれなりに運用され実績を出していることを鑑みれば、これは日本企業にとって不幸なことです。というのも、不確実性が高く、学習やイノベーションが必要とされる領域では、ＰＤＣＡサイクルではなくＯＯＤＡループこそ回していくことが求められるからです。

そもそも不確実性が高ければ、ＰＤＣＡのＰ、すなわち計画を策定することができません。にもかかわらず、多くの企業は計画を作るために半年以上の時間をかけ、計画が出来上がるや否や、それは有名無実化し、ひどい場合には、その後にチェックされたり改善されたりすることもありません。計画策定が儀式化している場合が少なくないのです。

それでも反復的なオペレーションであれば、ＰＤＣＡサイクルは依然として有効です。たとえば、生産計画や予算計画などはＰＤＣＡの典型例であり、これを破棄すると逆に効率性は低下することになります。しかし、イノベーションや現場での学習、即興対応が要求される研究開発、営業現場、企画業務などでは、予算面でＰＤＣＡを回すことはできても、仕事の中身としてＰＤＣＡを回すことには無理があります。このような領域こそＯＯＤＡループが必要とされるのです。

ＯＯＤＡループは、それを高速で回すことにより学習を促進し、不確実性を削減していくことがそのポイントになります。その意味では現場での自律的学習を促進するものです。この点において、ＯＯＤＡループとＰＤプロセスはオーバーラップする部分が多く、親和性があるといえます。

どちらに先住権があるかについてここで言及することは、避けたいと思います。それは少なくとも実務の世界ではほとんど意味がないからです。むしろ、両者のアプローチを折衷的に活用していくことが大切だと思われます。

私自身の考えでは、ＰＤアプローチはＰＤ行動の学習およびその普及という点で焦点がかなり絞られているのに対し、ＯＯＤＡループはより一般性の高いアプローチになっています。しかしながら、ＯＯＤＡループを円滑に回していくためには、ＰＤを特定し、その行動から学んでいくことは有効です。逆に、ＰＤアプローチで現場での自律的学習を促進していくためには、現場のＰＤチームによるＯＯＤＡループの運用が決定的に重要になります。

この意味では、両者は補完的であり、ＰＤアプローチのなかにＯＯＤＡループを含めることもできれば、その逆もまた真なりといえます。両者は観点が違うところがあるので、その意味でも両者を補完的に活用していくことで理解が深まり、有効性も高まっていくことが期待されるのです。

ＰＤは理論、方法ではなく方法論、アプローチ

本書で繰り返し指摘されているように、ＰＤアプローチは理論やドグマではなく、またそれは方法（method）でもありません。ＰＤはアプローチであり方法論（methodology）です。方法と方法論との違いがかなり微妙なところですが、前者は具体的なステップや手順が明確化されており、それを踏襲することが求められます。それに対して、後者はあくまでも方法に関する原則であり、その運用につい

ては臨機応変に対処することが重視されます。

付録のフィールドガイドで指摘されているように、ＰＤはディシプリンでありながら、非常に順応性のある方法論として進化してきたのです。

これはＯＯＤＡループにも共通する点です。ＯＯＤＡループも、ＰＤＣＡサイクルと同様、理論やドグマではありません。しかし、ＰＤＣＡサイクルは方法に近いものになっているのが実情ではないでしょうか。ＰＤＣＡサイクルの適用領域は不確実性の低い反復的、定型的業務であるため、方法のような堅固なものになってしまうのは致し方ありません。

しかし、ＯＯＤＡループやＰＤアプローチのように現場での学習を重視するものの場合、方法は柔軟なものでなければならず、方法ではなく方法論、アプローチである必要があります。ＰＤアプローチを教条主義的にとらえ、それを厳格に運用しようとするのは間違いです。

学習は事前にその内容を予測することができません。予測できるのであれば、それは学習と呼ぶことはできません。そのため、学習内容の結果に応じて、既存の方法とは別のアプローチをとることも求められます。

本書のリビングユニバーシティのアイデアも、ユニセフの代表者の「リビングユニバーシティのようですね」という感想からひらめきを得たものです。学習には必ずひらめき、啓示、洞察が必要です。このような洞察の結果、その後の方向性が変わるのは大いにあり得ることであり、むしろそれが望ましいと言えるのです。

ビジネス現場への適用条件

ＰＤアプローチは理論ではなく方法論であるといっても、それは白紙のキャンバスに絵を描くように極めて自由度が高い活動でもありません。ある程度、描くべき対象や、描くべき順序は決まっています。

詳しくはフィールドガイドで記載された４Ｄ＋１Ｍについてご参照ください。ここではその詳細を解説するのではなく、それらをビジネスの領域に適用する場合に注意すべきポイントについていくつか指摘することにします。

１　サンプル数がある程度必要

ポジティブな逸脱者は、平均から逸脱した人たちであり、かれらを識別するにはある程度の対象者の数が必要です。数人しかいないなかでポジティブな逸脱者が存在する可能性は低いでしょう。多くの場合、１００以上のサンプルのなかから数人のポジティブな逸脱者が特定されます。この１００という数字には根拠がありませんが、少なくとも数十の対象者が存在することがＰＤアプローチをとる前提となります。

2　オプトイン・オプトアウト

本書ではキックオフミーティングの招待を含めて、ＰＤに参加するかどうかは自発性に委ねられています。すなわち、オプトイン、オプトアウトです。しかし、ビジネスの現場では従業員は日常業務に追われているため、この原則はなかなか難しいといえます。ＰＤアプローチを適用するためには、プロジェクトチームを立ち上げ、プロジェクトオーナー、プロジェクトリーダー、プロジェクトメンバーについては指名によって選定する必要があります。その際、公募によって自発的に参加してくれるメンバーを募ることができれば理想ですが、この条件を満たすことは厳しいことが多いと思われます。

本書のメルク・メキシコのような大々的なアプローチをとるのはかなりハードルが高く、それをするにはトップマネジメントの積極的な支援が必要です。もしそれが難しいのであれば、小規模なプロジェクトを事前に選定し、そこで進めていくという妥協案をとらなければならないでしょう。

3　ＰＤ行動の識別・判断

ＰＤ行動の識別は、原則はプロジェクトチームのメンバーが自律的に行っていくことですが、ファシリテーターがインタビューや現場観察などに同行し、かれら自身が識別することも重要です。

ファシリテーターが気づいているけれども、チームメンバーが一向に気づかないというケースも多々あります。時間と予算の制約条件に依存しますが、場合によってはファシリテーターがＰＤ行動を識別し、それをチームメンバーに伝えるということもあり得ます。ただし、その場合でも、極力、チームメンバーなどに質問をするなどして、ＰＤ行動を直接明示しないで気づいてもらうための努力は必要です。

ファシリテーターがＰＤ行動を識別し、それをチームメンバーに伝えざるを得ないという場合であっても、その妥当性についてはチームメンバーが判断をすべきです。つまり、チームメンバーがオーナーシップを維持できるように最大限の配慮をすることがポイントになります。

4　成果の測定可能性・業績連動性

ＰＤ行動が識別できたとしても、それを社内で普及させていくためには多様な仕掛けが必要です。原則は実践を通じてその良さを実感してもらうことです。その際、ポイントとなるのが成果の測定可能性および業績との連動性です。ＰＤ行動をとっても成果がすぐに反映されない場合、その普及は難しいでしょう。

また、成果がたとえ測定できたとしても、それが実践者の業績に連動しなければ、かれらがそれを採用するインセンティブは低くなります。営業担当者の場合、ＰＤ行動を模倣することで実際に営業成績が上がれば、それを採用しない手はありません。ＰＤの普及には、成果の測定可能性、業績連動性が鍵となる点は注意が必要です。

***

最後になりましたが、本書の翻訳に際してご協力いただいた方々にお礼申し上げたいと思います。まず、PD Japan事務局、OpExオフィス代表の伊藤保氏は、ＰＤアプローチをコンサルティングの現場で適用している数少ない日本人コンサルタントであり、この領域のパイオニアの１人です。伊藤氏からはコンサルティング現場での多様な事例についてご教示いただき、この解説文でもかれから学んだことを多く反映しています。同じくPD Japanのメンバーである柳原透氏、河村洋子氏にも専門用語の日本語訳について貴重なコメントをいただきました。ここに記して感謝いたします。

なお、ＰＤアプローチ、ＯＯＤＡループのビジネス現場での適用を支援するセミナーを神戸大学現代経営学研究所（ＲＩＡＭ）にて随時開催しています。ご関心のある方は、bi@riam.jpまでご連絡いただけましたら幸いです。

２０２１年２月

原田　勉

【著者紹介】

リチャード・パスカル（Richard Pascale）

ベストセラー作家、世界有数のビジネスコンサルタント、オックスフォード大学サイードビジネススクール・アソシエイトフェロー。スタンフォードビジネススクールに20年間在籍し、そのMBAプログラムで最も人気のあるコース「Organizational Survival（組織の生存戦略）」を指導した。

ジェリー・スターニン（Jerry Sternin）

PDアプローチの生みの親。セーブ・ザ・チルドレンのディレクター、ハーバードビジネススクール学長補佐などを歴任。PDイニシアチブ創設者であり、同代表を務めた。2008年没。

モニーク・スターニン（Monique Sternin）

セーブ・ザ・チルドレンのディレクター。PDイニシアチブ共同創設者であり、タフツ大学准教授を務める。

【訳者紹介】

原田　勉（はらだ　つとむ）

神戸大学大学院経営学研究科教授。1967年京都府生まれ。スタンフォード大学よりPh.D.（経済学博士号）、神戸大学より博士（経営学）。神戸大学経営学部助教授、科学技術政策研究所客員研究官、INSEAD客員研究員、ハーバード大学フルブライト研究員を経て、2005年より現職。専攻は、経営戦略、技術マネジメントなど。大学での研究・教育に加え、企業の研修プログラムの企画なども精力的に行っている。主な著書に、『知識転換の経営学』『MBA戦略立案トレーニング』『OODA Management（ウーダ・マネジメント）』（以上、東洋経済新報社）、『汎用・専用技術の経済分析』（白桃書房）、*Economics of an Innovation System*（Routledge）など、訳書に、『OODA LOOP（ウーダループ）』（東洋経済新報社）がある。

POSITIVE DEVIANCE（ポジティブデビアンス）

学習する組織に進化する問題解決アプローチ

2021 年 3 月 25 日発行

著　者——リチャード・パスカル／ジェリー・スターニン／モニーク・スターニン

訳　者——原田　勉

発行者——駒橋憲一

発行所——東洋経済新報社

〒103-8345　東京都中央区日本橋本石町 1-2-1

電話＝東洋経済コールセンター　03(6386)1040

https://toyokeizai.net/

装　丁………竹内雄二

ＤＴＰ………アイランドコレクション

印　刷………廣済堂

編集担当……水野一誠

Printed in Japan　　ISBN 978-4-492-53435-9